D1300434

«Dans un bouquin fascinant et aux propos blindés, Benoît Melançon ose écrire qu'un océan sépare le vrai Maurice Richard du mythe qu'on a construit à son sujet» Laurent Laplante, *Le Libraire*

«Un livre extraordinaire» Gary Daigneault, *GO-FM*

«Il faut souligner la richesse de l'interprétation de Melançon : non seulement il met le mythe en perspective (culturelle et historique), mais il présente un fonds culturel important, des œuvres d'imagination qui reprennent à leur compte la figure de Richard pour réfléchir sur des questions contemporaines (identitaires ou sociales)» Michel Nareau, *Nuit blanche*

«Ce livre vise, et devrait sans doute rejoindre, un public à la fois vaste et intelligent, ce qui n'est pas le moindre de ses mérites» Sébastien Ruffo, *@nalyses*

«Son style sobre, précis et légèrement humoristique transforme un livre qui aurait pu n'être qu'un ennuyeux ouvrage d'érudit en une lecture charmante, durant laquelle les pages semblent tourner d'elles-mêmes» Pierre-Olivier Brodeur, *Le Délit*

«Le fan du "Rocket" en redemande» Mira Cliche, *Entre les lignes*

«Cet ouvrage s'adresse à un auditoire bien plus large que le public restreint des universitaires, même s'il a été écrit par un universitaire. C'est un livre de 279 pages magnifiquement illustré, qui est très beau à regarder et à manipuler, et qui est écrit dans une langue facilement accessible. C'est le travail d'un chercheur rigoureux qui prend des notes quand il lit et qui a tout lu ce qu'il fallait lire. Mais cette rigueur n'alourdit jamais une histoire passionnante chargée de péripéties et pleine de rebondissements» Michel Seymour, *jury du prix Richard-Arès*

«Dans un livre magnifique, à la confluence de la littérature, du discours social et de l'anthropologie, Benoît Melançon tisse un portrait fort nuancé de cet "obscur objet du désir" qu'a été et continue d'être Maurice Richard» François Paré, *Voix et images*

Les yeux de Maurice Richard

Benoît Melançon

Les yeux de Maurice Richard

Une histoire culturelle

Fides

En couverture :
Portrait de Maurice Richard, *Sport. The Magazine for the Sports-Minded*, vol. 18, nᵒ 4,
avril 1955, New York, Macfadden Publications Inc., p. 48 (photo : Ozzie Sweet).

*Catalogage avant publication de Bibliothèque et Archives nationales du Québec
et Bibliothèque et Archives Canada*

Melançon, Benoît, 1958-

Les yeux de Maurice Richard: une histoire culturelle

Nouv. éd. rev. et augm.

Comprend un index.

ISBN 978-2-7621-2894-9

1. Richard, Maurice, 1921-2000. 2. Hockey - Aspect social - Québec (Province).
3. Représentations sociales - Québec (Province) - Histoire - 20e siècle. 4. Mythe - Aspect
social - Québec (Province). 5. Québec (Province) - Conditions sociales - 1945-1960. I. Titre.

GV848.5.R5M44 2008   796.962092 C2008-940405-X

Dépôt légal : 1ᵉʳ trimestre 2008
Bibliothèque et Archives nationales du Québec
© Éditions Fides, 2008

Les Éditions Fides reconnaissent l'aide financière du Gouvernement du Canada par l'entremise
du Programme d'aide au développement de l'industrie de l'édition (PADIÉ) pour leurs activi-
tés d'édition. Les Éditions Fides remercient de leur soutien financier le Conseil des arts du
Canada et la Société de développement des entreprises culturelles du Québec (SODEC). Les
Éditions Fides bénéficient du Programme de crédit d'impôt pour l'édition de livres du
Gouvernement du Québec, géré par la SODEC.

IMPRIMÉ AU CANADA EN MARS 2008

Préface à la nouvelle édition

La première édition des *Yeux de Maurice Richard. Une histoire culturelle* a été publiée à l'automne de 2006. Aux Éditions Fides, nous savions que l'ouvrage de Benoît Melançon était une œuvre pionnière et nous espérions qu'elle trouverait le plus grand nombre de lecteurs possible. Cela a été le cas. Le succès populaire a été immédiat, comme en témoigne le fait que le tirage initial du livre est désormais épuisé. Les médias ont accordé beaucoup d'attention à cette histoire culturelle et ils ont été enthousiastes dans leur couverture. «Fascinant», «magnifique», «extraordinaire», «passionnant», «renversant», «magistral», «brillant», «original», «audacieux», «pénétrant», «lucide», «intelligent», «nuancé», «rigoureux», «accessible»: les éloges n'ont pas tari. Benoît Melançon a été deux fois honoré pour son livre: il a reçu le prix Richard-Arès de la Ligue d'action nationale du Québec et le prix Marcel-Couture du Salon du livre de Montréal. Enfin, la réception de l'ouvrage a été excellente chez les spécialistes des sciences humaines (historiens, sociologues, spécialistes des études littéraires, etc.).

Cet accueil a confirmé notre intuition initiale: en étudiant Maurice Richard en tant que mythe national, Benoît Melançon livrait un travail profondément novateur. Il ne s'agissait plus, comme cela s'est beaucoup fait, d'écrire la biographie du plus célèbre joueur de hockey québécois ou de chanter ses louanges, mais plutôt de réfléchir à la place que Maurice Richard occupe dans l'imaginaire culturel et social au Québec et au Canada anglais.

Il fallait donc que ce livre continue à rejoindre un large public. Voilà pourquoi nous lui offrons aujourd'hui une nouvelle édition des *Yeux de Maurice Richard*. L'édition originale a été revue et légèrement augmentée. Son format a été modifié. L'essentiel, en revanche, est toujours là : un regard neuf, une enquête approfondie, une prose forte — mieux, un exemple à suivre.

Antoine Del Busso
Directeur général, Éditions Fides

À mes fils,

Charles et Théo

Introduction

Ceci n'est ni un livre de fan, ni un livre d'amateur de hockey, ni une biographie de Maurice Richard. Je n'ai, envers ce sportif, aucun sentiment d'attachement. Il est parfaitement légitime de l'admirer, pour ses actions sur la glace comme pour ce qu'il a représenté et ce qu'il représente, au Québec et au Canada. Il est également parfaitement légitime de ne pas souhaiter participer au concert d'éloges qui entoure son nom. Si j'ai eu mon joueur préféré (Guy Lafleur), si je me suis passionné pendant des années pour ce sport dit «national», je m'en suis progressivement détaché. Pour quelle raison? Parce qu'il a longtemps été d'un ennui mortel. (Les saisons récentes ont permis à plusieurs de reprendre espoir; attendons avant de nous emballer.) Par la force des choses, il sera question de la vie et de la carrière de Richard tout au long des pages qui suivent, mais les éléments de cette vie et de cette carrière que je retiendrai l'ont été en fonction d'un objectif particulier.

Cet objectif est de constituer une *histoire culturelle* de Maurice Richard. Qu'est-ce que cela veut dire? Que je veux interpréter les représentations de Richard du début de sa carrière, en 1942, à aujourd'hui: des articles de périodiques et des textes savants, des biographies et des recueils de souvenirs, des contes et des nouvelles, des romans et des livres pour la jeunesse, des poèmes et des pièces de théâtre, des chansons et des bandes dessinées, des sculptures et des peintures, des films et des émissions de télévision, mais aussi des objets signés Maurice Richard et des pratiques sociales. Pour interpréter ces représentations, il faudra que j'en fasse l'histoire et que je les rapporte au contexte qui était le leur, au Québec et dans le reste du Canada.

C'est que Maurice Richard est l'objet d'un culte pancanadien.

Selon l'état civil, ce célèbre joueur de l'équipe de hockey des Canadiens de Montréal serait mort le 27 mai 2000, mais la mythologie n'a que faire de l'état civil. Pour elle, Maurice Richard n'est pas mort. Il ne peut pas mourir. Les preuves abondent.

Il n'est pas de citoyen canadien qui n'ait eu un jour Maurice Richard dans ses poches. On ne le sait pas toujours, mais c'est de lui que parle indirectement le billet de cinq dollars de la monnaie nationale. D'un côté, un portrait de sir Wilfrid Laurier, premier ministre du Canada de 1896 à 1911. De l'autre, une scène (évidemment) hivernale : à gauche, une petite fille glisse en toboggan et un adulte initie un enfant au patinage ; à droite, sur fond de sapins enneigés, quatre enfants jouent au hockey ; au centre, sous un flocon géant, ces phrases (nécessairement) bilingues :

> Les hivers de mon enfance étaient des saisons longues, longues. Nous vivions en trois lieux : l'école, l'église et la patinoire ; mais la vraie vie était sur la patinoire.
>
> ROCH CARRIER
>
> The winters of my childhood were long, long seasons. We lived in three places — the school, the church and the skating-rink — but our real life was on the skating-rink.

Les familiers de l'œuvre de Roch Carrier auront reconnu la phrase initiale de son conte « Une abominable feuille d'érable sur la glace » (1979), mieux connu sous le titre « Le chandail de hockey», ce chandail étant celui de Maurice Richard. Or la petite fille qui manie le bâton et la rondelle sur l'illustration du billet porte ce chandail, le numéro 9, immortalisé par celui qu'on a surnommé le Rocket.

La nation canadienne ne lui a pas seulement fait une place sur un de ses billets de banque. Elle lui a consacré un timbre dans une série lancée à l'occasion du cinquantième match des étoiles de la Ligue nationale de hockey en 2000. Le 9 avril 2004, le Musée canadien des civilisations inaugurait son exposition itinérante « Une légende, un héritage. "Rocket Richard". The Legend — The Legacy». Cette exposition rassemblait, entre autres objets, des pièces de la collection personnelle de Richard acquises par le gouvernement canadien quand ses héritiers ont décidé de la vendre aux enchères sur le marché public. Le Québec lui a offert des funérailles d'État. Richard est un trésor national, de ceux qu'on ne dilapide pas.

Le conte de Roch Carrier était destiné aux enfants qui savaient lire. Ceux qui ne le savent pas encore peuvent désormais l'apprendre grâce à un ouvrage intitulé *Maurice Richard (1921-2000)*. Ce petit livre illustré est destiné aux élèves de la première année de l'école primaire et il est publié dans une série de trente et un titres; la lecture de quelques-uns d'entre eux était obligatoire dans des écoles montréalaises en 2005. Il est le seul à propos d'un personnage historique et aucun autre n'a le sport pour objet. Autrement dit, Maurice Richard a un statut spécial dans cette série de livres, d'autant plus que ni les enfants qui doivent les lire ni leurs parents n'ont vu jouer Richard.

Il est vrai qu'on n'a pas besoin de voir le Rocket pour l'estimer. Le quotidien *La Presse* le révélait le 25 octobre 2004. Quatre ans après sa disparition biologique, Richard restait la troisième «personnalité la plus appréciée au Québec». Son «indice D» — «L'indice D est égal à la notoriété multipliée par le taux d'appréciation», expliquait le journal — était de

7,53, ce qui le plaçait derrière le parolier Luc Plamondon (8,07) et le monologuiste Yvon Deschamps (7,54), mais devant douze personnalités. Parmi elles, un seul sportif, l'ex-sprinteur Bruny Surin, mais aucun mort. D'outre-tombe, son image continuait à s'imposer.

Maurice Richard a droit à son aréna, dans l'Est de Montréal, qui a pendant quelques années hébergé un musée en son honneur. À son lac, dans la région de Lanaudière, au nord-ouest de Saint-Michel-des-Saints. À sa baie, la baie du Rocket, à l'extrémité du lac Brochu, dans le réservoir Gouin, près de La Tuque. À sa rue et à sa place, à Vaudreuil-Dorion. À son parc, voisin de l'endroit où il habitait, rue Péloquin; à son restaurant, le 9-4-10, au Centre Bell; à son étoile de bronze sur la promenade des Célébrités, rue Sainte-Catherine, à côté de celle de la chanteuse Céline Dion : tout cela à Montréal. (Il a aussi sa place sur le Walk of Fame du Madison Square Garden de New York et sur le Canada's Walk of Fame de Toronto.)

Au moment de sa mort, certains auraient voulu baptiser l'aéroport international de Dorval de son nom; on choisira plutôt celui d'un ancien premier ministre du Canada, Pierre Elliott Trudeau. Pour d'autres, le Centre Molson, le mont Royal, les rues Sainte-Catherine, Atwater ou Sherbrooke, ou le pont Viau auraient fait l'affaire. Après les autoroutes politiques (Jean-Lesage) et musicales (Félix-Leclerc), on a pensé faire de l'autoroute 50, celle qui mène les Montréalais à Hull, puis à Ottawa, l'autoroute Maurice-Richard. Quelqu'un a suggéré de remplacer la fête de Dollard, instituée en l'honneur de Dollard des Ormeaux, ce pseudo-héros du xviie siècle, par la fête de Maurice Richard.

On trouve trois statues de Richard à Montréal : devant l'aréna auquel il a donné son nom; au complexe commercial Les Ailes; dans l'Atrium des champions, au Centre de divertissement du Forum Pepsi, l'ex-Forum de Montréal, là où s'est déroulée la carrière du joueur. Il y en a aussi une à Gatineau, située sur le Sentier de l'héroïsme, dans le parc Jacques-Cartier, place Maurice-Richard, juste à côté du Musée des civilisations. En 1999, on a baptisé une équipe de hockey junior en son honneur, le Rocket, d'abord de Montréal (elle jouait à l'aréna Maurice-Richard), puis de Charlottetown ; son match inaugural a été disputé le 9 septembre 1999 (9/9/99). Il a son trophée, remis depuis la saison 1998-1999 au meilleur marqueur de buts de la Ligue nationale. La Société Saint-Jean-Baptiste de Montréal honore périodiquement un sportif en lui remettant le prix Maurice-Richard. Sports-Québec souligne les exploits par ses « Maurice » ; il n'est pas nécessaire de dire le nom de famille de ce Maurice-là.

Ce n'est pas tout. Il faut encore se demander pourquoi un bambin des années 1950 voulait porter la salopette Maurice Richard, pourquoi sa mère lui servait de la soupe Maurice Richard, pourquoi son père lui achetait une radio transistor Maurice Richard, pourquoi ce bambin, une fois grand, boira du vin Maurice Richard.

Où qu'on regarde, Maurice Richard est là, et ce joueur de hockey est devenu, au fil des ans, un mythe. Comment en est-on arrivé à cette transformation ? Pourquoi ? Quel en est le sens ? Quels en ont été les temps forts ? Allons-y voir.

Portrait du Rocket
en joueur de hockey

Pour qui ne connaîtrait pas Maurice Richard, dégager des dates et des faits d'armes est nécessaire. Ces dates et faits d'armes sont des événements dont l'objectivité ne devrait pas faire de doute. Ils sont aussi ce qui constitue le mythe. Il en va de même des qualités proprement sportives de Richard ; celles-là prêtent cependant à discussion.

Parcours

Joseph Henri Maurice Richard naît à Montréal le 4 août 1921, d'Onésime Richard et Alice Laramée. Ses parents sont originaires de la Gaspésie. Richard sera élevé dans un quartier du nord de la ville, Bordeaux. La famille compte huit enfants.

Pendant sa jeunesse, il joue au baseball et au hockey. Dans ce dernier cas, il n'hésite pas à prendre des noms d'emprunt, car cela lui permet de jouer dans plusieurs ligues à la fois. Il suit également une formation de machiniste.

En octobre 1942, il devient joueur de hockey professionnel avec les Canadiens de Montréal. Il ne jouera que pour cette équipe, dont il se retirera en septembre 1960. Au début de sa carrière, il endosse le numéro 15, mais il en change, pour le 9, à l'automne 1943 : sa fille Huguette naît le 27 octobre et elle pèse neuf livres.

En 18 saisons, Richard a marqué 544 buts en saison régulière (en 978 matchs) et 82 en séries d'après-saison (en 133 matchs), pour un total de 626 (en 1111 matchs). Son premier but avec les Canadiens date du 8 novembre 1942, et son dernier du 12 avril 1960. Il a enregistré 465 passes, soit 421 en saison et 44 en séries. Il a reçu au total 1473 minutes de punition (1285 et 188). Pour résumer : 1111 matchs, 1091 points, 1473 minutes de punition.

Pendant ces dix-huit saisons, les Canadiens ont remporté la coupe Stanley, remise au club champion de la Ligue nationale de hockey, en huit occasions, dont cinq fois de suite entre 1955-1956 et 1959-1960, ce qui reste un record en 2008. Richard a fait partie huit fois de la première équipe d'étoiles de la ligue, et six fois de la seconde. Le trophée Hart, décerné au joueur par excellence de la Ligue nationale, lui a été remis après la saison 1946-1947 ; c'est le seul trophée individuel qu'il a jamais gagné. Il a été le treizième capitaine de son équipe, de 1956 à 1960.

En janvier 1985, il a été nommé membre de l'équipe de rêve des Canadiens, en compagnie du gardien Jacques Plante, des défenseurs Doug Harvey et Larry Robinson, et des joueurs d'avant Aurèle Joliat, Dickie Moore et Jean Béliveau. Treize ans plus tard, dans son édition de janvier 1998, le magazine *The Hockey News*, sous la plume de Mike Ulmer, le classait au cinquième rang des plus grands joueurs de hockey de tous les temps, derrière Wayne Gretzky, Bobby Orr, Gordie Howe et Mario Lemieux.

Le jour de sa retraite, le 15 septembre 1960, Richard détenait de très nombreux records de son équipe et de la Ligue nationale. Parmi les plus significatifs, quel est celui qui a tenu le plus longtemps (jusqu'en avril 2006) ? Le plus grand nombre de buts marqués en prolongation dans des matchs de séries éliminatoires. C'est une preuve supplémentaire d'une des qualités les plus unanimement chantées du jeu de Maurice Richard : voilà l'homme des grandes occasions.

Après sa carrière de hockeyeur, Maurice Richard a occupé des postes de représentant pour toutes sortes d'entreprises. Il a été propriétaire d'une taverne et d'un magasin d'électronique. Pour des périodes de longueur variable, il a été employé par les Canadiens et la brasserie Molson, à titre d'« Ambassadeur ». On a pu lire ses chroniques dans des journaux.

Sauf pour quelques semaines en 1972, pendant lesquelles il a été l'entraîneur des Nordiques de Québec de l'Association mondiale de hockey, Richard ne s'est pas impliqué activement dans le monde du hockey après sa retraite. Il se contentait d'un rôle honorifique, jouant tantôt dans des équipes de retraités (ou *Old Timers*), arbitrant tantôt des matchs amicaux.

En 1942, Maurice Richard épouse Lucille Norchet. Ils auront sept enfants. Elle meurt en 1994. Sonia Raymond sera la dernière compagne de Richard.

Il est mort à Montréal le 27 mai 2000 à 17 heures 40, d'une insuffisance respiratoire. Il souffrait également d'un cancer de l'abdomen et de la maladie de Parkinson. Il a eu droit à des funérailles nationales, à la basilique Notre-Dame de Montréal, le 31 mai 2000.

Le joueur

Sur le plan sportif, comment caractériser le jeu de Maurice Richard ? Que dire de cet ailier droit qui lançait de la gauche, mesurait 1,78 mètre et pesait, pendant une grande partie de sa carrière, environ 89 kilos ? De quelle façon peut-on expliquer qu'il ait autant impressionné les amateurs ? La plupart des témoignages concordent : ce n'était pas la grâce de son patinage qui le distinguait, pas plus que ses talents pour empêcher l'adversaire de compter, ni son poids, ni sa taille, ni la puissance de son lancer, ni la sûreté de ses passes. De même, il n'a pas modifié en profondeur la conception du jeu, ce que feront Jacques Plante (pour les gardiens), Bobby Orr (pour les défenseurs), Guy Lafleur (pour les ailiers) et Wayne Gretzky (pour les centres). Qu'est-ce, alors, qui en fait le joueur dont on aimait tant, et dont on aime toujours tant, louer les exploits? Il y a quatre réponses à ces questions.

Maurice Richard était l'homme d'une idée: marquer (*scorer*, pour le dire populairement). Il ne s'en est jamais caché: «Le filet adverse m'attirait comme un aimant et je fonçais vers lui avec toute l'énergie dont je me sentais capable. Je voulais compter, compter», déclarait-il au journal *La Presse* le 15 mars 1995. Le dramaturge Jean-Claude Germain, dans *Un pays dont la devise est je m'oublie*, en 1976, imaginait des propos semblables quand il mettait Richard en scène:

> Moué, quand chsautte sus a patinoire, chpense pas à jouer! Chpense à scorrer! Chpense rien qu'à ça tout ltemps! SCORRER! N'importe où, n'importe comment... scorrer! À gnoux, dboutte, dla ligne bleue, dla ligne rouge... scorrer, scorrer! Avec les gants! Avec la tête! À plat ventte sus à glasse, avec mes patins, avec le boutte du hockey, SCORRER! SCORRER! Même s'y fallait que chtraîne toutte l'autre équippe accrochée après mon chandail, après mes culottes, après mes paddes... scorrer... SCORRER... SCORRER! SCORRER TOUT LTEMPS!

Cette obsession se retrouve dans tous les discours sur le jeu du Rocket.

La deuxième image récurrente est celle d'un Richard que rien ne saurait arrêter dès qu'il est entré dans la zone du club adverse. Entre la ligne bleue et le filet de l'autre équipe, il aurait été le plus déterminé, le plus fort, l'équivalent de la puissance des chutes du Niagara, selon un de ses plus détestés adversaires, Ted Lindsay, dans une entrevue au magazine *The Hockey News* en 2000. Dans le discours populaire, cela prend la forme suivante : Maurice Richard peut compter assis, debout, couché, sur les genoux, un joueur ou deux sur le dos.

Dans le registre du professeur, romancier et essayiste Gilles Marcotte répondant à Pierre Popovic, cela donne :

> Avez-vous déjà vu Maurice Richard écrasé par deux défenseurs extrêmement costauds, non seulement à genoux mais couché sur la glace, et réussissant malgré tout, contre tout espoir, dans un effort qui conscrit l'extrême des forces humaines, à soulever la rondelle et à l'envoyer derrière un gardien de but stupéfait ? C'est ça, le hockey.

Il n'est pas bon de se mettre sur le chemin qui mène Richard au but, à son but. Le Rocket a été victime de sérieuses blessures : fracture des deux chevilles, fracture d'un poignet, section du tendon d'Achille, fracture de l'os facial, blessure au coude. Ces blessures ne l'ont jamais arrêté que temporairement — mais souvent : il a raté au moins 160 matchs à cause d'elles, lui qui a joué au total 1111 matchs. (Ironie du sort : pendant la Deuxième Guerre mondiale, Richard a été réformé deux fois pour des raisons médicales.)

Le revers de cette détermination est la violence. Si on a tendance aujourd'hui à la minimiser, elle était pourtant réelle. Violence à son endroit, d'abord. Comme il a été le meilleur marqueur de son équipe pendant plusieurs années, on jugeait normal que les autres équipes s'en prennent à lui ; c'était de bonne guerre. Si l'on en croit les témoins, les tactiques utilisées contre le Rocket n'ont jamais péché par excès de nuance. On pouvait le frapper, l'accrocher, le faire trébucher. Il était de notoriété publique que les injures « ethniques » le faisaient sortir de ses gonds : qui le traitait de *frog*, cette épithète dépréciative pour désigner les Canadiens français, devait en payer le prix. Les équipes adverses étaient d'autant plus enclines à utiliser de telles tactiques que Richard n'hésitait pas à rendre les coups qu'il recevait. Il n'y a que quatre joueurs à avoir été punis plus que lui durant leur carrière montréalaise : John Ferguson, Chris Nilan, Shayne Corson et Lyle Odelein.

Violence à l'endroit des autres, donc, qui prenait plusieurs formes : coups de poing, coups de bâton, altercations avec les arbitres. D'un tempérament « gaulois » (Ed Fitkin) ou « volcanique » (Gérard Gosselin), Richard a été de nombreuses bagarres : puisqu'on l'attaquait, et violemment, il se considérait en droit de riposter. On sait qu'il a suivi des leçons de boxe et ses exploits pugilistiques, sur la glace, nourrissent encore la chronique. Si ses poings ne suffisaient pas, le Rocket se servait de son bâton. Dans *Les Canadiens sont là ! La plus grande dynastie du hockey*, le livre qu'il signe en 1971 avec Stan Fischler, il dit d'ailleurs ne regretter aucunement d'avoir utilisé son bâton dans des bagarres. Les relations de Richard avec les officiels

« Je ne suis qu'un ange. »

n'ont pas été moins tumultueuses qu'avec ses adversaires. Se sentant doublement victime, de la violence des joueurs et du laxisme des arbitres, Richard a voulu corriger cette double situation à plusieurs reprises. Il ne s'en cachait pas : « J'étais violent, oui. Mais je n'étais pas méchant », écrira-t-il dans *La Presse* du 15 mars 1995.

Les circonstances qui ont mené à l'émeute du Forum de Montréal le 17 mars 1955 en procurent un exemple éclairant. Le 13 mars 1955, au Garden de Boston, là où jouent les Bruins, Richard est blessé par le bâton de Hal Laycoe. Il décide de se défendre avec ses poings, puis à coups de bâton. Retenu par un officiel, il le frappe pour s'en défaire et poursuivre la bagarre avec les joueurs des Bruins. C'est à la suite de cette série d'événements que le président de la Ligue nationale de hockey, Clarence Campbell, suspendra Richard pour les derniers matchs de la saison et pour les séries éliminatoires. Ces faits sont connus des amateurs. On sait moins, en revanche, qu'en mars 1955 c'était la deuxième fois de la saison que Richard avait maille à partir avec un officiel : le 29 décembre 1954, à Toronto, il s'en était pris à un juge de ligne.

Une dernière question revient régulièrement quand il s'agit de caractériser le jeu de Maurice Richard : quelle part faisait-il à la réflexion ? Pour le dire autrement : était-il un joueur instinctif, ou pas ? Il est impossible de trancher. Richard lui-même tenait un discours contradictoire en cette matière. Tantôt, il disait improviser à l'approche des gardiens adverses : si lui-même ne savait pas ce qu'il allait faire, comment les gardiens auraient-ils pu le savoir ? Tantôt, il expliquait qu'il évitait de refaire une manœuvre devant le même adversaire. Dès lors, que les commentateurs aient été eux aussi partagés sur cette question n'est pas étonnant. On aurait toutefois intérêt à se méfier de leurs discours quand ils essaient de faire de Maurice Richard un joueur plus proche du réflexe spontané que de la pensée rationnelle. George F. Will (1990) a en effet démontré comment derrière ce type d'oppositions simplistes se cachait parfois un discours raciste : aurait-on dit de Willie Mays ce qu'on en disait — qu'il excellait au baseball «naturellement» — s'il n'avait pas été noir ?

Obsédé par l'idée de marquer des buts, déterminé et sans craintes, prêt à exploser, imprévisible : tel était le Maurice Richard qui terrorisait les équipes adverses (et les autorités de son sport).

Les douze travaux du numéro neuf

Les mythes sont des récits faits de quelques grands événements. Douze de ces événements reviennent continuellement sous la plume de ceux qui se souviennent de Maurice Richard. Quatre se déroulent pendant la saison 1944-1945 ; Richard a 23 ans.

23 mars 1944. Pendant les séries éliminatoires, au Forum, Richard marque cinq buts contre les Maple Leafs de Toronto, les cinq de son équipe dans une victoire de 5 à 1, et il obtient les trois étoiles du match. Le «publicitaire» des Canadiens, Camil DesRoches, affirme dans le documentaire *Peut-être Maurice Richard* de Gilles Gascon (1971) que le Forum recevait «des milliers de téléphones à tous les ans» de gens qui voulaient vérifier le résultat de ce match.

28 décembre 1944. À Montréal, contre les Red Wings de Detroit, dans une victoire de 9 à 1, Richard marque cinq buts et récolte trois aides. Avant le match, il avait prévenu ses coéquipiers et son entraîneur qu'il était fatigué, car il avait participé à un déménagement plus tôt dans la journée. C'est cette anecdote qu'ont retenue les concepteurs de la série de courts métrages «La minute du patrimoine» Historica quand ils ont décidé d'y accueillir Maurice Richard en 1997.

3 février 1945. Richard marque un but en transportant sur son dos un défenseur des Red Wings de Detroit, Earl Seibert

Durant l'hiver 1952, Bill Stern, dans ses *World's Greatest True Sports Stories*, raconte la soirée du 28 décembre 1944.

Le 8 avril 1952,
« Le Rocket »
et « Sugar » Henry
se serrent la main.

(95 kilos). Voici comment l'ancien arbitre Red Storey raconte
la chose dans le docudrame *Maurice Richard. Histoire d'un
Canadien* en 1999 : « Seibert a sauté sur son dos. *Sauté sur son
dos.* Il a mis ses bras autour de lui, puis ses jambes autour de
lui. Le Rocket n'a jamais ralenti. Il a foncé et il a déjoué le gardien. Il a alors secoué les épaules et expédié Seibert dans le coin
de la patinoire. » C'était à Montréal.

18 mars 1945. À Boston, Richard marque son cinquantième but de la saison 1944-1945. Pour la première fois de
l'histoire de la Ligue nationale de hockey, un joueur marque
cinquante buts en cinquante matchs. Il faudra attendre trente-
six ans avant que ce record soit égalé, par Mike Bossy, des
Islanders de New York.

6 janvier 1951. En marquant son 271ᵉ but, Richard devient le meilleur compteur de buts de l'histoire des Canadiens. Il le restera, puisqu'à sa retraite il aura compté 544 buts en saison régulière. Guy Lafleur a marqué 560 buts durant sa carrière, mais «seulement» 518 avec les Canadiens.

27-29 mars 1951. À l'Olympia de Detroit, les séries d'après-saison s'amorcent entre les Canadiens et les Red Wings, qui sont largement favoris. Le premier match, le 27 mars, dure 121 minutes et 9 secondes, au lieu des 60 minutes réglementaires; les Canadiens l'emportent 3 à 2 au début de la quatrième période de prolongation. Le deuxième match, le surlendemain, dure 102 minutes et 20 secondes; les Canadiens l'emportent 1 à 0 au début de la troisième période de prolongation. Maurice Richard marque les deux buts. (En outre, la série est marquée par de violents affrontements entre Ted Lindsay et le joueur des Canadiens.)

8 avril 1952. En troisième période, durant les séries éliminatoires, au Forum, Richard marque un but, qui deviendra le but gagnant du match et de la série, contre Jim «Sugar» Henry, des Bruins de Boston, après avoir été sérieusement blessé auparavant dans le match, au point de perdre conscience. Pour Jack Todd, en 1996, il s'agit du «*greatest [goal] in the history of the game*»; pour Roch Carrier, en 2000, du «plus beau [but] de l'histoire du monde». Rien de moins. Depuis, on voit partout une photo prise après le match d'un Richard ensanglanté serrant la main du gardien des Bruins, qui s'incline devant lui.

8 novembre 1952. Avec son 325ᵉ but, Richard devance Nels Stewart et devient le meilleur marqueur de l'histoire de la Ligue nationale. Il marque ce but dix ans jour pour jour après son premier. Lors d'une entrevue télévisée de décembre 1954 incorporée à *Maurice Richard. Histoire d'un Canadien*, juste après avoir marqué son 400ᵉ but, Richard se remémorera la «tension» qu'il a vécue en 1952. Cette tension est bien visible dans les films du match du 8 novembre : Richard marque son but et il se dirige vers le filet pour y prendre la rondelle, puis il la lance violemment sur la glace, comme pour s'en débarrasser, avant de la ramasser de nouveau.

16 avril 1953. Au Forum, les Canadiens remportent 1 à 0 leur match contre les Bruins de Boston, et avec lui la coupe Stanley. Elmer Lach marque le but gagnant tôt au cours de la première période de prolongation, sur une passe de Richard. Le photographe Roger Saint-Jean rate le but, mais sa photo de Lach et Richard s'envolant pour s'étreindre et se féliciter deviendra célèbre. Quand le quotidien *Le Devoir* choisit huit photos «connues par la grande majorité des Québécois» et

Elmer Lach et Maurice Richard célèbrent la victoire de leur équipe le 16 avril 1953.

consacre à chacune un article dans sa série « Une photo en mille mots », la première retenue, les 25-26 septembre 1999, est celle de Saint-Jean. À la mort de Richard, en mai 2000, le journal reproduit, toujours en première page, la même photo et le même article. (Pour la petite histoire, on rappellera que Richard avait cassé le nez de Lach en lui sautant dans les bras.)

13-18 mars 1955. Le 13, à Boston, Richard se bagarre avec Hal Laycoe des Bruins et il frappe un des officiels de la rencontre, le juge de ligne Cliff Thompson. Le 16, il est suspendu par Clarence Campbell pour les trois matchs qui restent à la saison régulière et pour les matchs éliminatoires. Le 17, à Montréal, éclate une émeute à cause de cette suspension. Le 18, Richard adresse un appel au calme à ses partisans.

13 juin 1961. Richard est admis au Temple de la renommée de la Ligue nationale de hockey un an après sa retraite, même si la règle stipulait qu'aucun joueur ne pouvait y être admis sans avoir attendu au moins cinq ans après l'annonce de celle-ci.

11 mars 1996. Au cours de la cérémonie de fermeture du Forum, Maurice Richard fait partie des joueurs appelés à passer un flambeau représentant la tradition des Canadiens. Il est présenté par Richard Garneau, le maître de cérémonie de la soirée, comme « le cœur et l'âme du Forum ». Il reçoit une ovation nourrie, dont la durée varie considérablement selon les sources : sept minutes, huit, neuf, dix, onze, voire une quinzaine. Maurice Richard pleure.

I. Une icône

Parler avec ses yeux

« T'as d'beaux yeux, tu sais. »
JEAN GABIN, *Quai des brumes*, 1938

Dans *La Presse* du 3 avril 2004, Jean-François Bégin propose le portrait robot du joueur de hockey par excellence. « Le Canadien ultime » aura « Les cheveux de Guy Lafleur », « Le nez de Serge Savard », « La bouche de Claude Lemieux », « Les épaules de Patrick Roy », « Un bras de Chris Nilan » et « Un bras d'Émile "Butch" Bouchard », « Les mains de Jean Béliveau », « Les hanches de Larry Robinson », « Les patins d'Yvan Cournoyer » — et « Les yeux de Maurice Richard ».

« Génétique 1 » est un poème de Bernard Pozier publié dans son recueil *Les poètes chanteront ce but* (1991). L'auteur y livre lui aussi le portrait composite de son joueur par excellence. En Amérique du Nord comme en U.R.S.S., il aime « la vision périphérique de Wayne Gretzky » et « les facéties de Phil Esposito », « les chevilles de Valary Kharlamov » et « le sourire de Vladimir Petrov ». Il réserve une place de choix aux joueurs des Canadiens : « les feintes de Denis Savard », « la frappe de Guy Lafleur », « l'élégance de Jean Béliveau », « le caractère de Pierre Larouche » — et « le feu des yeux de Maurice Richard ».

Tricolore (bleu, blanc, rouge), l'écusson de l'équipe de hockey junior le Rocket de Montréal est constitué, en 1999, du nom de l'équipe, d'une fusée équipée de bâtons de hockey, du chiffre 9 — et d'un œil stylisé, un des yeux de Maurice Richard.

Le journaliste Ronald King publie dans *La Presse* du 28 décembre 2003 un article intitulé « Le Noël de René, Céline, Rocket et... Magda ! » Les habitués de sa chronique, « Du revers », reconnaissent ses perruches, René et Céline, et son poisson rouge, Rocket. (Magda est la tortue miniature d'un voisin, M. Czgowchwz, Polonais, ainsi que l'indique son nom.) L'article est surmonté d'un dessin, par Francis Léveillé, d'un aquarium : celui-ci est décoré d'une guirlande d'ampoules de Noël ; Rocket y nage coiffé d'un bonnet de Père Noël — et, pour qu'on ne s'y trompe pas, on lui a collé les yeux de Maurice Richard.

Le match des étoiles de François Gravel (1996) est le roman le plus fin sur l'ailier droit des Canadiens. Dans ce court texte où les gloires du passé reviennent, le temps d'un match, affronter celles d'aujourd'hui, il est facile de discerner l'ex-numéro 9 : « Quiconque a déjà croisé le regard de Maurice Richard quand il est fâché sait à quel point le spectacle est impressionnant. » Ses yeux sont des « lance-flammes ». La même année, c'était par eux qu'étaient accueillis, à l'aréna Maurice-Richard, les visiteurs de l'exposition « L'univers Maurice "Rocket" Richard », qui pouvaient lire, sur un panneau situé dès l'entrée, ceci :

Un regard qui PERCE l'adversaire ! Le regard du Rocket a toujours été impressionnant pour ses adversaires et aussi pour ses admirateurs. « Il avait un regard comme si les autres joueurs n'existaient pas... comme s'il était seul sur la patinoire. Je jouais avec lui et, parfois, quand j'étais sur la glace en même temps que lui et que je le voyais venir vers moi avec ce regard-là, j'aurais voulu sauter par-dessus la bande pour m'écarter de son chemin. Pouvez-vous imaginer ce que l'adversaire ressentait?» Ray Getliffe, Canadiens de Montréal.

Un an auparavant, les concepteurs du *Canadien de Montréal, 1909-1995*, un cédérom sur l'histoire des Canadiens, insistaient sur ce «fameux regard, menaçant pour les uns, intense pour les autres», sur ces «deux yeux noirs» qui «hypnotisaient l'adversaire», sur ce «regard déterminé» qui «valait les meilleurs discours».

Le comédien Roy Dupuis a joué le rôle du Rocket trois fois: dans une vignette télévisée de la série «La minute du patrimoine» Historica (1997), dans la télésérie *Maurice Richard. Histoire d'un Canadien* (1999), dans le film *Maurice Richard* de Charles Binamé (2005). Pourquoi Robert Guy Scully, le producteur de la télésérie, a-t-il retenu Dupuis? «Le regard de Maurice, il l'a rendu.» Pourquoi Denise Robert, la productrice du film, l'a-t-elle retenu à son tour? «Roy et Maurice Richard se rejoignent par le silence. Tout ce que Roy Dupuis exprime, tout ce qu'il ressent passe d'abord par le regard, par les yeux.»

Le Rocket s'inscrit diversement dans l'imaginaire, mais jamais autant que par ses yeux, des années 1940 jusqu'à maintenant. Quel est le sens de cela?

Un regard de feu

Pour commencer, on peut noter que les yeux de Maurice Richard sont le signe de la détermination qui le caractérisait sur la glace, de son intensité, de sa rage de vaincre. On l'a vu, le joueur Richard n'avait qu'une idée en tête (marquer) et il ne tolérait pas qu'on essayât de l'arrêter dans sa mission. Cette obsession menait à la violence? Ce n'était que le juste prix à payer pour réussir.

Le feu intérieur qui animait Richard se donnait à voir dans son regard. Dans *Peut-être Maurice Richard* (1971), le film de Gilles Gascon, deux interviewés soulignaient l'importance de ce regard. Camil DesRoches, «publicitaire» des Canadiens, et le romancier Hugh MacLennan rappelaient combien ses yeux effrayaient ses adversaires:

> On a beaucoup parlé des yeux de Maurice Richard. On a dit de ses yeux qu'ils étaient perçants. C'était bien plus que cela. Ses yeux lançaient des éclairs. Si j'avais été un gardien de but, j'aurais été terrifié en le voyant approcher, affirme l'auteur des *Deux solitudes* (1945).

Voilà des éclairs. Ailleurs, il s'agit de lumière: maniant superbement l'oxymore, cette figure de style mariant des mots qui semblent incompatibles, l'ex-arbitre Red Storey assure au réseau de télévision CTV, le 15 mars 1996, que Maurice Richard était «*a runaway train with black headlights*», un train emballé avec de gros phares noirs. En un seul homme, la lumière et son absence réconciliées. Richard Garneau, dans le documentaire télévisé de Karl Parent et Claude Sauvé (1998), évoque la braise. C'est aussi, simplement, du feu, comme dans le poème de Bernard Pozier.

Ces éclairs, cette lumière, cette braise, ce feu, c'est également la menace d'une déflagration. Richard était déterminé, mais cela pouvait avoir des conséquences dramatiques pour lui comme pour les autres. Avec lui sur la glace, il y a toujours des risques d'explosion, d'éruption. François Gravel l'a bien vu: «Ce n'était pas du feu qu'il avait dans les yeux, mais de véritables volcans en éruption.» On ne sait pas quand un volcan va cracher, mais on sait que cela va laisser des traces.

Entreprenant de raconter l'histoire de Jean Béliveau dans *Puissance au centre* (1970), le romancier anglo-montréalais Hugh Hood devait distinguer Béliveau de son illustre prédécesseur. Comment faire ? En réfléchissant à l'évolution, sur vingt ans, des yeux du Gros Bill (c'est le surnom de Béliveau) : « ce sont les mêmes yeux, c'est cette même expression, non pas d'agressivité ni de frénésie, mais de confiance et de maîtrise de soi ». Par ses yeux, Béliveau distille l'assurance et l'absence d'« agressivité » ou de « frénésie ». Ce sont deux traits que personne n'aurait accolés à Richard.

Cette comparaison met en relief une potentialité, exploitée par quelques-uns, du discours sur les yeux de Maurice Richard. Ces yeux sont ceux d'un fou. Un des coéquipiers de Richard, Ken Reardon, se souvient de lui en ces termes dans le numéro de mars 1960 de *Sports Illustrated* : « *I see this guy skating at me with wild, bloody hair, eyes just outside the nuthouse.* » Un adjectif (« *wild* », sauvage) et un nom (« *nuthouse* », asile de fous), pour désigner une seule réalité : la folie. Quarante ans plus tard, dans *Hockey Digest*, Wally Stanowski, ci-devant défenseur des Maple Leafs de Toronto et des Rangers de New York, dit la même chose à Chuck O'Donnell : « *He had that fiery look all the time. I once heard it described as having the look of an escaped mental patient. I thought that was a good description.* » Le poète Al Purdy, dans son « Homage to Ree-shard » en 1976, emploie des termes semblables :

> « *First madman in hockey* » *Dave says*
> *not sensible and disciplined*
> *but mad mad mad I see him*
> *with balls shining out of his eyes*
> *bursting a straitjacket of six Anglos.*

« *Mad* » : le mot est encore chez ce commentateur anonyme cité par Frank Selke et Gordon Green en 1962, suivant lequel la « Punch Line », le trio constitué de Toe Blake, Elmer Lach et Richard, était un « *trio of mad dogs in their savage quests for goals* ». L'un parlait d'asile de fous, l'autre de malade mental en fuite («*escaped mental patient*»), le troisième de fou («*madman*», «*mad mad mad*») et de camisole de force («*straitjacket*»), le dernier de «chiens fous» («*mad dogs*»). La folie est un des risques que courent ceux qui sont dévorés par leur intensité.

Silences

«Je voudrais trouver les mots pour…»
GRATIEN GÉLINAS, *Tit-Coq*, 1948

«[La] beauté était en lui ; nulle force au monde n'aurait pu lui arracher cette poignante certitude qu'il la possédait en son cœur. Il ne lui manquait que les mots. Et comment se faisait-il qu'une émotion aussi profonde, aussi sincère, n'appelât point les moyens qui l'eussent rendue communicable ?»
GABRIELLE ROY, *Alexandre Chenevert*, 1954

C'est une première interprétation : le feu des yeux, c'est le feu intérieur, et ses risques. Une deuxième interprétation est comparative. Si l'on insiste tant sur les yeux de Maurice Richard, c'est pour ne pas insister sur sa parole, voire sur sa façon de parler. Son économie de mots revient constamment dans les discours qui le concernent : «J'parle pas pour rien», lui fait-on dire dans une des scènes d'ouverture du film de Charles Binamé en 2005. C'est comme si on avait voulu remplacer les silences de Richard par un autre mode de communication, ses yeux, quand ce n'est pas par son jeu sur la glace. Taciturne, Richard aurait trouvé par là un moyen de s'exprimer.

Celui qui va le plus loin en ce domaine est Gérard «Gerry» Gosselin, l'auteur, en 1960, de *Monsieur Hockey*. Dans cet éloge, il est beaucoup question de Richard et du langage, mais non sans paradoxes. Gosselin ne cesse de vanter les qualités de Richard. Pourtant, quand il le cite, que lui fait-il dire ? Des phrases macaroniques, telle celle-ci : «Le fait que j'aie réussi cinquante buts en une saison est un désastre pour moi personnellement. Objectif presque irréalisable, si je ne parviens pas à répéter ce chiffre, on dira de moi que j'en perds.» Quand il veut montrer sa résistance, qu'écrit-il? «On va lui parler, il n'a rien à dire. Son langage, à lui, c'est son jeu. C'est sur la patinoire qu'il parle, qu'il tonne et les adversaires, en dix-huit ans, n'ont pas encore réussi à le faire taire.» Quand il veut le décrire avec ses proches, à qui le compare-t-il?

Il est un peu comme ces orateurs d'une rare éloquence devant un fort auditoire et qui bégaient presque dans le cercle de leurs intimes. À parler avec Maurice, on le place dans une situation qu'il n'aime pas: parler de lui ou de ses exploits. Mais dès qu'il saute sur la patinoire, finies la gêne et la timidité. Il devient d'une rare éloquence avec son hockey.

Quand il veut rétablir la vérité sur lui, comment s'y prend-il? «On lui a prêté toutes sortes de sentiments; on a mis toutes sortes de déclarations sur ses lèvres, alors qu'il ne demande qu'à travailler et à se taire...» Que pense de lui la mère de Maurice Richard? «D'ailleurs, je le répète, Maurice n'est pas un parlant.» Sa femme? Il est «renfermé», «taciturne». Parlant peu mais mal, bègue car timide: on aurait pu imaginer un portrait plus positif de la part d'un admirateur.

Sans suivre Gosselin dans tous ses propos, on peut reconnaître avec lui que le rapport de Richard avec le langage n'a jamais été aisé. Si l'on doit se méfier des phrases transcrites dans *Monsieur Hockey*, il ne faut pas non plus minimiser les difficultés réelles de Richard. La transcription d'une de ses déclarations dans le film de Gilles Gascon en 1971 en fournit un exemple:

Bien j'aime à avoir du temps j'aime à faire quessé qui'm plaît de faire bien entendu après avoir été pendant vingt ans dans le hockey peut-être plus avec l'amateur et le junior j'ai été pendant au-dessus de vingt ans à suivre les conseils à écouter toul'monde alors après vingt ans vingt-cinq ans j'crois qu'on devrait être capable de faire qu'est-ce qui nous plaît aussi de temps en temps.

Ce qui aurait pu être une expression d'indépendance et le refus affiché du mutisme est déforcé par la faiblesse du langage. On peut essayer d'expliquer de diverses manières ce rapport difficile au langage. Peu instruit, Maurice Richard aurait évité les fautes en parlant peu. Ne connaissant pas l'anglais à son arrivée avec les Canadiens, il aurait préféré se taire. Plusieurs le disaient taciturne, tandis que lui-même se voyait comme timide. Il a joué à une époque et dans une société qui ne valorisaient pas une langue forte, surtout pas parmi les sportifs. Le chroniqueur Pierre Foglia le rappelait en 1999 en opposant le commentateur René Lecavalier à Richard :

> Lecavalier incarne de façon troublante la fascination du Québec des années 1960 pour une langue emphatique. D'autant plus troublante que l'autre héros de ces années-là, Maurice Richard, était un héros muet, faute de maîtriser le discours.

Quelles que soient les raisons que l'on avance, on admettra qu'elles concourent à expliquer pourquoi l'on parle depuis si longtemps, et si volontiers, des yeux de Maurice Richard. Ceci remplace cela.

Pleurs

On peut parler avec ses yeux. On peut remplacer sa parole par son regard. On peut aussi communiquer son émotion par ses yeux : en pleurant. Le hockey a beau avoir la réputation d'être un sport viril, réservé aux hommes, aux vrais, il n'empêche qu'un de ses plus réputés artisans n'a pas voulu cacher ses larmes. Maurice Richard pleure, et souvent.

Il y a les larmes du joueur actif, celui qui s'affaisse après avoir été éprouvé. Parmi les grands moments de la carrière de

Richard, le but du 8 avril 1952 contre «Sugar» Henry figure en bonne place, notamment grâce à une photo célèbre sur laquelle on voit Richard, ensanglanté, serrer la main à Henry, qui lui fait presque la révérence. À la suite de ce but, Richard se serait effondré en larmes dans le vestiaire de son équipe, à côté de son père. Au cours d'une visite à Prague, en 1959, à titre d'invité d'honneur du tournoi mondial de hockey amateur, l'étonnement de Richard devant l'accueil du public fait place à l'émotion, puis aux larmes.

La carrière active de Richard s'achèvera aussi sous les pleurs. Lorsqu'il se retire, le 15 septembre 1960, c'est un Maurice Richard ému aux larmes qui s'adresse aux journalistes à l'hôtel Queen Elizabeth de Montréal.

Au fil du temps, de tels récits lacrymaux sont de plus en plus nombreux. Quand le Forum de Montréal ferme le 11 mars 1996, Richard répond à l'ovation du public par des larmes. Quand on l'honore au Centre Molson, en février 1999, pour la présentation du trophée qui porte son nom, puis en octobre de cette année-là, lors du lancement de la télésérie *Maurice Richard. Histoire d'un Canadien*, il a la même réaction. Quand Céline Dion chante pour lui «S'il suffisait d'aimer», le 8 décembre 1998 au Centre Molson, il pleure (et elle aussi).

Le réalisateur du film *Maurice Richard* (2005), Charles Binamé, a vu le (double) profit qu'il pouvait tirer de pareils comportements. D'une part, la reconstitution du but contre «Sugar» Henry se termine sur un torrent de sanglots richardiens. C'est le signe que le but qui vient d'être marqué est unique; aucun autre but du film — et ils sont nombreux — n'est accompagné de tels débordements. Celui-là est mythique. D'autre part, le spectateur découvre ces sanglots en même temps qu'une Lucille Richard effondrée, qui regarde son mari du corridor devant le vestiaire de l'équipe. C'est le signe que le grand joueur est un homme de famille, proche des siens, comme quand le nouveau papa prend sa fille dans ses bras et verse une larme sur elle. Ce mythe est un homme comme les autres.

Qu'il ne puisse parler qu'avec son regard, que les mots lui échappent, voilà qui est secondaire : Richard sait quand même exprimer ses sentiments. Cette humanisation est essentielle à la permanence du mythe. La dureté réputée du hockeyeur, qui peut s'expliquer par le stress auquel il aurait été soumis, cède progressivement la place à la tendresse du père, puis du grand-père. Ses larmes disent que la plus froide des glaces peut fondre.

What's in a name ?

«LE NOM DE MAURICE RICHARD VIVRA À JAMAIS!»
Brasserie Dow, «Almanach du sport», 1955-1956

«Notre nom est Maurice Richard.»
Roch Carrier, *Le Rocket*, 2000

Maurice Richard a toujours eu des rapports complexes avec son identité. À la fin des années 1930 et au début des années 1940, sa passion du hockey était telle qu'il jouait dans plusieurs ligues à la fois, ce qui était interdit. Pour contourner le règlement, il avait des noms d'emprunt, Maurice Rochon, par exemple, sous lequel il a remporté des trophées. En ouverture du film de Gilles Gascon, le cinéaste Bernard Gosselin se souvient avoir rencontré son idole durant son enfance, mais une idole qui refusait de dire son nom : «Maurice Richard, connais pas.» Signant un autographe, le joueur des Canadiens ne se contentait pas d'un simple «Maurice Richard». Entre son prénom et son nom, il ajoutait un «9», entouré d'un cercle. Il avait choisi de se désigner par le numéro de son chandail. Il aurait pu choisir autre chose : les possibilités étaient nombreuses. Au fil des ans, celui que l'on nomme aujourd'hui «Le Rocket» ou «Maurice» a été affublé d'une série de surnoms. Il en avait besoin, quand on constate combien son prénom et son patronyme sont devenus banals.

Le Rocket

Gérard « Gerry » Gosselin intitule sa biographie de 1960 *Monsieur Hockey*. Ce n'est pas ce qu'il y a de plus original : la même expression servait aussi pour Gordie Howe, un autre fameux numéro 9, mais des Red Wings de Detroit. Plus tard, on s'en servira pour Wayne Gretzky. Dans les années 1940 et 1950, on avait plutôt recours au registre de la vitesse, parfois associé à celui de la violence. Richard a été un temps « La Comète », comme il y avait eu « La Comète de Stratford » (Howie Morenz) et comme il y aura « La Comète blonde » (Bobby Hull). Il jouait pour une équipe dont la rapidité (et l'origine ethnique) était légendaire : les joueurs des Canadiens étaient les « *Flying Frenchmen* ». Hy Turkin, du *Daily News* de New York, appelait Richard « The Brunet Bullit », ce qui lui permettait d'allier la couleur des cheveux de Richard (« *brunet* ») à la vitesse et à l'impact d'une balle (« *bullit* »). Happy Day, l'instructeur des Maple Leafs de Toronto, allait plus loin dans la force d'impact : pendant la Deuxième Guerre mondiale, les fusées V2 avaient causé des dégâts considérables ; le 23 mars 1944, Richard avait marqué cinq buts ; le voici devenu « V5 ». Actualité oblige, le *Toronto Telegram* du 29 octobre 1957 parlait de « Sputnik Richard ».

La chose est entendue : Maurice Richard a partie liée avec la vitesse et avec le ciel. Il est une comète, un Français volant, une balle, une fusée guerrière, un satellite (par allusion au Spoutnik envoyé dans l'espace par les Russes en 1957). Et il est « Le Rocket ».

La petite histoire attribue plusieurs origines à ce surnom. Selon Ed Fitkin, il pourrait venir d'un reporter du *Star*. Selon Andy O'Brien, Richard le devrait à Hal Atkins. Selon Maurice

Richard lui-même, il lui aurait été attribué par Phil Watson, Murph Chamberlain et Ray Getliffe en 1943-1944. Selon Jean-Marie Pellerin, suivi par la majorité, le seul géniteur du Rocket serait Ray Getliffe. Peu importe : le surnom est resté. On a voulu le donner à d'autres sportifs, mais aucun ne l'a imposé avec tant de constance. Personne ne confondra le vrai Rocket avec les succédanés que furent Roger Clemens (au baseball), Rod Laver (au tennis), Pavel Bure (au hockey) et Raghib Ismail (au football canadien). Mais que peut vouloir dire un surnom tel « Le Rocket » ?

Comme avec les autres surnoms des années 1940 et 1950, « Le Rocket » met en relief la vitesse, et plus exactement *la poussée*. Une fusée, ce n'est pas seulement quelque chose qui va vite, c'est quelque chose qui doit s'arracher du sol ; il y avait déjà cela dans V5 et dans Spoutnik. C'est moins la rapidité du joueur que célèbre le surnom que la difficulté à l'arrêter une fois qu'il s'est arraché à la position arrêtée. Contrairement à la comète, en revanche, la fusée est un corps terrestre qui *devient* céleste : il n'a pas toujours été dans le ciel.

Ce rapport à la vitesse et au ciel va de soi, et il n'a échappé à aucun des admirateurs du Rocket. On s'est cependant moins intéressé à d'autres aspects du surnom.

« Le Rocket », c'est aussi la technique. Si on envoie des ballons dans les airs depuis le XVIIIe siècle et les frères Montgolfier, et si on sait faire voler des avions depuis le début du XXe siècle et les frères Wright, l'invention de la fusée est contemporaine des frères Richard, Maurice et Henri (« Le Pocket Rocket »). On a longtemps pensé que le Québec des années 1940 était une société arriérée sur le plan technique et scientifique. Appeler quelqu'un « Le Rocket », c'est, au moins sur le plan imaginaire, accéder au monde de la modernité technique, c'est se dire aussi moderne que les autres.

Cette modernité technique a une langue depuis environ deux siècles, l'anglais. On ne paraît pas s'être suffisamment avisé du fait que le supposé mythe national des Canadiens français avait un surnom... anglais. Si les commentateurs ont constamment signalé l'embarras de Richard à s'exprimer dans la langue de Shakespeare au début de sa carrière, aucun n'a relevé ceci : Maurice Richard n'apprend que progressivement l'anglais ; il reçoit pourtant un surnom anglais ; ce surnom lui est donné par des coéquipiers anglophones ; il est accepté par les supporters du joueur, eux qui ont des relations conflictuelles avec la minorité dominante d'alors au Québec, soit la minorité anglophone. Maurice Richard n'est pas «la Fusée», malgré ce que pensent le traducteur français du roman *Barney's Version* de Mordecai Richler et les concepteurs des vitrines du Temple de la renommée du hockey à Toronto ; il n'est pas non plus, pour les francophones, «The Rocket» : il est «Le Rocket». En son nom même, il établit la concorde canadienne des deux langues (qui deviendront) officielles.

On pourrait pousser l'interprétation plus loin. Que peut-on entendre dans le mot *rocket*, outre la vitesse, le ciel, la technique et la langue anglaise ? Il y a le *roc* : Maurice Richard est dur comme la pierre, et des coéquipiers de Richard l'appelaient bel et bien *Rock*. Il y a le *roquet* : depuis 1752, le mot qui servait à l'origine à nommer un petit chien en est venu à désigner, au figuré, un «individu hargneux mais peu redoutable». La première partie de la définition collerait sans problème à Richard, pas la seconde. Il y a la *roquette* : Maurice Richard reçoit son surnom en temps de guerre, et ce projectile est cruellement d'actualité. Si le surnom lui avait été attribué plus tard, il y aurait eu le *rock* : il faudra toutefois attendre 1957 avant d'entendre Denise Filiatrault chanter «Rocket Rock and Roll».

S'interroger sur le surnom le plus récurrent de Maurice Richard ne suffit pas ; il faut le mettre en parallèle avec ceux de ses coéquipiers et de ses adversaires. Or, au jeu de la comparaison, on voit que « Le Rocket » a tout du surnom mythique, ce qui n'est pas le cas de ceux qui le côtoient. On ne peut pas être un mythe et s'appeler « Le Gros Bill » (Jean Béliveau), Bernard « Boum-Boum » Geoffrion, Émile « Butch » Bouchard, « Le Pocket Rocket » (Henri Richard), « Le Vest Pocket Richard » (c'est le surnom d'un troisième frère Richard, Claude, qui ne parvint pas, lui, à percer les mailles de « La Sainte Flanelle ») : cela est trop familier. « The Old Lamplighter » (Toe Blake) et « Le Concombre de Chicoutimi » (Georges Vézina) n'ont aucun écho au-delà du cercle le plus immédiat des fans.

Même le nom du trio d'attaquants au sein duquel Richard s'est distingué vaut mieux, symboliquement, que plusieurs autres : l'image de la « Punch Line » (Richard, Blake, Lach) est meilleure que celles de la « Production Line » de Detroit (trop machinique), de la « Kraut Line » de Boston (trop « ethnique »), de la « Kid Line » de Toronto et de la Scooter Line de Chicago (trop juvéniles). Seule l'« Atomic Line » de New York aurait pu rivaliser avec la « Punch Line », n'eût été du fait que l'atome, durant la deuxième moitié du xxᵉ siècle, n'a pas toujours eu bonne presse. Entre l'atomique et l'astronautique, le second est un meilleur porteur.

La chronique « Le mot de la fin » de *La Patrie* du 8 avril 1957 était constituée du titre « Maurice Richard… », d'une colonne blanche et de la conclusion suivante, en bas de cette colonne : « …quand on a mentionné ce nom, on a tout dit ! » Shakespeare, lui-même surnommé « *The Bard* », dans *Roméo et Juliette*, 362 ans plus tôt, se demandait ce qu'est le pouvoir d'un nom :

> *What's in a name? That which we call a rose*
> *By any other word would smell as sweet* (acte II, scène II).

(«Qu'y a-t-il dans un nom? Ce que nous appelons
une rose embaumerait autant sous un autre nom.»)
Contre *La Patrie*, Shakespeare avait raison : un nom mérite
toujours qu'on s'y attache. C'est aussi vrai d'une série de surnoms.

Un nom commun

Pour qui voulait mythifier, le nom Maurice Richard ne suffisait
pas, d'où les surnoms. Les personnages de roman, en revanche,
n'auront aucune hésitation à endosser l'identité de leur idole.
Les *vrais* Maurice Richard, eux, n'auront pas le choix.

Le Forum, bien qu'il ne soit pas nommé, tient une place
importante dans *Chien vivant*, un roman de Marc F. Gélinas
paru en 2000 : le personnage principal y est le conducteur de
la surfaceuse (la Zamboni). Son nom? Maurice «Rocket»
Tremblay.

Un nom comme ça, ça sonne quasiment prédestiné, ou arrangé
dans une histoire qui raconte les trente premières années de la vie
d'un responsable de la glace à l'aréna de Montréal. Et c'est vrai
que c'est arrangé. En partie.

Comme le roman parle longuement de hockey et de l'équipe
de Montréal, on aurait pu voir là une marque d'admiration
envers Maurice Richard; cela n'est le cas qu'indirectement. Il
n'est question du joueur de hockey, nommément, qu'une seule
fois dans le roman : Maurice Tremblay collectionne les souvenirs de hockey et il compare le plus récent ajout à sa décoration
intérieure, un anonyme suspensoir (une «cocouille», un *jock
strap*), à celui de Richard. Dans le même souffle, il ajoute «ou
de Gretzky», ce qui a pour conséquence de ramener Richard
au rang d'une autre vedette, le Wayne Gretzky des années
1970, 1980 et 1990. De plus, comme dans la bande dessinée
d'Arsène et Girerd publiée en 1975, le surnom de Maurice

Tremblay lui est donné un peu dérisoirement par un futur compagnon de travail : « Pis tu te trouves vite sur tes patins, hein ? Maurice "Rocket", peut-être ? » Ce n'était pas mieux pour son prénom : « [Ses parents] baptiseraient l'enfant du nom de Maurice, comme son pépé, comme son premier ministre […]. » Entre Gretzky et Maurice Duplessis (« son premier ministre »), le Maurice Richard de Marc F. Gélinas est plutôt falot. Or, chez Gélinas, le problème du nom propre — prénom, nom, surnom — est partout : selon les moments et selon les interlocuteurs, le personnage principal est appelé Maurice, Petit Maurice, Mo, Maurice à Théo, mon Zamboni, Pitou, P'tit Maurice, Momo, et Rocket. Son identité n'est jamais arrêtée, pas plus avec Maurice Richard que sans lui.

Dans *Rocket Junior* (2000), l'éloge est direct, quoiqu'un peu ambigu. Le personnage du roman pour la jeunesse de Pierre Roy était prédisposé à être un admirateur du numéro 9. Son prénom ? Richard-Maurice. Son patronyme ? Latendresse Ladouceur. Son surnom ? « Rocket Junior ». Néanmoins, il est le premier à se rendre compte de l'incongruité de la juxtaposition : « tu parles d'un nom pour un joueur qui doit être combatif, vigoureux, plein d'énergie ! » On lui a inversé son prénom, comme on a inversé les qualités attendues d'un joueur robuste : ce ne sont ni la tendresse ni la douceur. À l'admiration pour le Rocket se mêle le signe d'une évolution des valeurs, comme si, dans le Québec sportif de 2000, il y avait des qualités plus faciles à défendre que d'autres.

On peut s'appeler « Rocket » ou « Richard-Maurice » dans un roman. On peut aussi s'appeler Maurice Richard pour vrai. C'est le cas d'un des fils du Rocket, Maurice Richard junior, surnommé Rocket comme son père. C'est le cas du bassiste de Robert Charlebois, immortalisé dans la chanson « Engagement » : « Han, Maurice, Maurice Richard, cent ans saa béss, ça c'est long, han, penses-y un instant. » C'est le cas d'au moins cinq Montréalais dans l'annuaire téléphonique pour 2005, sans compter ceux qui se cachent sous le seul « Richard, M. » et qui sont plusieurs dizaines. C'est le cas des nombreux Maurice Richard interviewés par le quotidien *La Presse* en mai 2000, à la mort du joueur, d'un océan à l'autre. C'est le cas du petit Maurice-Richard Boily, photographié aux abords du Centre Molson le 30 mai 2000. C'est le cas du photographe de presse Rocket Lavoie. On peut imaginer un nom ou un surnom moins explosif à porter.

Vendre du mythe

Pour comprendre la place de Maurice Richard au Québec et au Canada, il est impossible de se contenter de l'analyse des textes à son propos et des images qui l'ont représenté, comme on le fera plus loin. Il est aussi indispensable de voir quel usage commercial on en a fait. Pour cela, la culture matérielle — tous ces objets qui ont mis en scène le Rocket — est une mine d'une richesse inouïe, et presque inexploitée. Les concepteurs de l'exposition « Une légende, un héritage. "Rocket Richard". The Legend — The Legacy » du Musée canadien des civilisations l'avaient parfaitement saisi et le catalogue d'I. Sheldon Posen, *626 par 9* (2004), exploite avec bonheur ce filon. Dans un registre plus mercantile, les vendeurs de babioles qui se sont approprié le Web ne font pas autre chose ; une brève visite sur ebay.com convaincra les plus sceptiques. Maurice Richard est un nom de produit.

Faire voir la richesse des artefacts liés à Maurice Richard suppose des énumérations. Après, on pourra s'interroger sur le public à séduire et sur l'importance du relais commercial dans la permanence du mythe. Énumérons.

Acheter le Rocket

La décoration intérieure d'un collectionneur richardien ne manquerait pas de pittoresque. Lui faut-il des lampes, il en trouvera au moins deux modèles. L'un est destiné à la jeunesse : Richard, en rouge, occupe le devant du filet, et c'est de ce filet que vient la lumière. L'autre aura un public adulte : cette lampe-là est faite d'une chope de bière surplombée d'un abat-jour, où le bleu domine ; sur l'abat-jour, on lit « En regardant le hockey / Une bonne Molson » et on voit Richard marquer un but. C'est à cet adulte qu'est destiné le cendrier du Rocket, au fond duquel sont incrustés une rondelle, deux bâtons de hockey croisés, trois étoiles. Ce cendrier est complété par le briquet aux armes de Richard. Les jeunes et les moins jeunes peuvent se regrouper autour de la radio à transistor « Maurice Richard / 9 / 626 » : en forme de rondelle, elle se transporte commodément grâce à sa courroie, comme elle se dépose bien en vue sur son trépied amovible.

La cuisine de ce collectionneur ne serait pas en reste. On y tomberait sur une tasse à l'effigie de Maurice Richard, dans laquelle boire ce Bovril que Richard prétendait « savoureux », avant d'ajouter : « Bovril compte avec moi chaque fois. » On y mangerait du gruau Quaker ou du pain Suprême « Maurice "Rocket" Richard » trempé dans une soupe « 9. Maurice ROCKET Richard. Soupe aux tomates. Condensée ». (En 1955, le président de la Ligue nationale de hockey, Clarence Campbell, suspend Maurice Richard. Le public aurait alors cru que la société Campbell, populaire pour ses soupes, était sa propriété. Pour contourner un potentiel boycottage, l'entreprise aurait lancé anonymement la cuvée « Maurice ROCKET Richard ».) Plus tard, on y mangera des céréales Corn Flakes dans une boîte à son image et on y boira un verre de Merlot Maurice Rocket Richard Vin de pays d'Oc Guibaud 1999 (Société des alcools du Québec, code 00913657, 8,55 $).

C'est dans la chambre du petit qu'on découvrirait les plus
beaux trésors, non dans celle de la petite : on s'est assez peu
intéressé aux jeunes consommatrices. Le fils du collectionneur
y aura sa bibliothèque de livres consacrés au Rocket. Il y jouera
aux cartes avec son paquet de cartes Maurice Richard, chacune
des cartes arborant le nom d'un généreux commanditaire. Il
s'escrimera sur un de ses nombreux casse-tête : celui du 400ᵉ
but (mais en 500 morceaux) du Rocket ou celui du célèbre but
d'Elmer Lach, sur une passe de Richard, le 16 avril 1953, ce
but qui éliminait les Bruins de Boston et procurait la coupe
Stanley à leur équipe (480 morceaux). Il fera rouler son camion
aux couleurs du distributeur de mazout S. Albert, pour lequel
travaille Richard après sa retraite de la glace. Il développera
ses muscles grâce à la «poignée Hercule» de Ben Weider, un
appareil visant à développer les muscles des poignets :
«Maurice "Rocket" Richard dit : vous pouvez doubler la force
de vos lancers au hockey!» L'existence d'un jeu de hockey sur
table Maurice Richard était prévisible; moins, celle d'un jeu
de bagatelle, ou trou-madame, cet ancêtre du flipper. La
bipartition linguistique canadienne explique que la publicité
du sirop de maïs Bee Hive, dans les années 1950, ait été double : en anglais, un joueur des Maple Leafs de Toronto annonçait que tout acheteur d'une boîte de ce sirop recevrait, en
remplissant un coupon et en y joignant la somme de vingt-
cinq sous, une bague-jouet; en français, c'est Richard. Au
mur, il y aura un calendrier des Canadiens ou de la brasserie
Dow, Richard y figurant en bonne place. L'enfant pourra y
noter les événements qui lui tiennent à cœur avec son crayon
Dixon à l'effigie des joueurs des Canadiens, dont le numéro 9,
et des Maple Leafs. Dans son placard, il aura rangé ses vêtements Maurice Richard (blouson, salopette et pull, attache à
cravate), vêtements qu'il se sera peut-être procurés par le catalogue du magasin Dupuis Frères, de Montréal. (Plus tard, ce

Publicité de Dupuis frères pour des vêtements Maurice Richard dans son catalogue mi-hiver 1951-1952

pourra être une veste Maurice Richard, celle que porte son héros.) Avant de s'endormir, il pourra s'amuser à voir défiler les images du Rocket sur sa machine Show'n Tell, en se familiarisant avec les règles du hockey et en écoutant le récit du cinquantième but en cinquante matchs en 1944-1945.

Là ou ailleurs, il remisera son équipement de joueur. Ses patins, d'abord. Dans le catalogue de la maison Eaton's de 1953-1954 — ce catalogue qui joue un rôle si décisif dans le conte de Roch Carrier —, le portrait et la signature du hockeyeur jouxtent la photo des modèles «The Rocket» (10,95 $ ou 12,95 $) et «Maurice Richard» (21,95 $). Le choix est meilleur en 1958-1959, avec trois modèles: «Maurice Richard Special» (21,95 $), «The Rocket» («*priced low*», 12,95 $), «The Maurice Richard Pro» (43,50 $). Ces modèles voisinent ceux recommandés par des coéquipiers de Richard, Jean Béliveau et Bernard «Boum Boum» Geoffrion. Son chandail, ensuite. S'il faut en croire la littérature pour la jeunesse, voilà un objet chéri par les enfants des années 1950. Les équipes représentées par Roch Carrier (1979), Carmen Marois (2000), et David Bouchard et Dean Griffiths (2004) sont constituées de joueurs qui endossent *tous* le chandail numéro 9. Devenu grand, et chanteur, cet enfant continuera à revêtir ce numéro magique, semblable en cela à Robert Charlebois, Shania Twain, Éric Lapointe et Céline Dion.

L'enfant grandit. Arrive un jour où il doit se raser; Gillette a un rasoir Rocket pour lui. Arrive aussi celui où sa sécurité financière l'occupe. S'il a été prévoyant et s'il n'a pas jeté ce qu'il y avait dans sa chambre, il pourra s'enrichir grâce à Maurice Richard. Comment? En vendant ses vieilles cartes du Rocket, cartes qu'il a pu se procurer de toutes sortes de manières: les acheter, les échanger, les obtenir dans le cadre d'une promotion, les recevoir en cadeau, voire en héritage. Il y a un marché fort actif pour ces cartes, comme l'attestent la consultation des sites d'encan dans Internet, la fréquentation des boutiques spécialisées, la visite des salons de collectionneurs et la lecture de la bible des amateurs, les publications *Beckett*. S'il a été prévoyant et soigneux, il recevra plusieurs centaines de dollars pour la carte de Maurice Richard RC numéro 4 de la série 1951-1952 de la société Parkhurst, à condition qu'elle soit en excellent état. S'il préfère spéculer, il conservera cette carte et il espérera voir flamber sa valeur, car c'est la première carte officielle de Maurice Richard (la production de cartes avait été interrompue pendant la Deuxième Guerre mondiale et elle ne reprend qu'en 1951-1952) et elle est fort rare. S'il n'a pas été prévoyant et s'il s'est défait de ce qui n'avait pas de valeur (monétaire) à ses yeux, l'enfant maintenant adulte se consolera en lisant les romans pour la jeunesse où les cartes de hockey jouent un rôle central, ceux de Michel Foisy ou de Jack Siemiatycki et Avi Slodovnick, ou il pourra en admirer des spécimens dans les ouvrages de Chrystian Goyens, Frank Orr et Jean-Luc Duguay ou de Marc Robitaille. Ce ne sera qu'une mince consolation.

Vivre dans la maison de Maurice Richard

Les objets richardiens sont nombreux et l'on peut avancer sans risque de se tromper qu'on n'arrivera jamais à tous les recenser. Cela s'explique par au moins deux raisons. La première est que les objets mettant en scène Maurice Richard ne pouvaient acquérir de valeur avant que le principal intéressé ne devienne le mythe qu'il est devenu. La seconde raison est que la culture matérielle — objets, images, produits — a pendant longtemps souffert de l'absence d'intérêt des institutions chargées de garder des traces de la mémoire culturelle : conserver un tableau du début du xxe siècle pouvait aller de soi pour un musée ; ce n'était pas vrai d'affiches publicitaires vantant en anglais les mérites de la lotion capillaire Vitalis et en espagnol ceux de la crème à raser Williams. C'est pourquoi plusieurs des objets s'ornant du visage de Maurice Richard sont aujourd'hui disparus, passés à la trappe (à déchets).

Il y eut cependant une personne qui s'intéressa à ces objets avant et plus que les autres, et c'est Maurice Richard. Parmi les principaux collectionneurs, il a un statut à part.

Comment évaluer ce statut ? Il serait possible de relire les textes sur Richard pour voir ce qu'il disait du culte qu'on lui a longtemps voué et des instruments de ce culte. (La récolte ne

El campeón de "hockey" Maurice Richard

Se afeita mejor con WILLIAMS

porque Williams contiene **Lanolina** confortante

Maurice Richards, famoso jugador canadiense de "hockey" en hielo, resiste fuertes embates en la pista de patinaje. Pero cuando se trata de afeitadas, prefiere la suave y confortante Crema Williams. Dice: "Yo uso la Crema de Afeitar Williams, y cada afeitada me resulta espléndida. La Lanolina en Williams es realmente maravillosa—¡tan suave y refrescante y tan benigna a la piel!

Para afeitadas suaves, cómodas, *rápidas*... use Williams con Lanolina. La Lanolina es un ingrediente especial que protege la textura delicada propia de la piel — permite afeitadas al ras, suaves y sin la menor irritación. ¡Use Williams... para que luzca bien y se sienta lo mejor!

Dos cremas a elegir:
Williams "Lujosa" y
Williams "Mentolada"

WILLIAMS CONTIENE LANOLINA CONFORTANTE

Publicité pour la mousse à raser
Williams destinée au public hispanophone

serait pas très riche.) On pourrait, loupe à la main, étudier les photos de lui prises dans sa maison et essayer de repérer ce qui dans son intérieur lui renvoyait sa propre image. (De nouveau, le rendement serait piètre.) Il existe une meilleure source : le catalogue de la collection « Maurice "Rocket" Richard » mise en vente le 7 mai 2002. L'entreprise Collections Classic

Collectibles avait en effet été chargée de mettre à l'encan la collection personnelle du Rocket. Pour l'occasion, un beau catalogue de 64 pages a été publié, photos couleurs, papier glacé, descriptions détaillées (mais uniquement en anglais ; marché oblige ?). Le catalogue contient 289 lots, presque tous provenant de la succession familiale (pour moins d'une dizaine d'articles, on indique qu'ils ont une autre origine). Il y a de tout : des médailles et de très nombreux trophées, dont des répliques de la coupe Stanley, décernée à l'équipe championne de la Ligue nationale de hockey ; du matériel visuel (affiches, tableaux, photos) ; des pièces d'équipement (bâtons et chandails) ; des plaques commémoratives nombreuses, glanées au long d'une carrière riche en récompenses ; des documents officiels (lettres de félicitations, contrats, passeports, passes de tramway, menus pour repas d'apparat) ; des vêtements ; des calendriers et des programmes sportifs ; des cartes de toutes sortes (d'anniversaire, à jouer, professionnelles, postales) ; des objets publicitaires (briquets, cendriers, couteaux de poche) ; de la vaisselle ; des produits publicisés par Richard lui-même ; des livres (peu) et des revues. Il fallait s'attendre à ce que les descriptions vantent les choses à vendre, mais quelques commentaires étonnent : les bâtons de Richard sont faits de « bois sacré » (« *The holy lumber* ») ; un de ses chandails est comparé au saint suaire (« *Shroud of Turin* »). Les vendeurs du Temple ont appris leur histoire sainte.

Puisqu'il s'agit du catalogue d'un encan, on ne connaît pas le prix de vente des objets, mais on sait à quel prix les enchères étaient ouvertes. (Les prix qui suivent sont en dollars américains, comme dans le catalogue.) Le prix de départ le plus élevé est de 5000 $ pour une bague de la coupe Stanley, pour des sculptures et pour des chandails (dont celui qu'on a comparé au saint suaire, avec ses marques de sueur réputées authentiques). À l'autre extrémité du spectre commercial, on trouve des articles à 100 $: une carte d'assurance maladie du Québec et des certificats d'immatriculation d'une automobile; douze bouteilles de la cuvée Maurice-Richard; des jouets; des certificats prouvant que Richard était citoyen honoraire des villes de Winnipeg et de Drummondville; sa boule de quilles («*vintage "Brunswick" bowling bowl*»).

Par la sélection des objets et par leur mise en scène, le lecteur-acheteur est invité à entrer dans l'intimité de Maurice Richard et de sa famille. Il peut se procurer le mobilier de chambre à coucher de son idole (mise à prix: 300 $). Il peut se faire livrer la porte d'entrée de sa maison de la rue Péloquin à Montréal (200 $; la porte d'une autre habitation de Richard est apparue dans Internet en 2005, pour 5400 $). S'il acquiert son dernier sac de hockey, il mettra la main sur ses sous-vêtements (500 $). Il pourra voyager avec ses valises (200 $ ou 300 $ en fonction du modèle). Des bijoux de sa femme, à l'emblème des Canadiens (500 $), et une trousse de maquillage qu'on lui a offerte (300 $) sont disponibles, de même qu'un plateau remis aux parents du Rocket en 1956 (200 $); leur héritage est aussi le sien. Il faut espérer que les sculptures sur bois étaient appréciées chez les Richard: on en dénombre au moins une douzaine (de 200 $ à 2000 $). Des photos montrent l'emplacement de plusieurs objets chez Maurice Richard. Trophées, miroirs, plaques murales, photos, vêtements, sta-tuettes, tableaux et assiettes décoratives sont incorporés au décor quotidien de sa vie de famille.

Paradoxalement, cette incursion familière est d'avance pré-sentée comme une visite publique, officielle. Comment? Un «Avis important / Important Notice» est inséré avant la pre-mière page du catalogue. Il indique que la ministre d'État à la Culture et aux Communications du Québec, Diane Lemieux, «a fait signifier, le 5 avril 2002, en vertu de la *Loi sur les biens culturels*, un avis d'intention [...] de classement de quarante-sept objets significatifs ayant appartenu à Maurice Richard, objets qui font partie du présent catalogue». Par là, elle se réservait un droit de contrôle sur la vente et sur la circulation de ces objets, dont la liste est contenue dans l'«Avis». Finalement, c'est l'État canadien, par l'entremise de son ministère du Patrimoine, qui a acheté, pour 600 000 $, canadiens ceux-là, ces quarante-sept articles, qui ont été confiés au Musée canadien des civilisations. On les retrouve ainsi dans le catalogue de Collections Classic Collectibles, dans les vitrines de l'exposition «Une légende, un héritage. "Rocket Richard". The Legend — The Legacy» et dans le catalogue de cette exposition, *626 par 9*. Ce passage du commercial au muséal est un des vecteurs les plus efficaces de la transformation du produit Maurice Richard en mythe. Pour respecter la devise provinciale («Je me souviens»), il faut que quelqu'un conserve, fût-ce le gouvernement fédéral.

Le représentant de commerce

Maurice Richard n'a pas été que l'objet de représentations sur des produits de toutes sortes et collectionneur de ses propres artefacts, artefacts parfois classés bien culturels par l'État. Il a aussi été homme d'affaires.

On a pu à de nombreuses reprises le voir en vendeur de bière. Il a fait campagne pour la Molson et pour la Dow, et il sera brièvement propriétaire de la Taverne 544 / 9 / Maurice Richard, boulevard Saint-Laurent à Montréal. Il a aussi prêché les mérites de la pêche (fils de canne à pêche Clipper, Club de pêche La Barrière), du mazout (pour S. Albert & Cie., puis pour Ultramar), de l'électronique («Maurice Richard TV. Capri électronique. Ventes & services»), de l'acier (pour la Lougee Steel Corporation), de l'assurance-vie (pour Equitable Life et pour Prudential Life) et des véhicules de Jarry Automobile.

Vieillissant, il change de créneau. Il vante sur les ondes de la télévision la lotion capillaire Grecian Formula 16. Il devient porte-parole de Coca-Cola et de la compagnie Air Canada et de son programme de fidélisation, Aeroplan, mais également celui d'un vaccin contre l'influenza, le Fluviral, et de la Banque nationale du Canada. Trente ans après sa retraite, son visage orne, en pleine page dans les journaux montréalais, une publicité pour les voitures BMW, lui qui conduisait de grosses américaines. Il a sa carte téléphonique, gracieuseté de Bell Canada. Immédiatement après sa carrière, mais brièvement, puis plus longuement à la fin de sa vie, il sera «Ambassadeur» pour le seul club de hockey avec lequel il a joué et pour la compagnie Molson. Enfin, le bon grand-père qu'il est devenu distribue aux petits des bonbons «Sour Punch Caps».

À sa mort, en 2000, les choses changent. Paraît, par exemple, une «Édition limitée» de la revue *Les Canadiens*. Quelle image les services financiers Desjardins reproduisent-ils dans leur publicité commémorative? Un tableau illustrant le conte de Roch Carrier: «On est tous des "Rocket" Richard», dit la légende. McDonald's? Un visage de jeune joueur de hockey, surplombant un message édifiant: «On a tous besoin d'un héros. Salut Rocket.» Le fossé entre les générations a été comblé: on se sert d'enfants qui n'ont jamais vu jouer le Rocket pour s'adresser à leurs parents nostalgiques.

La bibliothèque du Rocket

On ne connaît pas avec beaucoup de précision les lectures de Maurice Richard.

S'il lui arrive d'être représenté un livre à la main, ce n'est jamais très instructif. Sauf exceptions, on ne le dépeint qu'en présence de livres pour la jeunesse. Une photo officielle des Canadiens le montre en train de faire la lecture à ses petits-enfants: il lit un livre dont il est le sujet (*Un bon exemple de*

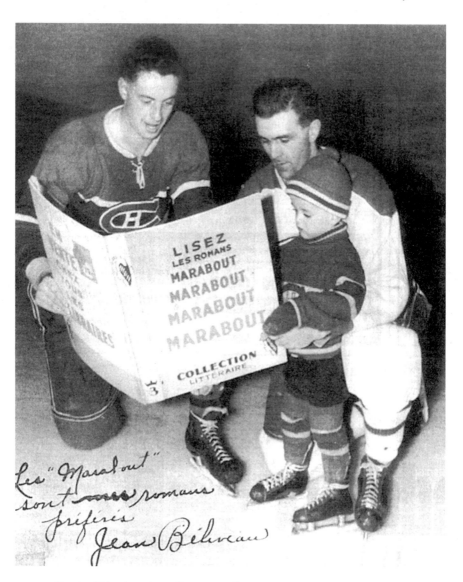

Maurice Richard, un de ses fils et Jean Béliveau vantent
les mérites des Éditions Marabout.

ténacité), à côté d'un livre dont il est aussi le sujet (*Le chandail de hockey*). Plusieurs années auparavant, le numéro de *Sport revue* de décembre 1958 le faisait découvrir accompagnant la lecture par un de ses enfants de *L'oie qui jouait du piano*, puis leur faisant répéter leur leçon, livre de classe à la main. L'homme de famille serait un lecteur (à haute voix).

Les exceptions? Elles sont publicitaires. Sur une photo des années 1950, on le voit, flanqué d'un de ses fils et de Jean Béliveau, vanter les mérites de la «Collection littéraire» des Éditions Marabout; ce jumelage ne va pas de soi, dans la mesure où Béliveau est plus volontiers associé à la culture que Richard. On photographie aussi ce dernier dans des lancements de livres, ceux d'anciens joueurs (Jean Béliveau, Bernard Geoffrion) ou de photographes sportifs (Denis Brodeur). Il signe la préface de quelques ouvrages, ce qui leur confère de la crédibilité: *Jouez du meilleur hockey avec les Canadiens* (début des années 1960), *30 ans de photos de hockey* de Denis Brodeur (1993), *Le match des étoiles* de François Gravel (1996), *Les Glorieux* de Réjean Tremblay et Ronald King (1996), *Yvon Robert* de Pierre Berthelet (1999), *La carte de hockey magique* de Michel Foisy (2000).

Les photos de Richard en lecteur sont rares, ainsi que les témoignages directs sur ses lectures. Comme la bibliothèque de Montaigne au XVIe siècle, les murs du vestiaire des Canadiens comportaient, du temps de Richard, nombre de citations. Certaines étaient en anglais («*There's always a reason*» / «Il y a toujours une raison»), d'autres en latin («*Celeritas — Auctoritas — Æternaque*» / «Rapidité— Autorité—Éternité»). À côté d'une phrase d'Abraham Lincoln, Maurice Richard pouvait lire une exhortation du militaire John McCrae dans «*In Flanders Field*»: «Nos bras meurtris vous tendent le flambeau, à vous toujours de le porter bien haut» («*To you from failing hands we throw / The torch; be yours to hold it high*»). Que pensait de ces bribes de textes le citoyen de Bordeaux? On ne le saura pas.

On ne sait guère plus ce qu'il pensait des livres dont il était le héros. Dans une chronique de février 1963 du *Maurice Richard's Hockey Illustrated*, il déplore ne pas avoir eu le temps de lire un livre sur sa vie, bien que celui-ci soit disponible depuis un an. En revanche, il déclare, dans la même chronique, avoir dévoré en deux jours les Mémoires de Frank Selke, le gérant des Canadiens pendant dix-huit ans, *Behind the Cheering* (1962). Ce serait «*the best book about hockey I have ever read*». (Si c'est le meilleur livre sur le hockey qu'a lu Maurice Richard, il y a de quoi déprimer.) En 1973, Andy O'Brien raconte que Richard n'a pas lu la biographie qu'il lui a consacrée et qu'il ne compte pas la lire. Le préfacier du *Match des étoiles* de François Gravel remercie l'auteur de lui avoir rappelé «de merveilleux souvenirs». Le 21 juin 1998, dans une chronique du journal *La Presse*, Richard écrit qu'il a assisté au lancement de la version revue de l'ouvrage de 1976 de Jean-Marie Pellerin, mais qu'il a oublié d'en prendre un exemplaire et qu'il n'a pas été en mesure de voir les changements d'une version à l'autre. Lorsque sa famille met à l'encan une partie de la collection particulière du Rocket, il n'y a que quelques revues disponibles et peu de livres; toutes ces publications portent sur le Rocket. Elles ont contribué à faire vivre son mythe. Il en a conservé quelques-unes. Il faudra se contenter de cela.

Se vendre

Quelles conclusions peut-on tirer de pareilles énumérations?

Un sociologue de la culture relèverait des tendances dans la pléthore de produits utilisant l'image de Richard. Il pourrait les distinguer en fonction des couches sociales visées par les commerçants (populaire, moyenne, aisée). Un seul exemple suffira. La cuvée Maurice Richard n'a de sens qu'à compter des années 1980 ou 1990 et que dans certains milieux. Prêter le visage de Richard à un vin rouge n'aurait eu aucun impact dans les années 1950 : les habitudes de consommation de la majorité n'allaient pas dans ce sens-là. Vendre de la Dow ou de la Molson, c'était normal. Les Québécois ne se mettront au vin que plus tard.

Un historien des supports culturels noterait la montée progressive des médias audiovisuels. La télévision ne peut pas être le principal vecteur commercial au moment où Richard commence sa carrière en 1942 ; elle n'arrive au Canada qu'en 1952. Le commerce richardien est au départ affaire d'imprimés (journaux, emballages, catalogues, etc.) et de radio. À la fin des années 1950, la télévision prend le relais, et le garde. Non seulement Richard ouvre un commerce d'appareils électroniques, mais il devient une personnalité invitée sur divers plateaux. Au xxie siècle, Internet a démultiplié les possibilités commerciales. Voilà pourquoi, en mai 2005, quelqu'un a mis en vente, sur le site ebay.ca, le nom de domaine « leRocket. com ». Pour 75 000 $ US, on pouvait s'assurer d'attirer vers soi les internautes richardiens.

Un spécialiste des *cultural studies* lirait dans cette évolution la mainmise grandissante du grand capital sur le monde du sport. Les sportifs de haut niveau ne seraient plus, pour lui, que les porte-parole stipendiés de capitalistes toujours prêts à les exploiter. Ce type de commentaire avait surtout cours dans les années 1970, mais il se fait entendre encore aujourd'hui dans le discours commun sur les salaires exorbitants versés aux grandes vedettes mondiales. Victor-Lévy Beaulieu, dressant le portrait de Guy Lafleur en 1972, le présentait en jeune homme issu d'un « milieu prolétaire ». Le vocabulaire n'est plus désormais le même. L'esprit de l'analyse a-t-il changé ?

L'expert en marketing soulignerait la variété des publics. Parmi les contemporains, il y avait les enfants, mais aussi les parents de ces enfants, acheteurs de patins, de vêtements, de sirop de maïs, de pain, de soupe, de gruau, de jouets, de revues et de livres. Ces enfants sont devenus grands : on leur vend des objets d'une nature inédite, de l'or noir au vin rouge. Le discours funéraire ayant ravivé moult souvenirs, les produits Maurice Richard s'adressent à de nouvelles générations au début du xxie siècle : les premiers fans du Rocket ont vieilli, mais des hordes de plus jeunes les escortent. C'est la preuve d'une opération commerciale réussie, puisqu'on assiste à la fois au vieillissement et au rajeunissement des consommateurs. Maurice Richard dure.

Le commerce richardien dit évidemment quelque chose de Maurice Richard et de son sport ; il dit aussi quelque chose de sa société et de son évolution. Son importance ne se limite pas à cela.

Quel est le principal effet du commerce richardien, quelles qu'en soient les formes ? De transformer Maurice Richard en produit, puis en label et en mythe. Ce que vantent et ce que vendent les produits et services à son effigie, c'est d'abord un joueur et un homme dont les exploits accompagnent ses partisans au jour le jour ; par la suite, c'est le sérieux de quelqu'un qui s'est reconverti socialement ; en dernier lieu, c'est un mythe, celui de Maurice Richard, inscrit dans la durée. Les produits et services placés sous son nom et sa figure importent moins que la figure d'identification que Richard est devenu. Cette figure, elle s'est constituée sur les patinoires, mais aussi — mais surtout — par une publicité sans cesse grandissante et sans cesse en mutation.

Le corps du Rocket

Tout sportif est un corps, caché par un uniforme ou exposé aux regards. Certains font spectacle de leurs muscles gonflés : haltérophiles, lutteurs, lanceurs de poids ou de marteau, hommes forts. D'autres, pour qui la rapidité est indispensable, jouent au contraire de la sécheresse musculaire : gymnastes, coureurs de fond, artistes du volley-ball de plage, jockeys. Il existe des hybrides : boxeurs surdimensionnés, sprinteuses à moustache, joueuses de tennis *body buildées*. Les joueurs de hockey, eux, comme nombre de sportifs professionnels (basketteurs, footballeurs), ont vu leur corps évoluer. Aurèle Joliat, une des vedettes du club de Montréal de 1922 à 1938, pesait 61 kilos et mesurait 1,70 mètre ; il aurait l'air d'un nain à côté des hockeyeurs de maintenant, qui préfèrent la masse à la vitesse.

Sur ce corps, des discours concurrents s'entrechoquent. La prose scientifique, à une époque, s'est demandé si les caractéristiques raciales devaient être prises en compte dans la compréhension des possibilités du corps sportif ; elle s'est depuis médicalisée, dopage oblige. Le journalisme sportif évalue ce corps à sa performance, à ses réussites et à ses échecs, à son adéquation à la tâche. Les peintres et les sculpteurs ont largement exploité sa représentation ; c'est vrai de la Grèce antique comme du futurisme italien au xxᵉ siècle. De Pierre Popovic (« Wimbledon, P.Q. ») à Courtney Eldridge (*Record à battre*) et d'Harry Crews (*La malédiction du gitan*) à Nathalie Gassel (*Musculatures*), les créateurs ont répété à l'envi qu'il est aussi un objet érotique.

La science médicale ne paraît pas s'être intéressée au corps de Maurice Richard ; la peinture, l'éloge, la presse, la statuaire, la chanson et le cinéma, si.

La force et ses faiblesses

Ils sont plusieurs à avoir voulu dessiner le corps de Maurice Richard, avec des images ou avec des mots. La plupart ont choisi le pointillisme contre le portrait d'ensemble. Quelques-uns sont sortis du rang ; ils sont rares. La douleur est souvent leur matériau.

Les lithographies que Serge Lemoyne consacre aux joueurs des Canadiens dans les années 1970 ont été maintes fois reproduites. On a eu régulièrement l'occasion de voir ces œuvres représentant les chandails de Guy Lafleur, de Ken Dryden, de Bernard Geoffrion ou de Doug Harvey. En 1981, il s'inspire de Maurice Richard : dans la lithographie « No. 1 de Bangkok », une jeune Thaïlandaise endormie est recouverte du chandail numéro 9. Louis-C. Hébert est surtout connu pour sa série de tableaux sur la formule Un, mais il a aussi peint Richard. Il cadre son visage en deux versions. Dans l'une, le regard est déterminé. Dans la seconde, propriété de Loto-Québec, qui l'a confiée au Centre Bell, on le voit avec un regard plus apaisé ; ce n'est pas la moins intéressante des deux. Yvon Goulet crée le livre d'art *9* en 2001. Tiré, comme il se doit, à neuf exemplaires, il est fait de trois panneaux réclames en plastique ondulé recyclé sur lesquels ont été sérigraphiées une masse d'images difficiles à départager : photos des Canadiens, bouts de textes, carte géographique. De cette masse visuelle, les portraits de Richard émergent à peine. Lithographie (Lemoyne), peinture (Hébert), sérigraphie (Goulet) ; chandail, yeux, visage : ce Maurice Richard-là ne se laisse pas saisir dans son entièreté.

Cela ne revient pas à dire que personne ne s'est essayé à peindre le corps du Rocket. Les portraits officiels ne manquent pas, aussi bien au Forum de Montréal qu'au Centre Molson devenu Centre Bell. Beaucoup ont la même inspiration : une photo de Richard en pleine action, les yeux exorbités, qu'a prise David Bier du quotidien *The Gazette*. C'est l'image classique de Maurice Richard. Les œuvres qui s'éloignent de cette tradition sont rares. En voici deux.

« Le Rocket marque » (1998) est une toile de Saul Miller, expert en « performance » (« *Performance Specialist* ») et peintre. Des spectateurs y admirent Maurice Richard dans les deux langues du pays : « Mon Dieu », « It's the Rocket », « Tabernac » (*sic*), « He scores ». Le joueur a un corps impossiblement allongé. Coiffé d'une auréole, il est en train de déjouer le gardien des Maple Leafs de Toronto, sous les yeux d'arbitres et de joueurs à tête d'animal, pendant que des oiseaux s'éloignent de la glace. Chagall est l'évident modèle de Miller.

En 1994, le Musée d'art contemporain de Montréal reçoit de Maurice Richard, en retour d'un crédit d'impôt de 300 000 $, une œuvre intitulée parfois « Hommage à Duchamp », parfois « Hommage à Duchamp (Hommage à Maurice Richard) ». Elle lui avait été offerte par son prestigieux créateur, Jean-Paul Riopelle, d'où sa valeur élevée. C'est une porte en contreplaqué, peinte sur ses deux faces, de dimension imposante : 203 centimètres de hauteur, pour 91 de largeur. Face Duchamp, une nuée de cercles blancs mouchetés de bleu-gris, en surimpression sur trois cubes superposés, forment une créature mi-homme mi-animal. On y voit des traces de blanc, de bleu et de rouge, mais ce ne sont pas ces couleurs qui dominent, le gris et le brun étant insistants. Face Richard, des objets se détachent d'un fond non figuratif : une raquette à neige est placée en haut ; sous elle, un bâton de joueur, tourné vers la gauche, et un bâton de gardien, tourné vers la droite, sont en vis-à-vis ; des instruments de dessin (appelés pistolets ou perroquets), ressemblant à des lames de patin, bordent ce grand rectangle.

L'hommage au joueur de hockey est triplement indiqué. Si, dans le coin droit inférieur, l'œuvre est signée « riopelle » à côté du bâton de gardien, dans le coin gauche, on lit « Rocket Richard » à côté du bâton de joueur, d'une calligraphie différente, en blanc dans les deux cas. Entre les deux bâtons, qui sont tracés en bleu, et directement sous la raquette, une forme ronde évoque une rondelle de hockey et elle est marquée de deux lettres : « MR ». Enfin, posé sur le manche de chacun des bâtons, se détache, en rose fluorescent, le contour d'une main ; sur le bâton de joueur, la main (droite) est celle de Maurice

Richard, sur le bâton de gardien, c'est la main (droite) du peintre ; il les a immortalisées avec une bombe aérosol, le 30 mars 1990, lors d'une rencontre entre lui et Richard organisée par le journal *La Presse*. D'évidence, il s'amuse à ne pas suivre les idées reçues. Au lieu du bleu-blanc-rouge, le bleu-blanc-rose. Au lieu des yeux de Maurice Richard, sa main. Au lieu de la seule haute culture (Duchamp et l'art moderne), la culture populaire (Richard et le hockey), les deux mêlées. L'artiste se fait aussi plaisir : la petite histoire, du moins telle que la construit Riopelle, veut que lui et Richard, adolescents, se soient affrontés sur la glace du parc Lafontaine à Montréal. Le musée les réunit durablement. Le magazine *Newsweek* ne l'avait-il pas en quelque sorte prédit le 27 mai 1963, en surnommant le peintre « Rocket Riopelle » ?

Quand il s'agit de faire voir le corps de Maurice Richard, les journalistes, les publicitaires, les écrivains et les cinéastes ne sont pas moins prolixes que les peintres. Comme ceux-ci, ils se concentrent en général sur un de ses traits. En revanche, une chose les distingue : ils hésitent moins à mettre en relief la souffrance du corps sportif.

La principale qualité physique de Maurice Richard, outre ses yeux, est sa force. Dans *Le Rocket* (2000), Roch Carrier compare Richard à un cheval, à un tigre et à un taureau. Un demi-siècle plus tôt, Jeanne d'Arc Charlebois chante qu'il est « vigoureux comme un bœuf ». On rappelle continuellement combien ses mains étaient puissantes : « ses mains grosses de même », écrit l'animateur de radio Christian Tétreault en 2005. La preuve par excellence de cette force hors du commun est dans les innombrables récits de buts marqués par Maurice Richard avec un joueur, voire deux, sur le dos.

Une des figures bibliques de la force est celle de Samson, dont la puissance, et le risque de sa perte, aurait résidé dans ses cheveux ; on ne s'étonnera pas de la voir surgir pour dépeindre Richard. «Il faut dire que les Richard, Maurice et Henri, étaient poilus comme des ours, relate Pierre Gobeil dans *La Presse* du 29 mai 2000. Peut-être était-ce là le secret de leur force exceptionnelle? Comme Samson à une autre époque.» En 1973, Maurice Desjardins regrettait que les joueurs adverses aient voulu empêcher Richard de marquer en le retenant «par les bras, les épaules, les cheveux, le chandail». Était-il pour autant prévisible que le coiffeur de Maurice Richard — on disait «barbier» — joue un rôle dans trois des films sur lui? Dans *Peut-être Maurice Richard* de Gilles Gascon, le vrai Tony Bergeron apparaît une demi-douzaine de fois. Pendant qu'il lui coupe les cheveux, il raconte à la caméra le match où Richard a enregistré huit points après avoir déménagé ce jour-là. Derrière lui, au Forum, deux Anglais, un homme et une femme, «à peu près dans les soixante et cinq, soixante-dix, cheveux blancs», pleuraient. «Pis, c'que j'vous dis, c'est vrai», précise-t-il. Dans le *Maurice Richard* de Charles Binamé, un faux Tony Bergeron, joué par Rémy Girard, explique à Richard ce qu'il représente pour les Canadiens français. «Pour un p'tit barbier [...], t'es pas pire», lui répond le faux Maurice Richard joué par Roy Dupuis. Mathieu Roy, lui, réalise en 2005 le journal de tournage du film de Binamé, *Hommage à Maurice Richard*: au lieu du vrai ou du faux Tony Bergeron, il interviewe son fils Yvon. Ce nouveau relais familial du mythe de Maurice Richard est plus inattendu que d'autres.

En 1955-1956, l'«Almanach du sport» de la brasserie Dow loue «l'incomparable ailier droit aux cheveux de geai [*sic*] et aux yeux de lynx». La chevelure n'a pas de touches de gris et l'œil est bon; Maurice Richard respire la jeunesse et la santé. Cette image de robustesse n'est pourtant pas la seule qu'on ait de lui.

Au début des années 1940, on l'a vu, Richard a subi plusieurs blessures et on a cru qu'elles allaient l'arrêter. N'avait-il pas été surnommé «Bones», par allusion à la faiblesse de ses os? N'a-t-on pas expliqué que c'est là, sur les conseils d'un médecin, qu'il se met à boire une bouteille de bière par jour, histoire justement de renforcer ses os? Dans les faits, Maurice Richard vivra deux séries noires en matière de blessures, l'une au début de sa carrière et l'autre à la fin. Il ne sera pas pour autant épargné entre les deux: son type de jeu, les attaques qu'il a subies et les coups qu'il a rendus, tout cela le prédestinait à collectionner les points de suture et les cicatrices. À sa retraite, il n'hésitait pas à parler de son insomnie et de ses problèmes de poids. Les cinéastes ont vu le bénéfice qu'ils pouvaient tirer de ce corps violenté, soumis aux assauts des adversaires et au passage du temps.

Chez Jean-Claude Lord et Pauline Payette en 1999 comme chez Charles Binamé en 2005, le sang coule. Il n'y a rien là de particulier: les images fixes et mobiles de la carrière de Maurice Richard ne disent pas autre chose. Les réalisateurs vont cependant plus loin. Les premiers, dans la partie fictive de leur docudrame, insistent sur l'insomnie et sur la volonté de Richard de cacher ses blessures, même à sa femme. Dans la partie documentaire, ils n'hésitent pas à montrer des images d'un Richard considérablement ralenti sur la glace à la fin des années 1950. Binamé, lui, laisse de côté l'insomnie et l'excès de poids, et il choisit une autre façon de faire ressortir le drame intérieur de Richard: il filme Roy Dupuis / Maurice Richard, peu avant un match, en train de trembler dans sa salle de bain, pendant que sa femme, à l'extérieur, lui demande si tout va bien. Dans les deux films, on le voit fondre en larmes après son but contre «Sugar» Henry en avril 1952. Trop, c'est trop: même adulé par les foules, même aimé par ses proches, le sportif n'est pas à l'abri de la douleur.

La douleur du sportif, disent aussi les deux films, est celle d'un travailleur qui n'est rien sans un corps efficace. Dans le docudrame de Lord et Payette, Richard et Bernard Geoffrion expliquent avoir eu peur des blessures du temps où ils jouaient. Même affaiblis, ils restaient sur la glace ; sinon, on aurait pris leur place, peut-être définitivement, les privant par là de leur gagne-pain. Dans la fiction de Binamé, le monde du travail est plus présent que dans les autres récits de la vie de Maurice Richard. Entre le jeune machiniste du début du film et le patineur des années 1950, la filiation est corporelle : pour conserver son emploi, il faut persévérer malgré les déficiences physiques. Le corps du sportif est celui d'un salarié.

Samson vieillissant ou taureau blessé, les représentations du corps de Maurice Richard ont pour effet d'humaniser le mythe. Le Rocket était fort ? Certes. Mais il a payé de sa personne, mais il a été victime de faiblesses, mais il a souffert. Dans les années juste avant sa mort, il apparaîtra quelquefois en public visiblement diminué, en proie à la maladie : en conférence de presse sur son état de santé en 1998, à un concert de Céline Dion en décembre de la même année, au lancement du docudrame de Lord et Payette en 1999. Par là, il était comme tout le monde. Non seulement il souffrait, mais il souffrait en silence.

Grandeur nature ?

Pour s'en tenir au dernier demi-siècle, le Québec aime honorer, par des statues, ses hommes politiques : René Lévesque à New Carlisle, à Québec et à Montréal ; Maurice Duplessis à Trois-Rivières et à Québec ; Adélard Godbout et Jean Lesage à Québec ; Daniel Johnson à Québec et à Montréal ; Jean Drapeau à Montréal ; Pierre Elliott Trudeau à Côte-Saint-Luc. À Montréal, il n'oublie ni ses chefs syndicaux (Jean Lapierre) ni ses artistes (Félix Leclerc au parc Lafontaine, Jean Gascon au Monument national, Claude Jutra dans le parc à son nom, Jean-Paul Riopelle dans le Quartier international).

Statue de Paule
Marquis, Centre
de divertissement
du Forum Pepsi,
Montréal

Les sportifs y sont un peu moins choyés : Jackie Robinson se
dresse devant un Stade olympique où il n'y a plus d'équipe de
baseball ; Louis Cyr voisine une grande surface vouée à la
rénovation dans le quartier Saint-Henri ; Ken Dryden est
relégué dans un centre commercial éloigné du cœur de la ville,
la Place Vertu. Cela n'a pas empêché plusieurs sculpteurs de
s'emparer du corps de Maurice Richard.

Certains sont à la limite de l'art naïf. Au début des années
1960, le Musée de cire Ville-Marie avait ses locaux rue Sainte-
Catherine, angle Drummond, à quelques rues du Forum. Les

visiteurs pouvaient y contempler Richard, «l'idole des amateurs de hockey», marquant son 500ᵉ but contre Glenn Hall, des Blackhawks de Chicago, le 19 octobre 1957. Autant qu'on en puisse juger par une carte postale, cette scène ne péchait pas par excès de réalisme, encore que le Maurice Richard de cire s'en tire un peu mieux que le gardien de but qu'il est en train de déjouer. Les Maurice Richard de François Corriveau et de Michel Dusablon, plus tardifs ceux-là, ne ressemblent pas beaucoup, eux non plus, au joueur tel qu'on l'a connu, mais ils ont le mérite de rendre l'apparence du mouvement. C'est le moins qu'on puisse attendre de la statuaire sportive.

D'autres sculptures proviennent d'artistes mieux établis. Dans l'ancien Forum converti en complexe de cinéma multi-salles sous le nom de Centre de divertissement Forum Pepsi, les passants peuvent se faire photographier depuis juin 2001 près d'une statue grandeur nature de Maurice Richard ou, derrière lui, à côté d'un de ses partisans qui lève les bras au ciel. On a en effet conservé de l'ancien centre sportif des sièges, où l'on peut se remémorer, avec nostalgie, les années triomphales du Rocket. La statue de Richard, en ciment modelé peint avec un faux-fini de métal, est l'œuvre de Paule Marquis. Le joueur endosse son maillot numéro 9, en bleu-blanc-rouge, avec son écusson de capitaine de l'équipe, comme au Musée de cire, chez François Corriveau et chez Michel Dusablon. Il tient son bâton devant lui, à la verticale. L'impression d'ensemble est celle d'un joueur plus frêle que celui dont on a le souvenir. Cela tient peut-être à la curieuse coiffure du Rocket, plus proche de la houppe de Tintin que des œuvres capillaires de Tony Bergeron, ainsi qu'à la posture de Richard. Ce Rocket au repos est un Rocket fatigué, sans guère d'allant.

En matière de représentation et de posture, Jean-Raymond Goyer et Sylvie Beauchêne ont fait des choix différents. Ce sont des spécialistes de Richard: ils ont collaboré à la statue de l'aréna Maurice-Richard, dont il sera question ci-dessous, ils ont produit un bronze en forme de cœur et contenant une empreinte grandeur nature de la main de Richard, ils ont conçu une statuette à tirage limité dans le cadre de la campagne de financement de la Fondation Maurice-Richard de 1999-2001. Cette statuette, dont le titre est «Ne jamais abandonner», selon la devise du joueur, le représente en pleine action. Il est penché vers l'avant, appuyé fermement sur son bâton, avec lequel il contrôle une rondelle, bien qu'il regarde droit devant lui, la tête haute, le regard serein. Rien de frêle: force et maîtrise. Les fans du Rocket paraissent préférer cette image à la précédente, puisqu'on en a tiré deux statues monumentales: une à Montréal, au complexe commercial Les Ailes, et une à Gatineau, près du Musée des civilisations. Moins monumentalement, c'est un Rocket comme celui-là qui orne le trophée portant son nom et que remet annuellement la Ligue nationale de hockey à son meilleur marqueur de buts; c'est également à Jean-Raymond Goyer et Sylvie Beauchêne qu'on a confié sa réalisation.

Si c'est l'assurance qui frappe dans ces représentations, c'est plutôt l'effort et la détermination que l'on perçoit dans la statue dévoilée le 4 août 1997 devant l'aréna Maurice-Richard, en guise de cadeau de 76ᵉ anniversaire pour son modèle. Elle est signée par Jules Lasalle et Annick Bourgeau, qui ont également à leur actif la statue montréalaise de Jackie Robinson. Inspirée d'une statue de Maurice Richard réalisée par Marcel Choquette en 1971, elle montre le Rocket en plein mouvement, incliné vers l'arrière, le regard concentré. Des statues de Richard, c'est celle qui a le mieux saisi sa puissance. Il est possible pour un joueur de garder la position dans laquelle Paule Marquis, d'une part, et Jean-Raymond Goyer et Sylvie Beauchêne, de l'autre, ont représenté le Rocket. Ce n'est pas vrai de la statue de l'aréna Maurice-Richard: on ne peut poser pour arriver à ce

Statue de Jean-Raymond Goyer et Sylvie Beauchêne,
Complexe commercial Les Ailes, Montréal

résultat; voilà un instantané, figé dans le bronze. La disposition des jambes, notamment, révèle la force du joueur. Un peu plus petite que celle de Goyer et Beauchêne, mais plus imposante que celle de Marquis, cette statue de 2,5 mètres a saisi mieux qu'elles ce qui caractérisait le jeu de Richard.

L'expérience de la statue de René Lévesque à Québec a été entendue par Jean-Raymond Goyer et Sylvie Beauchêne, et par Jules Lasalle et Annick Bourgeau, non par Paule Marquis. Lévesque a été premier ministre du Québec de 1976 à 1985.

À sa mort, on lui a élevé un bronze devant le parlement. Après quelques années, on l'a remplacé par un autre, plus grand. Il n'est pas bon que les (statues des) mythes aient des dimensions humaines.

Cet obscur objet du désir

S'agissant du Rocket, l'érotisation du corps sportif n'est pas affaire de statuaire ou de littérature, mais de chanson, de cinéma ou de publicité. Elle est rare.

Elle peut prendre un visage bon enfant, par exemple dans la chanson «Maurice Richard», composée par Yvon Dupuis et Jean Laurendeau, et interprétée par Jeanne d'Arc Charlebois en 1951.

> Toutes les femmes de la province
> De Gaspé jusqu'à Longue Pointe
> Envahissent le Forum
> Pour venir voir jouer leur homme
> Y en a qui donneraient leur vie
> Rien qu'pour un p'tit bec de lui
> Maurice les embrasserait bien
> Mais i' aime mieux rentrer des points.

Ce pourrait être dangereux : un seul homme, toutes ces admiratrices. Même s'il «les embrasserait bien», le «beau garçon en or» sait où est son devoir : il doit marquer, «rentrer des points», pas donner un «p'tit bec» à «Toutes les femmes de la province» venues «envahir le Forum». Elles n'auront donc pas à sacrifier «leur vie» pour «leur homme», non plus que lui pour elles. Chacun respectera son rôle.

À la fin de la décennie 1950, une autre chanson laissera entendre que ses admiratrices ne pouvaient se passer du Rocket. Denise Filiatrault chante alors «Rocket Rock and Roll», sur des paroles de Jacques Lorrain et une musique de Roger Joubert. Pendant deux minutes trente-sept secondes, l'auditeur doit partager, sans surprise, la peine de celle qui a perdu son billet du Forum et qui n'arrive pas à convaincre un placier de la laisser entrer :

> Monsieur le placier, laissez-moi entrer ce soir au Forum
> Je veux entrer
> J'aimerais tellement, tellement voir mon surhomme.

La fan est au bord de la crise de nerfs :

> Ne restez pas planté d'vant moi, je vais devenir folle
> À la pensée qu'vous m'empêchez d'aller voir mon idole
> [...]
> J'suis énervée
> J'suis excitée
> [...]
> Je vais vous gifler
> J'vais vous griffer

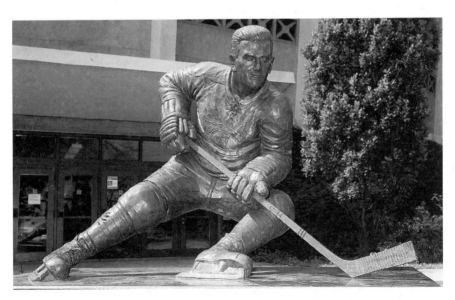

Statue de Jules Lasalle et Annick Bourgeau, aréna Maurice-Richard, Montréal

J'vais me rouler par terre
Si vous continuez de vous moquer
J'pique une crise de nerfs.

Rien n'y fait :

C'est vraiment bête
De manquer son Rocket
Pour un ticket.

Puis, en un ultime revirement, la narratrice retrouve son billet :

Monsieur le placier, quel bonheur
J'ai retrouvé mon ticket
Il était là sur mon cœur.

Il est trop tard :

Ah ! zut ! La partie est finie.

Elle ne verra pas son « surhomme ». Elle se sera « énervée » et « excitée » — elle sera presque devenue « folle » — pour rien. Son « bonheur » aura été éphémère. À défaut d'applaudir son « idole », on peut imaginer qu'elle continuera à le serrer sur son « cœur ».

Par rapport à ces deux chansons et à leur timide érotisation féminine du Rocket, *Peut-être Maurice Richard* de Gilles Gascon (1971) est un film masculin, et ambigu. Sauf une, les personnes interviewées sont des hommes : la seule femme ne parle que quelques secondes, elle se cache derrière des lunettes noires et elle n'est pas identifiée (les hommes le sont). Cette clôture sexuelle est renforcée par des propos qui confinent à une érotisation masculine. Tel « admirateur », le tavernier Marcel Couture, l'avoue sans détour, lui qui raconte avoir suivi le hockeyeur dans ses matchs, à domicile et à l'étranger, en attente de son historique 500ᵉ but : « Maurice Richard nous faisait trembler,

Maurice Richard je l'ai toujours eu dans la peau.» Voilà une adaptation imprévue des chansons «I've Got You Under My Skin» de Cole Porter (1936) et «Je t'ai dans la peau» d'Édith Piaf (1952). «Gabriel Leclerc, professeur», évoque plutôt le temps où Richard était son élève. Il se réclame de saint François de Sales — «On prend plus de mouches avec une cuillerée de miel qu'avec un tonneau de vinaigre» — et il livre son secret pédagogique: «Il fallait savoir le prendre. [...] Alors moi je l'ai pris par douceur et j'ai obtenu de lui tout ce que j'ai voulu.» Commentant de grandes photos derrière lui, un client ivre, dans une taverne, décrit la technique du Rocket, «un joueur déterminé, fougueux», face à un gardien «effrayé» protégeant sa «cage». Loin d'employer un ton technicien, il érotise son objet: «Lui, ce qu'il cherche Maurice Richard, c'est la rondelle pour la loger là où elle va, où elle est supposée d'aller, elle va dans les goals. C'est là qu'a va.» Cette image de la pénétration («C'est là qu'a va») convient aux buveurs s'il faut en croire leurs applaudissements nourris, mais elle prend appui sur un lapsus: ce client parle à un moment de *la* goal (le mot est généralement masculin), travestissant du masculin en féminin. En ce lieu fermé aux femmes qu'est une taverne québécoise en 1971, là où des hommes se livrent à des bras de fer sous l'œil égrillard d'autres hommes («Jeux de mains jeux de vilains», glisse un spectateur), un enseignement comme celui-là n'est pas innocent.

Cette érotisation masculine du Rocket est d'autant plus intéressante que l'on a souvent tendance à ne voir dans un sport comme le hockey qu'une expression de virilité. C'est ce que dit Renald Bérubé dans un article de 1973, «Les Québécois, le hockey et le Graal»:

> Il faut [...] se demander ceci: le hockey, et plus spécialement l'identification à Maurice Richard et aux Canadiens de Montréal, n'est-il pas, au Québec, la vengeance de la virilité triomphante sur

l'impuissance presque institutionnalisée des gens en place (des gens bien)? Ne marque-t-il pas aussi un culte (mais sublimé) de la force physique dans un pays qui a longtemps prêché la honte du corps?

Cette «virilité» est certes «triomphante» dans la rhétorique des amateurs de hockey et le «culte» de la «force physique» en est une constituante, mais il ne s'agit peut-être pas seulement, dans le film de Gascon, d'une virilité et d'un culte considérés sous l'angle d'une traditionnelle division des rôles sexuels (l'homme est viril; la femme l'aime pour cette raison). De même, la «honte du corps» était peut-être moins grande, dans le Québec sportif du siècle dernier, qu'on ne le croit habituellement.

Richard ne jouera lui-même que tardivement la carte de la séduction publique, et sur un mode léger. Il a 59 ans quand il tourne une publicité pour la lotion capillaire Grecian Formula 16. Il avoue dissimuler ses cheveux gris depuis trois ans : «Paraissez aussi jeune que vous vous sentez grâce à Grecian Formula 16 en liquide ou en crème.» On a beau être père et grand-père, on n'en est pas moins coquet : «Personne ne l'a remarqué.» Mais qui veut-il séduire? Les femmes en général? Dans une première version du message publicitaire, oui : «Je laisse juste un petit peu de gris… Les femmes aiment bien ça.» Il y en aurait toutefois eu une autre version : «Je laisse juste un petit peu de gris… Ma femme aime bien ça.» C'est du moins ce que certifie la femme de Maurice Richard, Lucille, à Colleen et Gordie Howe dans un entretien de 1989. Elle préférait cette version.

Chanson, cinéma, publicité : le corps de Maurice Richard est un objet désirable et il attire les regards des hommes comme des femmes. Tous peuvent l'aimer, mais à condition de rester chastes : sauf exceptions, ses admiratrices et ses admirateurs ne l'embrassent pas, ne le touchent pas, ne le voient qu'à distance. Richard pourrait semer le trouble dans les familles ; il ne le faut pas.

Raisons et déraisons de la comparaison

On ne peut, au baseball, parler de Roger Maris sans parler de Babe Ruth : le record de coups de circuit du premier est-il du même ordre que celui du second ? Jacques Villeneuve ne cesse d'être interrogé sur son père, Gilles : lequel des deux a été le meilleur pilote automobile ? En cyclisme, rien de différent : Armstrong ou Indurain ? Anquetil, Merckx ou Hinault ? On peut déjà imaginer le jour où l'on se posera de pareilles questions pour une activité de plein air comme le volley-ball de plage. Pour le dire d'un mot : l'amateur de sport aime comparer, évaluer, peser, pondérer. Pour lui, les sportifs ne sont pas des amoureux : ils ne sont jamais seuls au monde. Ils viennent regroupés : les sportifs d'aujourd'hui entre eux, les sportifs d'hier entre eux, les sportifs d'hier et d'aujourd'hui mêlés. Les choses deviennent amusantes, et instructives, quand on sort les sportifs du sport et qu'on les compare à des gens venus d'autres secteurs de l'activité humaine ou à des animaux ; souvenons-nous des chevaux, des tigres, des taureaux, des bœufs, des ours, des geais et des lynx (la liste n'est pas exhaustive). Certaines comparaisons sont éclairantes ; d'autres relèvent presque du délire. Elles ont toutes quelque chose à dire, de l'homme et du mythe.

Un sportif comme les autres ?

Pour Maurice Richard, la comparaison commença par être sportive.

Était-il le plus grand joueur de son équipe ? Comme il se doit, les avis étaient partagés. Il y a eu ceux qui le croyaient trop fragile pour mener carrière. N'avait-il pas été blessé, et gravement, au cours de ses premières saisons ? Pourrait-il survivre aux contacts dont il ne manquerait pas d'être la victime ? On disait que le calibre de jeu était faible pendant ces premières saisons, à cause de la Deuxième Guerre mondiale et de ses effets sur le recrutement des joueurs. Richard n'aurait brillé que parce qu'il était entouré de joueurs médiocres. D'autres, enfin, affirmaient que Richard paraissait un excellent joueur parce qu'il jouait dans une équipe qui était loin de s'illustrer ; il aurait été le meilleur d'une bande de sans-grades. Cela n'a pas pu durer. On a dû rapidement reconnaître le fait que Richard était plus solide que ses blessures initiales avaient pu le laisser croire. N'a-t-il pas joué de 1942 à 1960 ? On a dû admettre qu'il continuait à briller après le retour du front des soldats-joueurs et on a dû constater que la disette montréalaise était terminée : l'équipe menée par lui allait dominer pendant près de deux décennies le monde du hockey. Maurice Richard faisait taire ses détracteurs les uns après les autres.

A-t-il été le meilleur attaquant de l'histoire des Canadiens ? Il avait été précédé par de grandes vedettes : Newsy Lalonde, Aurèle Joliat, Howie Morenz. Progressivement, il a battu les records de ses prédécesseurs et il a duré. En outre, Lalonde, qui a marqué 266 buts à Montréal, Joliat, avec 270, et Morenz, avec 257, jouaient à une époque où les règles du jeu n'étaient pas toutes celles du hockey moderne. Howie Morenz a joué quatorze saisons dans la Ligue nationale, dont douze à Montréal, mais il est mort à 34 ans ; Richard a joué dix-huit saisons et il est resté présent dans le monde sportif montréalais jusqu'à sa mort en 2000. Le jour de sa retraite, il détenait nombre de records des Canadiens : plus grand nombre de buts en saison régulière, plus grand nombre de buts en séries éliminatoires, plus grand nombre de minutes de punition en saison régulière, plus grand nombre de buts en une seule saison, plus grand nombre de buts en prolongation en séries éliminatoires, etc. Pendant au moins une dizaine d'années, il aura été le meilleur joueur des Canadiens ; cela ne fait aucun doute. Pendant longtemps, il n'aura été rejoint par personne ; pas de doute non plus.

Était-il le plus grand joueur de la Ligue nationale à son époque ? Monsieur Hockey, était-ce lui, ou son cadet, Gordie Howe, des Red Wings de Detroit ? Peut-on opposer, comme Louis Chantigny dans un article de *La Patrie* paru en 1963 et repris en 1974, un Richard romantique à un Howe classique « dans toute l'acception du terme » ? Peut-on se contenter du compromis proposé par Bill, le joueur de hockey inventé par Jacques Poulin pour son roman *Le cœur de la baleine bleue* (1970), dans un passage où il pèse les mérites respectifs d'une ribambelle de joueurs : « Richard était plus spectaculaire. Gordie Howe est plus complet. Les deux plus grands joueurs du monde » ? Peut-on s'accommoder de la rondelle en granit de Michael Davey, où est gravée, sur une face, l'œil de Richard et, sur l'autre, le coude de Howe (on reprochait à « Mr. Elbows » de frapper ses adversaires avec son coude) ? Toute réponse à la question « Qui était le plus grand joueur ? » est piégée par avance, parce que la réponse ne peut être que subjective. Il est peut-être plus légitime de se demander « Qui était le plus populaire ? Qui venait-on voir jouer ? » À ce compte-là, Richard n'avait guère son égal. Les amateurs se déplaçaient en masse pour le voir jouer, à Montréal comme à l'étranger. On ne savait pas toujours où sa fougue l'entraînerait : vers le filet adverse ou au banc des punitions ? On savait toujours, par contre, qu'il y aurait de la fougue à revendre. Spectacle assuré.

Était-il le plus grand sportif de son époque ? Dans les années 1940 et 1950, au Québec, il y avait peu de sports auxquels comparer le hockey. Le cyclisme avait peu d'adeptes. La course automobile se pratiquait surtout à l'étranger. Le volley-ball de plage n'existait pas. Il restait le football (canadien), la lutte et le baseball, trois sports familiers des amateurs québécois, si tant est que la lutte soit un sport.

En matière de football, la mise en parallèle des noms de Maurice Richard et de Sam Etcheverry, le quart-arrière des Alouettes de Montréal, est fréquente, mais de peu de poids. Quand on les compare l'un à l'autre, on met en rapport deux sportifs de haut niveau, dont on essaie de montrer qu'ils ont atteint des sommets dans leur discipline respective. En revanche, leurs sports n'ont pas le même statut symbolique : le football n'a jamais été le sport national des Canadiens *from coast to coast*, même s'il a contribué à forger et à maintenir vivante l'identité nationale canadienne ; il n'est toutefois pas aussi profondément ancré dans l'ADN de la nation que le hockey.

La carrière d'un lutteur canadien-français est volontiers comparée à celle de Maurice Richard, celle d'Yvon Robert. Il est vrai que les deux hommes ont beaucoup de traits en commun. Ils sont presque du même âge, Robert étant né en 1914 et Richard en 1921. Ils ont attiré les foules sportives, au Canada comme aux États-Unis. Ils ont dû vaincre la barrière de la langue (l'anglais) pour réussir. On les a représentés en hommes de famille. Ils auraient eu le même caractère bouillant. Dans la préface à la biographie d'Yvon Robert écrite par Pierre Berthelet en 1999, Maurice Richard ne dit pas seulement que Robert et lui étaient de proches amis ; c'était son « héros de jeunesse », un « dieu », ajoute-t-il. Pour autant, « Le lion du Canada français » n'est pas le mythe qu'est devenu Richard. Pourquoi ? Au moins pour quatre raisons. Le lutteur, mort en 1971, n'a pas eu la longévité du hockeyeur. La lutte, comme le football, n'occupait pas la même place que le hockey dans l'imaginaire canadien-français. Le souvenir de Robert n'a pas profité de la même diversité des supports que celui de Richard, qui a été gardé vivant par le journalisme, la littérature, la chanson, le cinéma, la statuaire, la peinture. Surtout : il n'est pas dans la vie de Robert un catalyseur, comme l'émeute de mars 1955 dans celle de Richard.

Pour le baseball, deux noms reviennent. Le premier est celui de Babe Ruth : tout le monde lui compare le Rocket. Voilà pourtant un homme de tous les excès, sur les terrains comme à l'extérieur. Là où Richard personnifiait les valeurs familiales et la modestie des plaisirs sociaux, Ruth bambochait, buvait, mangeait. C'est cette image de bon vivant qu'affectionnent aujourd'hui ceux qui le racontent. Un exemple suffira. Dans *Pour qui sonne le clap* (*High Midnight*), un roman policier de Stuart Kaminsky (1981), on entend Ruth se plaindre : « L'estomac [...]. Il me lâche après tout ce que j'ai fait pour lui, après tout le bon temps que je lui ai donné, toutes les filles qui l'ont admiré. Est-ce que c'est juste, je vous le demande ? » Si leurs comportements hors des terrains distinguent radicalement Richard et Ruth, ils sont unis par leur détermination sportive, par leur style de jeu flamboyant, par leur habileté à s'imposer dans les moments où les enjeux sont les plus grands et par l'obtention de résultats qu'on a longtemps cru (à tort) indépassables.

Le second baseballeur auquel on compare fréquemment Richard est Jackie Robinson, le premier joueur noir de l'ère dite « moderne » à être admis dans les ligues majeures de baseball. Sous la plume de Renald Bérubé (2000), l'équivalence des deux hommes est claire : « l'espace d'une saison, Jackie Robinson [a été], à Montréal P.Q., le frère de Maurice Richard ». Cette comparaison est plus intéressante que la précédente. Pourquoi ? Robinson et Richard sont contemporains : le premier est né en 1919, le second, en 1921. Robinson a joué pour les Royaux de Montréal, la filiale des Dodgers de Brooklyn dans la Ligue internationale de baseball, en 1946, pendant que Richard jouait pour les Canadiens. L'un et l'autre ont incarné la possibilité du succès nord-américain pour les membres de groupes sociaux minoritaires : les Noirs américains pour Robinson, les Canadiens français pour Richard. Ils étaient reconnus pour leur tempérament bouillant. Ils ont été l'objet de discours culturels variés, de la chanson (« Did You See Jackie Robinson Hit that Ball ? ») au journalisme et à la littérature : il existe même un *Jackie Robinson Reader*, celui de Jules Tygiel, paru en 1997. Ils se sont fréquentés, si l'on en croit une chronique de Maurice Richard parue dans le quotidien *La Presse* le 26 mai 1996 : « Je me souviens très bien de lui. J'ai été souvent le voir jouer. Lui-même, en 1946, s'est joint aux joueurs du Canadien dans des parties de balle-molle. » Ils ont reçu les plus grands honneurs : on a retiré leur chandail (le 42 et le 9) et ils ont été élus au panthéon de leur sport (le *Hall of Fame*). Au jeu de la comparaison, tout semble les réunir. Ce n'est pas aussi simple.

Il y a au moins deux raisons à cela. La première est que, s'il est vrai que les Canadiens français ont longtemps été traités, au Québec même, comme des citoyens de seconde zone, leur condition sociale n'a jamais été déterminée par un discours raciste institutionnalisé. La deuxième est leur parcours social et biographique. Si Branch Rickey, le directeur général des Dodgers de Brooklyn et le maître d'œuvre de l'entrée de Robinson dans le monde du baseball professionnel « blanc », a décidé de faire de Robinson le symbole qu'il est devenu, ce n'était pas le fruit du hasard. Rickey avait en effet choisi Robinson parce qu'il était autre chose qu'un joueur de baseball : celui qu'il allait transformer en icône de l'intégration sociale avait été étudiant à l'Université de la Californie à Los Angeles et lieutenant dans l'armée américaine. Étudiant, il avait appris à maîtriser une arme qui fera défaut à Richard : le langage. Militaire, il s'inscrivait parfaitement dans la révolution de l'imaginaire états-unien ; qui pouvait défendre son pays devait pouvoir y jouer au baseball dans la même ligue que les autres, et non dans une ligue réservée aux Noirs, là où Robinson avait dû commencer sa carrière. L'un est devenu un héros parce qu'on l'avait choisi pour exercer ce rôle et qu'il en avait les qualités ; l'autre est devenu un mythe sans toujours savoir pourquoi.

Maurice Richard, enfin, est-il le plus grand sportif de l'histoire du Québec ? On peut essayer de répondre à cela à partir d'une pièce de théâtre de Jean-Claude Germain, *Un pays dont la devise est je m'oublie*, qui date de 1976.

Cette « grande gigue épique » en huit tableaux et deux épilogues fait dialoguer Berthelot Petitboire et Épisode Surprenant, comédiens ambulants dont les spécialités sont les « Sketches d'hiver » et les « Tableaux d'histoire du pays ». De la Nouvelle-France au Québec des années 1950, ils rejouent des événements de l'histoire nationale. Les deux derniers tableaux et le deuxième épilogue font se côtoyer un homme fort et un célèbre hockeyeur, Louis Cyr et Maurice Richard, au mépris de l'histoire événementielle : Louis Cyr, un saltimbanque québécois connu à travers le monde pour sa fabuleuse force physique, est mort en 1912, neuf ans avant la naissance de l'autre.

Le dramaturge fait d'abord discourir Louis Cyr sur sa propre difficulté à s'assumer en tant que légende vivante (septième tableau). Il fait ensuite entendre l'enregistrement d'une entrevue de Maurice Richard avec le commentateur Michel Normandin, puis monologuer un Richard furieux à cause de son double statut, de dieu lorsqu'il est sur la glace et d'« arriéré » dès qu'il la quitte (huitième tableau). Il organise finalement la rencontre des deux légendes nationales que sont Cyr et Richard (deuxième épilogue). Cyr se voit obligé de rassurer Richard sur sa valeur et de lui expliquer sa place dans l'imaginaire québécois. À une remarque de son interlocuteur —

«Chus même pas sûr d'ête encore un souvnir!» —, Cyr répond :

Toué un souvnir? Même si tu voulais vieillir tranquille, ben au chaud dans les pages jaunies d'un album de vieilles photos pis d'découpures de presse... t'es pas un souvnir pis t'en seras jamais un!... T'es Mau-ri-ce Ri-chard!... Ç'avait jamais été... pis ça sra jamais!... Çé!... Pis çé là astheure pour tout ltemps!

Maurice Richard n'aurait pas de raison d'être inquiet en ce qui concerne l'Histoire : sa nature de mythe lui permettrait de s'éterniser dans un présent immobile («çé là astheure pour tout ltemps!»). Louis Cyr, lui, pourrait disparaître ; de fait, c'était assez largement le cas avant que Paul Ohl ne lui consacre un livre en 2005. Maurice Richard n'est jamais disparu et il ne pourra pas disparaître. Les comparaisons rapprochent, mais elles ont aussi le pouvoir de distinguer.

De la patinoire à la scène du monde

Newsy Lalonde, Aurèle Joliat, Howie Morenz, Gordie Howe, Sam Etcheverry, Yvon Robert, Babe Ruth, Jackie Robinson, Louis Cyr : ces noms étaient attendus. D'autres le sont moins : ceux de gens qui se sont exprimés hors des patinoires, parfois en des lieux prestigieux.

Laissons de côté, du moins pour l'instant, les comparaisons mythologiques et bibliques. Maurice Richard partagerait des traits avec Icare (selon Louis Chantigny), Hermès / Mercure (chez Roch Carrier), Achille (à cause d'une blessure au tendon) et Hercule (pour Réjean Tremblay, dans le film de Parent et Sauvé en 1998). Un défenseur des Maple Leafs de Toronto, Babe Pratt, disait de Richard qu'il était «sûrement un cousin de Samson»; on l'a vu, il n'était pas seul. La naissance de Richard, telle que mise en vers par Camil DesRoches sur les ondes de la station de radio CKAC le 14 janvier 1945, ressemble à celle des héros légendaires prêts à conquérir le monde dès leurs vagissements :

> Il n'avait vu le jour que depuis quelques heures,
> Quand ses parents l'trouvèrent plein de larmes tout en pleurs,
> Sa mère, le consolant, dit : « Que veux-tu mon bébé ? »
> Et celui-ci d'répondre : « Des patins... un hockey ! »

Laissons aussi de côté les comparaisons avec les héros mythologiques modernes, à la Superman ; elles existent, mais elles sont peu nombreuses. Faudrait-il comprendre qu'une fusée comme le Rocket vole plus vite qu'un superhéros bourré de kryptonite ?

Arrêtons-nous cependant aux comparaisons religieuses et retenons-en deux. Celles-là sont visuelles plutôt que textuelles, et elles demandent un peu d'imagination.

La première est locale. On dit que Maurice Richard, ce bon catholique, appréciait la ressemblance entre lui et une des personnalités religieuses les plus en vue du Québec au xxe siècle, le cardinal Paul-Émile Léger (1904-1991). Sur certaines photos, les visages de Léger et de Richard sont interchangeables. Pour les réalisateurs du documentaire *Maurice Rocket Richard* produit par Radio-Canada, Karl Parent et Claude Sauvé, et pour un de leurs invités, Pierre Létourneau, ce qui unit Richard et Léger est leur regard. L'analogie est la même dans le docudrame de Jean-Claude Lord et Pauline Payette en 1999 : Émile Genest parle, pour l'un et pour l'autre, d'yeux comme des « morceaux de charbon ». Dans le Québec de la Grande noirceur, le goupillon n'était jamais très loin du bâton de hockey.

La seconde comparaison iconographique a des racines plus profondes, et elle est plus parlante. Le magazine américain *Sport* d'avril 1955 comporte une photo de Richard fort différente de celles qu'on voit habituellement. Une épaule le tirant vers le sol et l'autre vers le ciel, les yeux tournés vers ce ciel,

Maurice Richard en Superman, par Henri Boivin

son bâton le protégeant et pointant lui aussi vers le ciel, le visage couvert d'une légère couche de sueur, ce Maurice Richard-là a tout du saint Sébastien de Luca Giordano, le peintre baroque du xviiᵉ siècle. Entre le Richard de *Sport* et « Le martyre de saint Sébastien », on peut multiplier les points communs : la position des épaules est la même, le cou est en extension dans les deux cas, les yeux sont également à la limite de la révulsion, les deux corps se détachent d'un fond noir, là où l'un a une flèche au flanc, l'autre tient son bâton. À ces coïncidences, visuelles, s'en ajoute une autre, historique : la photo paraît dans la livraison d'*avril* 1955 du magazine américain, mais elle est visible sur les murs du Forum de Montréal dès le 17 *mars* 1955, puisqu'elle accompagne la publicité du magazine (« Read in this month's *Sport* "Montreal Flying Frenchman" » ; ce « Montreal Flying Frenchman » est Richard). Sébastien aurait été un soldat de l'armée romaine et il aurait vécu à la fin du iiiᵉ siècle ; il aurait été transpercé de flèches par les ordres de l'empereur Dioclétien parce qu'il était chrétien. Maurice Richard, lui, n'a pas été victime de ses convictions religieuses, mais il est néanmoins, comme Sébastien, ce soldat de Dieu, un être fabuleux et un martyr. Allons plus loin : les participants à l'émeute du 17 mars 1955 avaient déjà sous les yeux l'image du martyr qu'allait devenir Richard ce soir-là.

Passons à un autre support : le cinéma. Dans le film *Peut-être Maurice Richard* de Gilles Gascon, les comparaisons pullulent. Il y en a de nombreuses qui sont sportives, comme il fallait s'y attendre : Richard et le boxeur Joe Louis, Richard et Howie Morenz, Richard et Gordie Howe. En revanche, on s'attend moins à voir le nom de Richard accolé à celui de John F. Kennedy et de Jean xxiii. Ça se trouve dans la bouche du « publicitaire » Camil DesRoches :

J'ai toujours cru que, dans tous les domaines, il y avait des hommes suscités si vous voulez, et Maurice Richard en était un, était l'homme dans le sport comme le pape Jean xxiii l'a été et comme John Kennedy l'a été dans la politique. Ce sont des gars qui comptent, qui surviennent à un moment donné et qui arrivent, une fois par siècle si vous voulez. Y en aura d'autres sûrement.

Le numéro 9, le pape Jean xxiii et le trente-cinquième président des États-Unis font la même chose : voilà des « gars » qui « comptent » ; chacun dans son domaine survient « une fois par siècle ». On sera tenté de mettre pareille juxtaposition sur le dos de l'enthousiasme. Ce serait oublier le moment où DesRoches constitue ce palmarès. Le film date de 1971, soit d'une période où le discours identitaire québécois cherche des assises historiques qui lui seraient propres, mais en ayant la même grandeur qu'ailleurs. Maurice Richard est un personnage historique *comme* le sont John Kennedy et Jean xxiii ; Maurice Richard est un personnage historique *aussi grand* que le sont John Kennedy et Jean xxiii. On avait proposé des parallèles historiques avant celui-là : qu'on pense à l'article d'André Laurendeau, « On a tué mon frère Richard », publié par *Le Devoir* quatre jours après l'Émeute, dans lequel l'éditorialiste met en rapport le chef métis Louis Riel et le joueur des Canadiens. Cela dit, on était rarement allé aussi loin que DesRoches, du moins au début des années 1970.

C'est à la même époque qu'un autre réseau de comparaisons se développe : Maurice Richard et les artistes. Toujours dans le film de Gilles Gascon, il y a trois exemples de ce réseau. Le comédien Jean Duceppe — sur le plateau d'un des classiques du cinéma québécois, *Mon oncle Antoine* de Claude Jutra —, le romancier Hugh MacLennan et le commentateur René Lecavalier évoquent l'art pour parler du Rocket.

Duceppe campe les «décors» où le Rocket «répétait» ses jeux. Lecavalier le rapproche des peintres et des poètes. MacLennan conclut que «sa vie et son art se confondaient». Durant les décennies suivantes, ce réseau de sens va se développer. Le discours identitaire québécois valorise de plus en plus les artistes dans la définition qu'il promeut de sa société : il lui faut des grandes figures historiques et des grands créateurs. S'il existe une véritable identité québécoise, c'est chez les artistes qu'on doit la chercher. Pour illustrer cela, deux cas sont parlants. Le chansonnier Félix Leclerc meurt en 1988 ; le peintre Jean-Paul Riopelle, en 2002. Ils ont droit à des funérailles nationales, comme le Rocket. On leur reconnaît d'avoir symbolisé, chacun dans son domaine, la culture québécoise et les forces de la nature, et il était prévisible qu'on leur associe cette force de la nature qu'était Maurice Richard. C'est le quotidien *La Presse* qui s'en charge. En octobre 1983, il organise une rencontre entre Richard et Leclerc, puis, en mars 1990, entre Richard et Riopelle. Les échanges sont sympathiques, et virils. Leclerc se livre à un bras-de-fer avec Richard et il rédige un poème sur le Rocket :

Quand il lance, l'Amérique hurle.
Quand il compte, les sourds entendent.
Quand il est puni, les lignes téléphoniques sautent.
Quand il passe, les recrues rêvent.
C'est le vent qui patine.
C'est tout Québec debout
Qui fait peur et qui vit…
Il neige !

Ce poème est appelé à une belle fortune ; non seulement il est souvent cité et traduit, mais un passage en est inscrit à l'écran à la fin du film de Charles Binamé en 2005. Quant à Riopelle, on a vu qu'il a profité de la visite de Richard pour achever son

«Hommage à Duchamp (Hommage à Maurice Richard)». Les photographes immortalisent les rencontres de ces trois artistes, l'un de la parole, l'autre du pinceau, le troisième de la rondelle.

Avec *Le Rocket*, en 2000, Roch Carrier s'impose comme le champion toutes catégories de la comparaison richardienne, notamment animale (cheval, cobra, serpent, taureau, tigre). Il y va de ses propres parallèles artistiques : avec Homère, Léonard de Vinci, Shakespeare, Balzac, Jules Verne, les signataires du manifeste *Refus global*, Picasso. (Il y a aussi Gengis Khan et Jésus.) Faut-il en dire plus? Le peut-on?

Ce genre d'associations est relativement nouveau. Dans le domaine du roman québécois, il a fallu attendre la Révolution tranquille des années 1960 pour assister à une tentative de résolution du conflit entre l'activité artistique et l'action concrète. Jusque-là, comme l'a admirablement démontré André Belleau dans son ouvrage *Le romancier fictif* (1980), les personnages de roman devaient choisir : ou bien ils créaient, ou bien ils agissaient; ils ne pouvaient pas faire les deux à la fois. Dix ans après la Révolution tranquille, les choses ont changé : on peut être dans le monde artistique *et* dans le monde concret, et Maurice Richard pouvait devenir un artiste pour les gens interviewés dans *Peut-être Maurice Richard*. De la même façon, l'année suivante, le romancier Victor-Lévy Beaulieu pouvait dresser un portrait du jeune Guy Lafleur en joueur de hockey et en auteur. «Dans la solitude de son appartement de Longueuil, Guy Lafleur rêve, écoute de la musique, écrit»; c'est du moins ce que raconte Beaulieu dans le magazine *Perspectives*. Ce Lafleur tient un journal intime, écrit de la poésie et il affirme : «Le hockey, pour moi, c'est une façon de m'exprimer, comme quelqu'un qui fait de la musique.» Vingt ou trente ans après la Révolution tranquille, Maurice Richard est un artiste de la trempe de Félix Leclerc et de Jean-Paul

Riopelle. La valorisation de l'artiste qui parcourt la Révolution tranquille et ses suites a des échos dans le monde du sport professionnel, là où des hommes d'action sont devenus des vrais créateurs.

Pourquoi s'arrêter en chemin? Pourquoi se contenter de sportifs de tout poil, d'un cardinal, d'un saint, d'un pape, d'un homme politique et d'une pléthore d'artistes? Pourquoi ne pas hausser la barre un cran plus haut? Pourquoi ne pas comparer le numéro 9 des Canadiens à des lauréats du prix Nobel? La chose paraît inconcevable; elle a été conçue.

Les éditions Grolier ont publié, au début des années 1980, une série d'ouvrages pour enfants dont les titres étaient « Un bon exemple de X », où X changeait de volume en volume. Ces ouvrages existaient en anglais et en français : ils touchaient un vaste lectorat et ils avaient une grande visibilité. Celui sur Richard est *Un bon exemple de ténacité. Maurice Richard raconté aux enfants* (1983). Dans cette collection, « L'une des belles histoires vraies », sous la plume d'Ann Donegan Johnson, Richard côtoyait du beau monde. L'énumération est un peu longue, mais elle en vaut la peine :

> Hans Christian Andersen (originalité), Beethoven (don de soi), Alexander Graham Bell (discipline), Ralph Bunche (sens des responsabilités), Cochise (franchise et confiance), Christophe Colomb (curiosité), Confucius (honnêteté), Marie Curie (soif de savoir), Charles Dickens (créativité), Terry Fox (détermination), Benjamin Franklin (sens de l'économie), Elizabeth Fry (bonté), Thomas Jefferson (prévoyance), Helen Keller (persévérance), Paul-Émile Léger (charité), Abraham Lincoln (respect des autres), les frères Mayo (générosité), Margaret Mead (compréhension), Louis Pasteur (confiance en soi), Jackie Robinson (courage), Eleanor Roosevelt (amour des autres), Albert Schweitzer (dévouement), frères Wright (patience).

Il y a là des créateurs élevés au rang de classiques : Andersen (et ses contes), Beethoven (et sa musique), Dickens (et ses romans). Des grandes figures du passé se rencontrent, ou se rencontrent de nouveau : Colomb et Cochise, Confucius et Lincoln, Franklin et Jefferson. Les inventeurs et les scientifiques n'ont pas été oubliés, au contraire : Bell, Curie, les Mayo, Mead, Pasteur, Schweitzer, les Wright. Les femmes ont dû surmonter toutes sortes d'épreuves, ce qui ne les a jamais empêchées de se dévouer : Fry, Keller, Roosevelt. Les Canadiens sont rares : quand ils ne sont pas inventeurs (Bell) ou serviteurs du public (Léger), on les a retenus pour leurs prouesses physiques (Maurice Richard ; Fox et sa tentative de traverser le Canada, lui à qui il manquait une jambe). Il y a peu de sportifs : outre Richard, il n'y a que Jackie Robinson. Et il y a trois prix Nobel : Ralph Bunche (prix Nobel de la paix en 1950 et athlète émérite), Marie Curie (deux fois nobélisée : physique en 1903, chimie en 1911) et Albert Schweitzer (prix Nobel de la paix en 1952).

Maurice Richard est digne de se tenir aux côtés du compositeur de la IXe *Symphonie*, de l'inventeur du téléphone, d'un grand philosophe chinois, du découvreur de l'Amérique, de deux présidents américains — et de trois prix Nobel (mais aucun joueur de volley-ball de plage). Ces comparaisons vous font sortir du rang. À côté d'elles, Lalonde, Joliat, Morenz, Howe, même Ruth et Cyr, ne font pas le poids. Maurice Richard n'est plus un joueur de hockey comme les autres. Il n'est peut-être même plus un joueur de hockey. C'est un grand parmi les grands. La comparaison l'a transformé radicalement. C'est pourquoi Richard est un mythe : on l'a extrait de sa condition et on l'a élevé jusqu'aux premiers rangs de la société, de la culture, de l'histoire. Les enfants doivent le savoir.

Beaucoup de comparaisons autour de Maurice Richard, on l'a vu, sont usuelles. Quelques-unes étonnent, et pas seulement parce qu'elles unissent deux noms ou réalités apparemment éloignés. Dans ces rares cas, il s'agit de jeter un éclairage nouveau sur un sujet en apparence parfaitement connu. Durant sa deuxième année d'existence, en 1955, *Sports Illustrated* demanda à William Faulkner d'assister, au Madison Square Garden de New York, à un match entre les Rangers et les Canadiens, puis de livrer ses impressions aux lecteurs de ce magazine américain. Faulkner, dès son titre, se présente comme un néophyte : «*An Innocent at Rinkside.*» Il est frappé par la rapidité du jeu et par sa grâce, et par son insaisissable logique. De la masse des joueurs, il ne distingue que trois physionomies : Bernard Geoffrion, en garçon précoce ; Edgar Laprade, en bon et élégant vétéran ; Maurice Richard. Comment perçoit-il ce dernier ? Les trois joueurs sont d'abord saisis ensemble, et Faulkner souligne leur fluidité et leur vitesse : ils sont «*as fluid and fast and effortless as rapier thrusts or lightning*». Plus particulièrement, Richard lui apparaît «*with something of the passionate glittering fatal alien quality of snakes*». La passion y est («*passionate*»), la lumière («*lightning*», «*glittering*»), le danger («*rapier thrusts*»), voire la mort («*fatal*»). Mais il y a aussi quelque chose («*something*») d'étranger en Richard («*alien*»), et ce quelque chose fait penser aux serpents («*snakes*»). Il faut être un prix Nobel de littérature comme Faulkner pour enchaîner de pareils qualificatifs et arriver à une image à ce point déconcertante ; il faut être un grand romancier si l'on veut se tenir à l'écart des images et des comparaisons toutes faites.

Une des photos
les plus connues
de Maurice Richard,
prise par David Bier

Maurice Richard,
grand-père et lecteur

Maurice Richard expliqué aux enfants

[M. Deslauriers] est assez vieux alors il raconte toujours des vieilles histoires. C'est des vieilles histoires mais des excellentes vieilles histoires. Ses meilleures vieilles histoires sont des vieilles histoires de hockey et ses meilleures vieilles histoires de hockey sont des histoires de Maurice Richard.

Marc Robitaille, *Des histoires d'hiver, avec des rues, des écoles et du hockey*, 1987

Depuis les années 1940, Maurice Richard a été l'objet d'articles, de biographies, de romans, de poèmes, de pièces de théâtre, d'essais, de chansons, de films, d'émissions de radio et de télévision, de tableaux, de sculptures, etc. Comme il fallait s'y attendre, il existe un Maurice Richard expliqué aux enfants. Celui-là s'inscrit dans une famille; il sert de modèle de comportement; il est un héritage.

Une sainte trinité

Au début, il y eut le fils, donc l'enfant. C'est par lui que s'ouvre la courte biographie scolaire de Maurice Richard par Michel Forest dans la collection « Célébrités canadiennes » chez Lidec (1991) : la page de garde est une photo du hockeyeur avec son père. Pour Roch Carrier (2000), l'un et l'autre sont hommes « de peu de mots », ce qui ne les empêche pas de communiquer : le 8 avril 1952, après son but dramatique contre « Sugar » Henry, « [l]e meilleur joueur de hockey des temps modernes est un enfant terrifié qui pleure dans les bras de son père ». C'est ce père qui tient le rôle central dans l'album de la série « L'une des belles histoires vraies » intitulé *Un bon exemple de ténacité. Maurice Richard raconté aux enfants* (1983) : le jeune Maurice y est proche de son père comme de sa mère. S'il n'avait pas été un bon fils, et avec lui son frère Henri, il est sûr que sa mère n'aurait pas été nommée « Hockey Mother of the

Year» en février 1956, non pas à Montréal, mais à Boston, la ville des «Big Bad Bruins», moins d'un an après les événements de mars 1955.

Puis vinrent le mari et le père. Devenu la star des Canadiens, Richard occupe rapidement le paysage médiatique. Ses exploits sont chantés par les journalistes et les commentateurs. Des reportages et des publireportages le mettent en scène. Sans surprise, sa famille est mise à contribution. Ses parents sont convoqués; on l'a vu. On interviewe souvent sa femme Lucille. Craig MacInnis, dans son anthologie *Remembering the Rocket. A Celebration* (1998), reproduit, sous deux titres, une de ces interviews: «When Maurice Met Lucille. Lucille and her Mom Chat about the Rocket as Told to June Callwood, May 9, 1959» et «Rocket in Repose. At Home with the "Maurice Richards" by June Callwood, May 9, 1959». Les biographies font la part belle au père de famille: celle de Gérard Gosselin («Un père de famille exemplaire») comme celles de Jean-Marie Pellerin («L'homme et sa famille») et de Chrystian Goyens, Frank Orr et Jean-Luc Duguay («Familles, je vous aime!»).

Les photos du Rocket entouré de ses enfants ne se comptent plus. Un seul exemple suffira, l'article de Dick Bacon, «Mr. Hockey» — autre surnom du Rocket —, publié dans la revue *Hockey Blueline* en mai 1958. Les photos (sur huit, sept comprennent au moins un enfant) et le dessin de la couverture (le Rocket avec un de ses fils) redisent visuellement le contenu de l'article: «*It is probably safe to say that Richard is just as much a devoted father as he is a dedicated hockey player*»; «*Next to goals, or perhaps on a par with scoring, Richard is a sucker for children. He will referee a kids game at the drop of a hat if he's available and he willingly and eagerly makes hospital appearances whenever he can.*» Dévoué sur la glace («*a dedicated hockey player*») comme dans la sphère familiale («*a devoted father*»), Richard ne sait pas résister aux appels de la jeunesse («*Richard is a sucker for children*»), soit pour s'amuser avec elle en jouant à l'arbitre («*He will referee a kids game at the drop of a hat*») soit pour la réconforter si elle souffre («*He [...] eagerly makes hospital appearances*»). Quand, en décembre 1999, *La Presse* demandera à ses lecteurs de partager leur «plus beau souvenir de sport», ils seront nombreux à corroborer ce genre de déclarations. Richard n'hésitait pas à se plier aux demandes des enfants. Ces qualités seront récompensées en 1959 lorsque le hockeyeur deviendra «Big Brother of the Year» à la suite de Lester B. Pearson, prix Nobel de la paix deux ans auparavant et futur premier ministre du Canada. «Big Brother»? «Le trophée annuel de l'Association "Big Brother" est décerné à "un citoyen canadien qui peut être cité en exemple à la jeunesse, comme un citoyen iéal"», explique Jean-Marie Pellerin en 1976. Personne n'est cependant allé plus loin dans la mise en rapport du rôle de père avec celui de marqueur de buts que Ken Dryden, l'ancien gardien des Canadiens durant les années 1970 et l'auteur de ce grand livre qu'est *The Game* (1983). Dans un hommage posthume paru dans l'hebdomadaire *Time* en juin 2000, il n'hésitait pas à écrire :

> *On his goalward mission, he seemed past distraction, outside pain, like a father trapped with his child under the wheels of a car who finds a desperate strength to lift that dreadful weight. Such was his need.*

La force («*a desperate strength*»), la détermination («*he seemed past distraction, outside pain*») et l'obsession («*Such was his need*») du joueur de hockey («*his goalward mission*») étaient celles d'un père craignant pour la vie des siens («*a father trapped with his child under the wheels of a car*»).

Enfin, le grand-père arriva. La retraite venue, Maurice Richard continue à incarner le bon père de famille, mais un nouveau rôle lui est confié : grand-père. Pas *un* grand-père, mais *le* grand-père. Qui choisit-on au Québec en 1994 pour représenter le patriarche idéal dans le cadre de l'Année internationale de la famille ? Maurice Richard, photographié avec sa petite-fille pour des publicités publiées dans les journaux sous le slogan « La famille. Elle dure quand elle est tendre ! » Cette tendresse, relayée par la légende de la photo (« Claudia Richard et son grand-papa Maurice »), on la retrouve dans une photo montrant le grand-père à côté de deux de ses petits-enfants au lit. Que lisent-ils ? L'album *Un bon exemple de ténacité* :

> L'art d'être grand-père. Fier papa, Maurice veillera en grand-papa gâteau sur une troisième génération de Richard. Ici, ses petits-enfants lisent un livre mettant en valeur la légendaire ténacité du Rocket, disent Goyens, Orr et Duguay, qui reproduisent cette photo dans *Maurice Richard. Héros malgré lui*.

On appréciera : Maurice Richard lit un livre sur Maurice Richard aux petits-enfants de Maurice Richard. Et on notera la présence d'un autre livre sur la table de chevet : *Le chandail de hockey* de Roch Carrier. Comme le monde (de Maurice Richard) est petit !

L'exemple à suivre

> « La patinoire est une grande école de la vie. »
> MAURICE RICHARD, 1996

Les plus anciens fans de Maurice Richard l'ont vu jouer en personne, ils ont suivi ses exploits à la radio ou à la télévision, ils ont acheté des produits à son effigie. Ses nouveaux fans, eux, ont découvert Richard dans les récits de leurs aînés, dans des séries télévisées, par des chansons. En outre, ils l'ont découvert par leurs lectures, des plus sérieuses aux plus ludiques, et par des films.

Avec le Rocket, on peut tout apprendre. À lire : les éditions Graficor publient en 2000 un manuel de lecture de la série «Tous azimuts : 1er cycle du primaire. Mini-série 2» sous le titre *Maurice Richard (1921-2000)*. Elles ont retenu la leçon des Éditions Marabout qui, dans les années 1950, employaient Maurice Richard et Jean Béliveau pour vanter leurs livres : «Lisez les romans Marabout Marabout Marabout Marabout. Collection littéraire.» À écrire : pour expliquer le déterminant numéral, la grammaire de Roland Jacob et Jacques Laurin (*Ma grammaire*, 1994) a un texte intitulé «Le gentilhomme du hockey» et consacré au numéro 9 des Canadiens, photo à l'appui. À bien se conduire sur la glace : dans le roman *Rocket Junior* de Pierre Roy (2000), le fantôme de Maurice Richard apparaît à Richard-Maurice Latendresse Ladouceur, «Rocket Junior», pour le réprimander («Non, je ne suis pas fier de toi») et pour le ramener aux vraies valeurs sportives, que le père du jeune joueur a perdues de vue : «Joue pour l'amour du sport, avec ton équipe!» À se résigner devant l'adversité en se pliant aux décisions maternelles : chez Roch Carrier, tous se liguent contre le narrateur d'«Une abominable feuille d'érable sur la glace» (1979), des autres enfants au chef d'équipe et au vicaire-arbitre, simplement parce que, à la suite d'une erreur de la maison Eaton's, il se voit forcé d'endosser le maillot honni des Maple Leafs de Toronto devant neuf «Maurice Richard en bleu, blanc, rouge». À profiter des leçons de ses grands-parents : le jeune Alexandre Gagné, le héros de *Comme sur des roulettes!* d'Henriette Major (1999), aura l'occasion de jouer dans un film le rôle de Maurice Richard, «un joueur de hockey de l'ancien temps», et, pour cela, il se servira des jouets qu'utilisaient dans leur enfance Papi Chou et Mamie Jo, «la championne du patinage à roulettes sur la rue Garnier en 1955».

On a beaucoup dit que la détermination et la persévérance étaient deux des qualités maîtresses de Maurice Richard. Voilà la leçon que Clac, son bâton de hockey, ne cesse de marteler au jeune Maurice dans *Un bon exemple de ténacité*: «Clac devait toujours être pour Maurice celui qui lui prêchait endurance et ténacité.» C'est par la persévérance qu'il pourra s'élever au niveau des grands personnages dont la collection «L'une des belles histoires vraies» retrace le parcours. Voilà encore la leçon du roman *La carte de hockey magique* de Michel Foisy (2000). Maxime Laforest est resté handicapé à la suite de l'accident de voiture dans lequel ses parents sont morts. Une étrange machine à remonter le temps lui est léguée par son oncle et, grâce à elle, Maxime bénéficie des conseils d'outre-tombe de son père et de Maurice Richard («*Si tu es persévérant, ton rêve se réalisera un jour… peut-être*»). Ça marche. Dans «Le grand triomphe de ma vie!», le chapitre final, le vœu de Maxime est exaucé et il parvient à jouer au hockey, où il excelle immédiatement (et miraculeusement). Dans le roman suivant de Foisy, *La carte de 1 000 000$* (2003), numéro 9 au dos, il sera «le petit Rocket» de Rosemère, la banlieue de Montréal où il habite. L'intrigue du roman *En territoire adverse* de Gaël Corboz (2006) tourne, elle, autour d'une serviette que l'on dit trempée de la sueur de Maurice Richard. Cette «serviette magique», «le suaire du "Rocket"», symbolise la volonté de continuellement se surpasser.

Dans le discours destiné aux enfants, la bande dessinée n'est pas en reste. En 1975, sur un scénario d'Arsène illustré par Girerd, le caricaturiste du quotidien *La Presse*, l'album *Les enquêtes de Berri et Demontigny. On a volé la coupe Stanley*, sans avoir Maurice Richard pour objet, l'évoque plusieurs fois. Une affiche de lui décore les murs de la chambre où naît le héros, Louis Joseph Napoléon, surnommé Rocket par dérision, le 13 janvier 1947; elle y côtoie un calendrier et un

"RICHARD'S REAL TRADE AND HOBBY IS TOOLMAKING. ONE EVENING BEFORE THE '50–'51 STANLEY CUP PLAYOFFS, MAURICE ENTERED HIS SHOP AND WENT TO WORK..."

Le tourneur à l'œuvre, dans *World's Greatest True Sports Stories.* *Bill Stern's Sports Book*

portrait du pape Pie XII. À trois reprises dans l'album, un vieillard en chaise roulante répète qu'il a assisté, lui, à l'émeute de 1955. Des policiers dénichent, chez un brocanteur, des patins qui auraient appartenu à Richard. Deux décennies avant Arsène et Girerd, en février 1950, le *Babe Ruth Sports Comics*, un magazine américain de bande dessinée, racontait en trois pages l'histoire de Maurice Richard, «Hockey's Battling Terror» («La terreur du hockey»). Durant l'hiver 1952, Bill Stern retenait celle de Richard parmi ses *World's Greatest True Sports Stories*. «The Man They Call the Rocket... Maurice Richard» est une bande dessinée de six pages, en couleurs, qui énumère les principales caractéristiques de la personnalité et du jeu de Richard : sa détermination, son refus de s'en laisser imposer, son ardeur (jusqu'au risque de se blesser), sa vitesse, son agilité, sa modestie, sa violence. La particularité de cette bande dessinée est qu'on y voit Richard dans son atelier de tourneur, où il fabrique son outil de travail, un bâton : «*Richard's real trade and hobby is toolmaking.*» Personne avant Stern, ni d'ailleurs après lui, n'avait pensé à représenter le Rocket dans une situation comme celle-là.

Les modèles, on le sait, n'ont pas droit à beaucoup de défauts. Pour que Richard en soit un, il a fallu passer sous silence quelques-uns de ses traits de caractère et réécrire des épisodes de sa carrière. Sur le plan de la violence, il y a atténuation, pour utiliser un euphémisme. Celui qui n'a jamais été reconnu, sur la glace, ni pour sa tendresse ni pour sa douceur ramène dans le droit chemin (sportif) un jeune garçon nommé Richard-Maurice Latendresse Ladouceur, le héros du roman de Pierre Roy. Celui dont la dureté envers les autres et envers lui-même ne s'est jamais démentie devient un grand-papa gâteau : «La famille. Elle dure quand elle est tendre!» Celui qui parlait à l'occasion *avec* son bâton — c'est à la suite d'une altercation à coups de bâton qu'il sera suspendu par Clarence

Campbell en 1955 — parle maintenant *à* son bâton, Clac, qui le conseille fort justement. Celui qui n'hésitait pas à jeter les gants est dorénavant « Le gentilhomme du hockey », selon Roland Jacob et Jacques Laurin : « Après une dix-huitième saison et huit coupes Stanley avec les Glorieux, Maurice Richard s'est retiré avec une réputation de gentilhomme, qui ne cherchait jamais la bagarre. » George Sullivan, en 1969, contourne la question : pas un mot sur l'Émeute dans son chapitre de *Hockey Heroes* sur Maurice Richard.

Pas de violence non plus dans le film *La vie après le hockey* de Tom Radford (1989). Le personnage principal du film n'a pas de prénom : il dit s'appeler Brown et avoir pour surnom « Le Rat » ou « Le Rat du hockey » (comme on dit un « rat de bibliothèque »). Maurice Richard est pour lui une figure capitale. Dans la scène d'ouverture, un homme arrose une patinoire extérieure éclairée, sous la pleine lune ; on voit mal ses traits, mais l'œil averti distinguera Maurice Richard. Les premiers mots du film sont un indice supplémentaire : « La passe à Maurice Richard, qui lance… et compte ! » dit un enregistrement de la radio ou de la télévision. En clôture, retour à Richard : il est sur la glace de la patinoire extérieure, en compagnie du Rat. Vêtu de son chandail rouge avec le numéro 9, il patine avec facilité et il explique au Rat comment corriger son problème de revers ; n'était-il pas un spécialiste de ce type de lancer ? Il annonce même à son partenaire qu'il revient au jeu, car il veut battre les records de Wayne Gretzky, et il lui demande de jouer sur son trio. Les derniers mots du film, ceux du Rat, sont : « Et on va gagner la coupe Stanley l'année prochaine. »

Entre ces deux scènes, le Rocket est apparu à profusion dans le film. En mystérieux « préposé à la patinoire » ; c'est de cette façon qu'il est inscrit au générique. En marqueur : de très nombreuses images d'archives le montrent en train de compter, et notamment son 500ᵉ but. En icône : la mère du Rat lui tricote des chandails de hockey, tous avec le numéro 9 ; il possède une carte de hockey du Rocket ; lors d'un voyage au Forum de Montréal en 1976, il y verra un portrait géant de son idole. En conseiller, enfin. Le Rat écrit en imagination à son « Cher Numéro neuf » : pour lui demander comment corriger la faiblesse de son revers (d'où la scène finale) ; pour savoir comment réagir dans une situation de match ; pour l'interroger sur le sens à donner à sa vie. (Le Rat s'adresse plutôt à Wayne Gretzky dans la pièce de théâtre dont on a tiré le film.) Dans ce film chantant les pouvoirs du rêve et l'importance des souvenirs d'enfance, Maurice Richard ne fait jamais faux bond au Rat. Il l'escorte au long de sa vie et il lui rappelle qu'il faut toujours s'entraîner, ce que ne manque pas de faire le Rat. L'exemple vient de haut.

Legs

Il n'est pas de mythe sans héritage, qu'il soit personnel ou collectif. À ce titre, plusieurs ont voulu léguer Maurice Richard aux leurs, enfants ou pas.

Des histoires d'hiver, avec des rues, des écoles et du hockey de Marc Robitaille (1987) est composé de courts chapitres, où un enfant de 10 ans revit son hiver de 1966-1967. En ce qui concerne Maurice Richard, retraité depuis peu, la découverte passe par le truchement d'un voisin : « M. Deslauriers m'a dit qu'une bonne fois il va m'emmener avec lui voir jouer Maurice Richard dans les Old Timers parce que même s'il a changé d'âge, il a encore ses yeux et des cheveux avec du vent. » De cet album de souvenirs, François Bouvier a tiré le film *Histoires d'hiver* en 1998 ; il le réalise et en rédige le scénario avec Marc Robitaille.

Martin Roy, 12 ans, est le fils unique de Jacqueline et Hervé Roy. Le couple a des prétentions culturelles : le père, employé

Les hivers de mon enfance
étaient des saisons longues, longues.
Nous vivions en trois lieux:
l'école, l'église et la patinoire; mais
la vraie vie était sur la patinoire.
    Roch Carrier
The winters of my childhood were
long, long seasons. We lived in
three places – the school, the church
and the skating-rink – but our real life
was on the skating-rink.

La monnaie canadienne honore (implicitement) Maurice Richard.

(Reproduit avec l'aimable autorisation de la Banque du Canada)

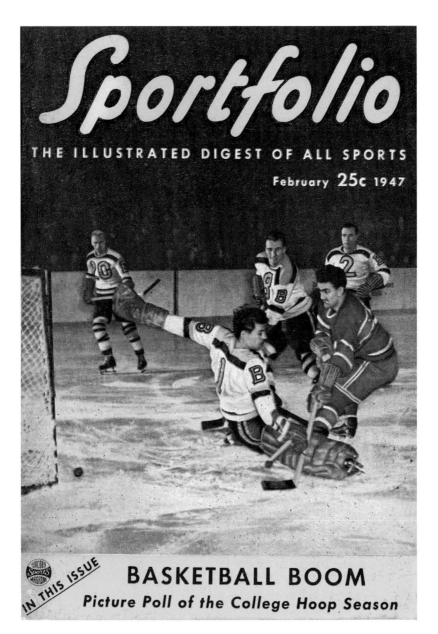

En couverture du magazine *Sportfolio* de février 1947,
Maurice Richard déjoue le gardien des Bruins de Boston.

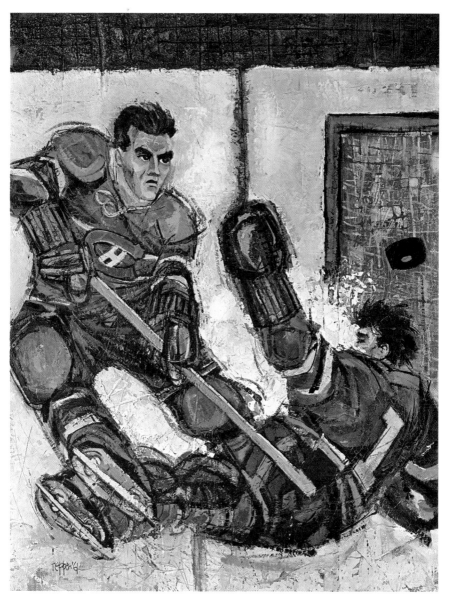

Le 23 mars 1944, Maurice Richard marque les cinq buts de son équipe dans une victoire contre les Maple Leafs de Toronto. Jack Reppen peint la scène pour la série « Great Moments in Canadian Sport ».

En 1955-1956, la Brasserie Dow utilise ce dessin de Maurice Richard
dans son «Almanach du sport».

Louis C. Hébert, *Maurice Richard*, 2002

Lithographie de Serge Lemoyne, *No. 1 de Bangkok*, 1981

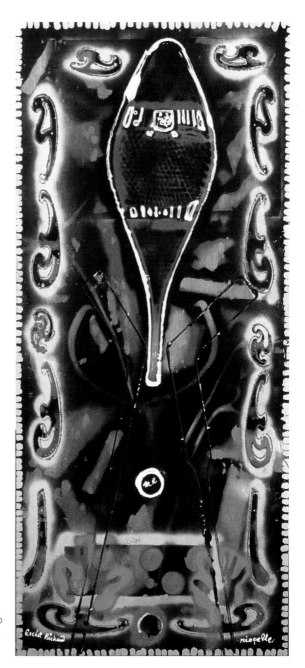

Tableau de
Jean-Paul Riopelle,
*Hommage à Duchamp
(Hommage à Maurice
Richard)*, 1990

Maurice Richard marquant son 500ᵉ but contre les Blackhawks de Chicago, selon le Musée de cire Ville-Marie de Montréal.

Michel Dusablon, statue de Maurice Richard, 2000

dans un bureau de comptable, n'aime pas le hockey; on écoute de l'opéra à la maison; la mère peint, avec des numéros, puis sans. Ce n'est pas avec eux que Martin assouvira sa passion du hockey, passion de joueur, de téléspectateur, de collectionneur de cartes. Il se tournera vers le frère aîné de son père, Maurice. Celui-ci est garagiste, il fume, il aime la vie, il fréquente une Corinne assez bête mais court vêtue, il a l'anglais ostensible — et il aime le hockey. Il offre à Martin une radio miniature, en forme de fusée (*rocket*), achetée en Floride, pour qu'il suive les matchs dans sa chambre. François Bouvier et Marc Robitaille (MR) ont réuni Martin Roy (MR), Maurice Roy (MR) et Maurice Richard (MR) dans deux scènes.

Les deux sont nocturnes. Dans la première, Martin s'apprête à se mettre au lit, quand Maurice lui offre la radio miniature. L'enfant dit à son oncle: «Heye, Mononc, raconte-moi l'histoire du Rocket», bien que ce dernier ne soit pas son idole (il lui préfère son frère Henri). L'oncle Maurice racontera l'histoire du but de Richard contre «Sugar» Henry. L'histoire est interrompue, puis reprise quand Maurice, victime d'un «infractus», se retrouve à l'hôpital. Le filleul est étendu sur le lit de son oncle, qui continue à lui décrire «un des plus beaux jeux qui s'est jamais vus dans l'histoire des séries de la coupe Stanley». Martin et Maurice ne partagent pas seulement un moment d'intimité; ils prolongent une conversation qu'ils ont eue plusieurs fois. En effet, Martin complète avec facilité le récit de son oncle: c'est la preuve qu'il l'a déjà entendu, qu'il l'a appris par cœur et qu'il ne s'en lasse pas. Maurice mourra le lendemain du premier match des Canadiens que Martin ira voir au Forum, une défaite de 4 à 1 contre les ennemis torontois. Peu importe, en un sens: «Il m'avait accompagné pendant mon voyage et il m'accompagne depuis.»

Cette familiarité du mythe Richard n'est pas moins évidente dans l'album *La carte de hockey* de Jack Siemiatycki et

Avi Slodovnick (2002). Le fils de Maurice Richard, Maurice Richard junior, lui accorde son aval : « C'est avec plaisir qu'en tant qu'exécuteur testamentaire de Maurice Richard Senior j'autorise l'utilisation du nom de ce dernier dans le livre intitulé *La carte de hockey*. » L'illustratrice, Doris Barrette, dédie le livre « À [s]es frères Mario, François, André, Benoît, Christian, Yvon et Ugo ». Le projet des auteurs s'inscrit dans leur mémoire familiale :

> Jack Siemiatycki et Avi Slodovnick, respectivement homme de science et avocat — et aussi beaux-frères — ont toujours admiré les héros du hockey. Leurs souvenirs d'enfance, ces moments où ils collectionnaient les cartes de hockey, où ils les jouaient au risque de les perdre, ont inspiré l'écriture de *La carte de hockey*. Avant même sa publication, *La carte de hockey* faisait partie des histoires préférées de la famille.

L'intrigue va précisément dans le sens d'une appropriation familiale du mythe : après lui avoir révélé comment lui-même avait bénéficié des pouvoirs magiques d'une carte de hockey représentant Maurice Richard, l'oncle du narrateur la lui offre pour son anniversaire.

C'est ainsi que les mythes passent d'une génération à l'autre. La famille Richard, la famille Barrette, les familles Siemiatycki et Slodovnick, la famille du narrateur : *La carte de hockey* est une histoire de transmission et de tradition. On aura noté que le legs emprunte parfois des voies inattendues. Chez Bouvier, chez Siemiatycki et Slodovnick, chez Roy (dans *Rocket Junior*) et chez Michel Foisy (dans *La carte de hockey magique*), ce n'est pas le père qui transmet l'héritage familial, mais un oncle. Pour le chroniqueur de *La Presse* Stéphane Laporte, en 1998, ce sont deux oncles, Jacques et Yvan : « Les souvenirs de mes oncles sont devenus les miens. » *Ça, c'est du hockey*, de David Bouchard et Dean Griffiths (2004), modifie à peine la donne. À la campagne, Étienne initie Dominique au hockey de rue, le *hockey bottine*. Tous les joueurs ont un chandail identique: «Juste un chandail portant le numéro 9. Comme Maurice Richard, tu sais. Le Rocket...» À la fin du match, Étienne offre son chandail à Dominique; à la fin du livre, Dominique — dont on découvre alors le sexe — le remet à sa fille: «Mais, maman, je n'ai jamais joué au hockey bottine! — Avec ce chandail, ma chérie, tu vas te débrouiller à merveille.» La mémoire est un partage.

Il faut pourtant se méfier des legs, de ceux que l'on reçoit comme de ceux que l'on fait soi-même. Qui signe l'ouvrage *Le Rocket* en 2000? Roch Carrier. Qui l'écrit? Un «vieil enfant»: «Le vieil enfant que je suis devenu a encore besoin de son héros. Un héros sans crainte efface celle de l'enfant. Si son héros est sans peur, l'enfant s'avance dans la vie confiant.» Carrier mêle ses souvenirs à ceux de Maurice Richard. Il revit ses «émotions d'enfant» et ses études. Il se souvient du Québec qui vient de sortir de la Deuxième Guerre mondiale. Il revoit les exploits de son idole. Il explique aussi comment il en est venu à rédiger son conte le plus célèbre et comment il s'est laissé prendre par le mythe, lui qui a longtemps affirmé que Maurice Richard et les Canadiens gagnaient tous leurs matchs contre les Maple Leafs de Toronto:

> J'ai écrit une histoire: *Le chandail de hockey*. On y trouve une phrase qui fait écho au souvenir de cette belle certitude: «Les Maple Leafs étaient toujours battus à plates coutures par les valeureux Canadiens.» Ce n'était ni une savoureuse ironie, comme on l'a dit, ni une taquinerie sportive. C'était une absolue conviction. Je me souvenais de faits irréfutables.

Or ce ne sont pas des «faits irréfutables» et Carrier, faussement contrit, doit se rendre à l'évidence: les Maple Leafs battaient souvent Montréal. A-t-il menti ? Aux yeux de l'Histoire, peut-être. Pas pour le mythe : « Tel était le pouvoir du Rocket : il a subjugué notre enfance. Nous avons inventé ce Rocket, notre héros sans peur, sans reproche. » C'est ce Richard-là qu'il veut léguer.

Au xviiie siècle, Denis Diderot s'est longuement interrogé sur ce que la postérité devait retenir des grands hommes. Dans *Le neveu de Rameau*, il fait dialoguer ses personnages au sujet de Jean Racine. Les termes de l'alternative sont les suivants :

> Lequel des deux préféreriez-vous ? ou qu'il eût été un bonhomme [...] ; faisant régulièrement tous les ans un enfant légitime à sa femme, bon mari ; bon père, bon oncle, bon voisin, honnête commerçant, mais rien de plus ; ou qu'il eût été fourbe, traître, ambitieux, envieux, méchant ; mais auteur d'*Andromaque*, de *Britannicus*, d'*Iphigénie*, de *Phèdre*, d'*Athalie*.

Autrement dit : faut-il se montrer bon avec ses proches ou être un grand créateur ? Ce n'est pas comme cela que Maurice Richard passera à la postérité au Québec. Il aura été un homme de famille et un génie de la glace. Les petits ne sauraient l'oublier.

II. L'Émeute

Commémorer

Quand meurt Maurice Richard en mai 2000, ce n'est pas la première fois qu'il est l'objet de commémorations. Durant sa carrière de joueur, les occasions n'ont pas manqué de célébrer ses exploits. Dès qu'il battait un record — ce qu'il fit fort souvent —, on s'empressait de le fêter. Le 7 janvier 1951, par exemple, Richard compte son 271e but, ce qui éclipse la marque que détenait Aurèle Joliat pour le plus grand nombre de buts dans l'uniforme des Canadiens. Pour souligner cela, le 17 février 1951 est proclamé «Soirée Maurice Richard» au Forum de Montréal. Devant le premier ministre du Canada (Louis Saint-Laurent), le premier ministre du Québec (Maurice Duplessis), le maire de la ville (Camillien Houde), le propriétaire de l'équipe (le sénateur Donat Raymond) et le président de la Ligne nationale de hockey (Clarence Campbell), on remet à Richard et à sa femme un trophée, une voiture (une DeSoto avec une plaque numéro 9) et des cadeaux hétéroclites (une montre, de l'argenterie, un réfrigérateur, une machine à coudre, une vadrouille électrique, des fleurs, une action dans un club de golf). Même s'il a une dimension symbolique, par la présence des invités d'honneur, ce type d'hommage est surtout concret.

Maurice Richard a aussi été l'objet d'hommages plus fortement symboliques. Parmi ceux-ci, il y a les cérémonies de fermeture de l'ancien Forum et d'ouverture du nouveau Centre Molson en mars 1996. Maurice Richard était de ceux à qui l'on avait demandé de passer le flambeau, au sens propre comme au sens figuré : il devait assurer la continuité d'un lieu à l'autre. Le 11 mars, au Forum, la foule en profita pour lui offrir une ovation monstre.

Il y a également, parmi les hommages symboliques, un moment de la carrière de Richard et de l'histoire du Québec contemporain que les médias (journaux, radio, télévision), les chanteurs, les romanciers, les dramaturges et les cinéastes aiment célébrer. Il s'agit de l'Émeute. S'il est peu rappelé dans les quotidiens avant les années 1980, son souvenir devient alors coutumier. Ainsi, les lecteurs de *La Presse* sont invités, à partir du 14 mars 1995, à lire une série de cinq reportages sur «L'émeute du Forum : quarante ans plus tard». Elle est introduite par ces mots : «Il y a quarante ans commençait l'un des épisodes les plus dramatiques de l'histoire du Québec et du hockey.» Dix ans plus tard, le jour anniversaire, le même journal titre : «L'émeute au Forum. Il y a cinquante ans. Cahier spécial sports. Grand format.» En page A2, on peut lire cette explication :

> Nos lecteurs attentifs ont remarqué de légères modifications au logo de *La Presse*, en page une de notre numéro d'aujourd'hui, inspirées par *La Presse* de 1955. Par ce clin d'œil, nous voulons souligner l'émeute du Forum de Montréal, déclenchée le 17 mars 1955, un événement qui a marqué le Québec moderne.

Le Journal de Montréal de ce jour-là n'est pas en reste, qui réserve six pages aux mêmes événements. *Le Devoir* est plus sobre, avec deux articles.

L'Émeute est une des pièces centrales du mythe de Maurice Richard. En ce Forum où il fut tant de fois adulé, la violence éclata, pour ensuite passer dans la rue. Maurice Richard ne joua qu'un rôle périphérique dans cette histoire, mais l'événement a imprégné les consciences et les récits. Sans lui, y aurait-il un mythe de Maurice Richard?

4 mars 1951

Dire de Maurice Richard qu'il a eu des relations tendues avec les arbitres serait en deçà de la vérité. Dans les faits, il lui est arrivé de s'en prendre à eux, et pas seulement verbalement. Dans *Fire-Wagon Hockey* (1967), Andy O'Brien prétend que Richard, vers la fin de la Deuxième Guerre mondiale, aurait agressé un officiel au cours d'un match hors-concours disputé à Québec. Jeanne d'Arc Charlebois chantait plaisamment ce genre de comportement au printemps de 1951:

> Pour avoir brassé l'arbitre
> Maurice a payé l'amende
> Mais j'peux vous dire qu'il s'en fiche
> Y'a pas d'misère à se r'prendre
> Pour trouver ses 500 piasses
> Y'a qu'à sauter sur la glace
> Et pis scorer cinq aut'points
> Il les aura l'lendemain matin.

Le parolier de «Maurice Richard», Yvon Dupuis, transforme presque en titre de gloire l'attitude de Richard devant l'autorité:

> Un arbitre du National
> A pensé qu'les Canayens
> C't'aient des gars qui valent rien
> Y'a fait son p'tit caporal
> Mais quand Maurice l'a accroché
> J'vous dis qu'le gars s'est poussé
> Ce qui prouve qu'à Montréal
> Richard s'laisse pas amancher.

Selon I. Sheldon Posen dans son article de 2005 sur les chansons consacrées au Rocket, celle-ci ferait directement allusion à un événement survenu à New York le 4 mars 1951, peu après la fête du Forum pour le 271ᵉ but. Dans le lobby de l'hôtel Piccadilly, Maurice Richard s'en était pris ce soir-là à l'arbitre Hugh McLean, auquel il reprochait des décisions prises quelques jours auparavant lors d'un match au Forum. Il recevra pour ses gestes une amende de 500 $, comme le chantait Jeanne d'Arc Charlebois, soit la plus lourde amende imposée par la Ligue nationale. Les démêlés de Richard avec l'autorité ne s'arrêteront pas là.

L'œuvre écrite de Maurice Richard

On a pu beaucoup lire Maurice Richard au fil des ans. Certes, ce n'était pas lui qui rédigeait les textes parus sous sa signature, mais ces textes ont été fort nombreux. Victor-Lévy Beaulieu (1972) raconte que le jeune Guy Lafleur tenait son journal intime et écrivait de la poésie. Avec *The Game*, Ken Dryden (1983), lui, versait plutôt dans l'ethnologie sportive ; à défaut d'étudier les grands singes, il essayait de comprendre les étranges spécimens qui occupaient avec lui le vestiaire des Canadiens des années 1970. Maurice Richard était moins ambitieux, qui se contentera presque exclusivement de la presse, québécoise ou américaine.

Richard a signé des préfaces et des postfaces : celles de la brochure *Jouez du meilleur hockey avec les Canadiens* (début des années 1960), de l'album de photos *30 ans de photos de hockey* de Denis Brodeur (1993), des romans pour la jeunesse *Le match des étoiles* de François Gravel (1996) et *La carte de hockey magique* de Michel Foisy (2000), de l'ouvrage sur *Les Glorieux* de Réjean Tremblay et Ronald King (1996), de la biographie du lutteur *Yvon Robert. Le lion du Canada français* par Pierre Berthelet (1999). Il a cosigné, avec le journaliste Stan Fischler, l'ouvrage *The Flying Frenchmen. Hockey's Greatest Dynasty / Les Canadiens sont là! La plus grande dynastie du hockey* (1971), dans lequel il a surtout contribué à la deuxième partie, « Ma vie chez les Canadiens ». Il y règle ses comptes avec nombre de gens, équipiers et adversaires, et il se plaint de ce qu'est devenu le hockey. Pourtant, « [m]algré toutes les critiques que peut faire un vieux grincheux tel que moi, la situation n'est pas désespérée. [...] Vous ne me croiriez peut-être plus, si je vous disais que j'adore quand même le hockey. » L'essentiel de son œuvre en prose est toutefois ailleurs, dans ses chroniques de *Samedi-Dimanche* (sous le titre « Le tour du chapeau », 1952-1954), de *Parlons sport* (au début des années 1960), de *Dimanche-matin* (durant les années 1960, 1970 et 1980), de *La Presse* (1985-2000) et d'une éphémère revue new-yorkaise, *Maurice Richard's Hockey Illustrated*.

Dans ses chroniques, Richard se livrait à ce qui était attendu de ceux qu'on appelle dorénavant les *joueurnalistes* : il donnait de ses nouvelles ; il agrémentait son propos de salutations, de félicitations, de souhaits et de confidences (« Mon arrière-petit-fils se prénommera Maxime ») ; il exposait ses conceptions de son sport (« J'ai toujours pensé qu'une équipe de hockey gagnait ou perdait, dans une proportion de 75 %, selon le rendement de son gardien ») ; il combinait ses souvenirs de joueur et des prises de position sur l'actualité sportive (il ne cessait, par exemple, de répéter qu'il était opposé à la venue des joueurs européens dans le hockey professionnel nord-américain). Le style était sans prétention, truffé de tournures orales, car les « propos » de Richard étaient « recueillis » par un journaliste, qui les mettait en forme : Paul de Saint-Georges à *Samedi-Dimanche* ; Alain de Repentigny et Ronald King à *Dimanche-matin* ; Pierre Nadon (brièvement), Alain de Repentigny et André Trudelle, à *La Presse*. L'essentiel tenait dans la signature et dans le portrait qui la jouxtait.

Richard n'a vraiment créé des vagues avec sa plume qu'en deux occasions.

Le 6 décembre 1952, dans *Samedi-Dimanche*, il critique vertement des amateurs de hockey de la ville de Québec, nommément ceux du quartier Saint-Sauveur, qu'il traite de « bandits », à cause du traitement qu'ils auraient réservé à son frère Henri, celui qui n'est pas encore « Le Pocket Rocket ». L'affaire a des échos politiques. Le député provincial de Saint-Sauveur, Francis Boudreau, soulève la question au Parlement de Québec. Le conseil municipal de Québec demande une rétractation au journal. Richard persiste et signe, majuscules à l'appui, le 20 décembre :

> Je ne rétracte rien de ce que j'ai dit il y a deux semaines sur certaines gangs de Québec, sauf le mot « bandit ». Mon « Ghost-Writer » m'admet courageusement que c'est un de ses jurons favoris et qu'il l'emploie régulièrement quand il a des sautes d'humeur sans signifier pour cela que le « bandit » est un meurtrier ou un voleur de grand chemin.
>
> TOUT CE QUI A ÉTÉ PUBLIÉ AUTREMENT, C'EST MOI QUI LE LUI AI DICTÉ [...].

Pour les habitants de Québec, les torts de Richard restent considérables. Non seulement il en insulte quelques-uns, réputés mauvais spectateurs, mais il essaie de les priver de leur vedette, Jean Béliveau, que Richard invite à venir le rejoindre à Montréal, au lieu de rester avec les As de l'endroit. Un numéro 9 veut en attirer un autre.

Toujours dans le même hebdomadaire, au début de 1954, à la suite de la suspension de Bernard « Boom-Boom » Geoffrion, le commentateur vise plus haut. Il décide de s'en prendre à l'autorité du président de la Ligue nationale de hockey, soupçonné de (dé)favoritisme ethnique : Geoffrion aurait été la victime des sentiments anti-Canadiens français de Clarence Campbell. Le propos est ferme :

> D'après bon nombre d'amis qui surveillent le président Campbell durant les joutes, au Forum, de sa loge du côté sud de l'amphi-théâtre, M. le président afficherait une partialité évidente dans ses réactions au jeu, il sourit et affiche ouvertement sa joie quand le club adverse compte un but contre nous et on sait d'ailleurs qu'à plusieurs occasions il a toujours rendu ses décisions contre les joueurs du Canadien. [...] J'ai l'impression que M. Campbell serait partial.

Minimisant, pour cause d'autodéfense, le fait que son coéqui-pier avait blessé avec son bâton un joueur adverse, Ron Murphy des Rangers de New York, Richard s'en prend direc-tement à Campbell, ce « dictateur », qu'il met au défi, deux fois plutôt qu'une : « Si M. Campbell veut me sortir de la Ligue pour avoir osé le critiquer, qu'il le fasse ! » ; « Voilà mon opinion franche et si elle doit m'apporter des sanctions, eh bien, tant pis ! Je sortirai du hockey et j'ai l'idée que plusieurs autres joueurs du Canadien, qui partagent mon opinion, en feront autant ! »

Promesses non tenues. La Ligue nationale lui enjoint de se rétracter, d'où sa lettre le 14 janvier 1954 :

> comme le hockey m'a été très favorable, je fais humblement mes excuses au président Campbell et aux gouverneurs de la Ligue, non pas que j'y sois forcé par mon propre club, mais parce que c'est le *geste honorable et sportif à faire*.

> Je réalise pleinement que les accusations portées n'étaient pas fondées et je tiens à établir hors de tout doute que je ne mettais en cause ni l'intégrité de M. Campbell, ni l'honnêteté du sport.

> Si vous jugez bon d'accepter cette rétractation, je me sentirai dégagé d'une bien lourde responsabilité.

La chronique qui a déclenché la controverse sera la dernière avant plusieurs années. Richard le clame, mais il protège ses arrières :

> Pour manifester ma bonne foi, je dépose mon chèque au montant de mille dollars, afin de démontrer que chaque mot de cette lettre dit bien ce qu'il veut dire.
>
> Si je ne tenais pas ma promesse, je perdrais ces mille dollars. Si vous me trouvez digne de votre indulgence, j'ai confiance que cet argent me sera remboursé lorsque j'aurai fini de jouer.

L'appel à la prudence, pour ne pas dire plus, a été entendu.

Un journal met en scène Maurice Richard en mauvais élève
et Clarence Campbell en maître d'école (et en nazi, au tableau).

La polémique sera relancée deux jours plus tard, dans la dernière chronique de Maurice Richard pour *Samedi-Dimanche*. Abandonnant le ton contrit de sa lettre, il met fin à sa collaboration au journal par ces mots :

> Ceci est ma dernière chronique comme journaliste. Je le regrette, car je trouvais un certain plaisir à exprimer mes opinions personnelles sur les choses du hockey.

> On m'en *refuse* le droit. Je n'ai plus la *liberté de parole*. Comme joueur de hockey, je suis obligé d'obéir aux ordres de mes employeurs. Je ne juge pas leur décision, je laisse plutôt mes amis en juger.

> Peut-être plus tard, quand je n'aurai pas les mains attachées derrière le dos, reviendrai-je. Peut-être plus tôt qu'on ne le pense.

«Journaliste»? Le terme est un peu fort. Bon employé? Il le dit, en laissant entendre qu'il n'est pas de l'avis de ses employeurs. Martyr de la liberté d'expression? Voilà qui n'est pas rien, même si d'autres que lui partagent sa lecture des événements, à l'époque et depuis.

De New York à Montréal et de l'anglais au français, la plume de Maurice Richard est vouée à la sagesse. On lui accorde des opinions tranchées, peut-être de l'audace ; il n'a pas intérêt à contester l'autorité. L'avenir lui rappellera qu'on le préfère timoré. Ce révolutionnaire doit apprendre à se tenir tranquille.

29 décembre 1954-18 mars 1955

«Les admirateurs sont rarement des faiseux d'émeute…»
Jean Barbeau, *La coupe Stainless*, 1974

Le 29 décembre 1954, les Canadiens jouent un match à Toronto. Richard se bat alors contre un joueur des *Maple Leafs*, Bob Bailey. Après le combat, quittant la patinoire, Richard se penche vers son entraîneur, Dick Irvin, qui lui parle, puis il fait volte-face. Revenu sur la glace, il s'en prend au juge de ligne George Hayes, qui a essayé de s'interposer entre lui et Bailey. Pour son geste, il n'est ni puni, par l'arbitre Red Storey, ni suspendu, par le président Campbell. Il doit acquitter une amende de 250$ et il est semoncé par les autorités de la Ligue nationale de hockey, qui n'entendent pas tolérer de recrudescence de la violence envers leurs officiels.

Quelques semaines plus tard, le 13 mars 1955, pendant un des derniers matchs réguliers de la saison 1954-1955, au Garden de Boston, là où jouent les Bruins, Richard est blessé par le bâton de Hal Laycoe; cette blessure nécessitera des points de suture. Ensanglanté, il réplique avec ses poings et *des* bâtons: après avoir cassé le sien sur le dos d'un adversaire, il est allé en chercher un deuxième, dont il s'est aussi servi comme d'une arme. Certains récits, dont celui de Campbell, font même état d'un *troisième* bâton, ce que niera fermement Richard le 20 mars 2000 dans *La Presse*. Quoi qu'il en soit, retenu par le juge de ligne Cliff Thompson, Richard le frappe en essayant de s'en défaire pour poursuivre la bagarre avec les joueurs des Bruins. Cela lui vaut d'être chassé du match par l'arbitre, Frank Udvari, et d'être menacé d'arrestation par des policiers bostoniens.

L'altercation dans le lobby d'un hôtel new-yorkais en 1951. Les deux polémiques nées, en 1952 et en 1954, des articles de Maurice Richard. L'algarade du 29 décembre à Toronto. Les événements du 13 mars 1955 à Boston. Quand Richard comparaît devant Campbell à Montréal dans la matinée du 16 mars 1955, le contentieux des quatre dernières années entre les deux hommes est lourd.

Richard est flanqué de son entraîneur, Dick Irvin, et d'un ancien équipier devenu administrateur des Canadiens, Ken Reardon. Campbell entend les trois hommes, ainsi que Laycoe, Thompson, Udvari, Sammy Badcock (le second juge de ligne le 13 mars), Lynn Patrick (l'entraîneur-gérant des Bruins) et Carl Voss (l'arbitre en chef de la Ligue).

En après-midi, Campbell, dont on aime à dire qu'il fut avocat aux procès de Nuremberg, laisse tomber sa sentence. Après avoir exposé les faits et rappelé l'incident de la fin de 1954, il conclut ce qui suit :

> Je n'ai aucune hésitation à en venir à la conclusion, en me fondant sur les preuves soumises, que l'attaque contre Laycoe a non seulement été délibérée, mais persistante et à l'encontre de toute autorité. J'en conclus également que l'arbitre a fait preuve de bon jugement et a appliqué les règlements en imposant une punition de match.

> Je suis également convaincu que Richard n'a pas frappé le juge de ligne Thompson par accident, ou par erreur, comme certains l'ont affirmé.

> [...]

> Notre décision peut également s'appuyer sur un incident qui s'est produit, il y a moins de trois mois, lorsque Richard s'est comporté de façon à peu près identique. Là encore, Richard a persisté à frapper son adversaire avec un bâton, et a défié l'autorité des officiels.

> [...]

> Conséquemment le temps de la tolérance et de la clémence est révolu. Il importe peu que ces agissements soient le produit d'une instabilité de caractère ou un défi délibéré à l'autorité. Ce genre de conduite ne peut être toléré de la part de personne, que le joueur soit une étoile ou non.

C'est moins la bagarre avec Laycoe que le non-respect de l'autorité que Campbell met en relief dans sa conclusion. Les motifs de ce non-respect ne lui importent guère, écrit-il, qu'il s'agisse d'un « défi délibéré à l'autorité » ou d'une « instabilité de caractère ».

Le 18 mars 1955, *The Gazette* imagine Maurice Richard sur un piédestal
et rappelle que Clarence Campbell a été militaire et procureur à Nuremberg.

La punition? Maurice Richard est suspendu pour les trois
derniers matchs de la saison 1954-1955 et pour ceux des séries
éliminatoires. Il terminera la saison avec 38 buts et 36 passes,
et il aura reçu 125 minutes de punition, ce qui restera un sommet en carrière pour lui. Aucune sanction n'est imposée à
Laycoe. Le contenu de cette sentence est immédiatement com-
muniqué par les médias, au premier rang desquels la radio.

Le lendemain soir, le 17 mars, les Canadiens jouent un
match au Forum. Au cours de la journée, des voix se font
entendre, qui demandent à Campbell de ne pas y aller. On
craint des débordements des partisans. Ceux-ci déplorent,

pour ne pas dire plus, que la décision de Campbell prive Richard de ce qui aurait pu être le championnat des compteurs et ils redoutent que l'équipe, privée de sa vedette, ne parvienne pas à gagner la coupe Stanley. Ils eurent doublement raison. Au moment de sa suspension, Richard était en tête des compteurs de la ligue, mais il sera dépassé, sous les huées, par son coéquipier Bernard Geoffrion, qui recevra la prime attachée au championnat des compteurs. La coupe Stanley sera remportée par les Red Wings de Detroit, en sept matchs, contre les Canadiens dorénavant privés de Richard.

Le match commence à l'heure prévue, 20 heures 30. Les Red Wings, auxquels Montréal dispute le premier rang du classement dans la Ligue nationale, sont les visiteurs. L'équipe de Detroit prend rapidement les devants. Pendant la première période, tandis que les Red Wings dominent les Canadiens, Campbell se dirige vers son siège habituel, escorté de sa secrétaire, Phyllis King (qui deviendra sa femme), et de deux jeunes femmes. Cette présence a souvent été considérée, alors et depuis, comme une provocation. Dès le lendemain, le maire de Montréal, Jean Drapeau, reprochera à Campbell d'avoir assisté au match. N'avait-il pas été menacé de mort dans les heures le précédant ? Il devait se douter qu'il serait mal reçu. Mais à ce point ?

Il est pris à partie par des spectateurs — mais les récits varient considérablement. On le bombarde : programmes, bouteilles, couvre-chaussures et paletots, fruits et légumes, œufs (frais ou pourris), sacs d'arachides, cubes de glace, sacs remplis d'eau, pièces de monnaie, pieds de porc marinés. Un homme, dont on discute encore en 2006 l'identité, s'approche de lui pour le frapper au visage. Une photo, constamment utilisée depuis, fait voir Campbell se protégeant, son chapeau d'une main et un programme de l'autre, pendant que des placiers retiennent son assaillant. (Maurice Richard possédait chez lui une reproduction encadrée de cette photo. Elle a été mise en vente avec les objets de sa collection en 2002.) Quelques minutes plus tard, un spectateur écrase une tomate (ou deux) sur Campbell. Une chose est sûre : la position de ce dernier est périlleuse, comme le montrent les images fixes ou mobiles. Dans les minutes qui suivent, une bombe lacrymogène explose. Le match est interrompu. Campbell se réfugie dans la salle du soigneur, où il croise Richard. Même s'il n'avait pas revêtu son uniforme, celui-ci avait tenu à être là pour encourager ses équipiers. Devant la cohue créée par les actes de violence à l'encontre de Campbell et par l'explosion de la bombe lacrymogène, le chef du service d'incendie de Montréal décide d'évacuer le Forum, ce qui se fera dans le calme. (Si l'on en croit le numéro du 27 mars 1992 de *Hockey Montréal*, l'organiste du Forum aurait accompagné l'évacuation qui a suivi l'explosion de la bombe lacrymogène en jouant la chanson « Elle pleurait comme une Madeleine ».) Detroit, qui menait 4 à 1, est décrété vainqueur du match, puisque l'équipe qui recevait n'a pas su assurer la sécurité de l'équipe adverse.

Parmi les évacués, on trouve évidemment les joueurs des deux équipes, le personnel du Forum, des journalistes et photographes et nombre de spectateurs anonymes. Quelques-uns ne le sont pas : Jean-Claude Lord, qui coréalisera le docudrame *Maurice Richard. Histoire d'un Canadien* en 1999 ; l'historien Donald Cuciolleta, qui mène des recherches pour établir un parallèle entre Jackie Robinson et Richard ; un des biographes du Rocket, Andy O'Brien. Hugh MacLennan, l'auteur du roman classique sur les liens des deux peuples fondateurs du Canada, *Two Solitudes* (1945), y était, comme l'atteste son article de la revue *Saturday Night*, « Letter from Montreal. The Explosion and the Only Answer ». L'historien nationaliste québécois Lionel Groulx y était aussi, selon sa nièce et collaboratrice, Juliette Lalonde-Rémillard. On se prend à rêver de la conversation qu'auraient pu avoir MacLennan et

Groulx ce soir-là. Ce qu'ils voyaient aurait-il confirmé leurs thèses sur la malaisée cohabitation des communautés linguistiques canadiennes ou, au contraire, mis en lumière l'unité de préoccupation de ces communautés?

L'Émeute n'a donc pas lieu, pour l'essentiel, au Forum. C'est plutôt à l'extérieur qu'elle explose, rue Sainte-Catherine, une fois le Forum vidé de ses occupants (entre 14 et 16 000). Des manifestants s'y étaient regroupés dès avant le début du match, histoire d'exprimer leur mécontentement envers la sentence de Campbell. Ils brandissaient des pancartes : «Richard le persécuté», «Révoltante décision», «Injustice au Canada Français», «Injustice envers les sportifs», «Campbell» (avec des dessins de porc ou de... poire), «Stupid puppet Campbell», «Vive Richard», «Vive le Rocket», «On veut Richard», «Pas-de-Richard pas-de-Coupe», «Down with Campbell», «À bas Campbell», «Dehors Campbell!!», «J'y vais pas — et vous? I'm not going, are *you*?», «Tout-péché se pardonne. Campbell. Vive Richard», «Destruction du sport national». On promenait sur une camionnette une poupée géante à l'effigie de Richard, qu'on avait exhibée en des temps plus heureux, par exemple lors du 400ᵉ but du Rocket. Les manifestants sont rejoints par ceux qui quittent le Forum.

La violence avait commencé avant le début du match : des projectiles avaient été lancés dans les vitres du Forum et de nombreuses personnes s'étaient rassemblées dans le parc Cabot, situé en face. Après l'évacuation, elle éclate et elle prend des formes multiples. Des voitures sont renversées. Des tramways sont immobilisés. Des incendies sont allumés sur la chaussée. Des vitrines sont brisées. Des cabines téléphoniques et des kiosques à journaux sont vandalisés. Des commerces sont pillés, notamment des bijouteries. Des policiers et des civils sont blessés (aucun gravement). Du Forum, la foule se déplace vers l'est, en empruntant la rue Sainte-Catherine.

Bilan: 100 000 $ de dégâts, avance-t-on le lendemain, avant de parler plus modestement de 30 000 $, quelques dizaines d'arrestations et d'inculpations, pour un événement qui aurait duré entre cinq et sept heures selon les récits (au plus, de 20 heures à 3 heures du matin environ). Maurice Richard ne sera pas témoin de ce que l'on appelle désormais l'Émeute Maurice-Richard: ayant quitté rapidement le Forum et ses environs, c'est par la radio qu'il apprendra qu'il y a eu émeute, et qu'il en suivra le déroulement.

Le lendemain matin, du Forum, Richard fait une déclaration publique bilingue sur les ondes radiophoniques et télévisuelles:

> Mes chers amis, parce que je joue toujours avec tant d'ardeur et que j'ai eu du trouble à Boston, j'ai été suspendu. Je suis vraiment peiné de ne pouvoir m'aligner avec mes copains du Canadien dans les séries de détail [les éliminatoires]. Je veux toutefois penser avant aux amateurs de Montréal et aux joueurs du Canadien qui sont tous mes meilleurs amis. Je viens donc demander aux amateurs de ne plus causer de trouble et je demande aussi à tous les partisans d'encourager le Canadien pour qu'il puisse l'emporter en fin de semaine contre les Rangers et le Detroit. Nous pouvons encore nous assurer le championnat. J'accepte ma punition et je reviendrai la saison prochaine pour aider mon club et les jeunes joueurs du club à remporter la coupe Stanley.

Dans l'immédiat, les choses en resteront là. Cela ne revient évidemment pas à dire que l'histoire sera enterrée. La chanson, la radio, le roman, le théâtre, la télévision, le cinéma et la presse se nourriront de l'événement pendant au-delà d'un demi-siècle. Il n'y a aucune raison de croire que la veine sera bientôt tarie.

Chanter

L'Émeute est immédiatement mise en chanson, en français comme en anglais. Dès 1955, Oscar Thiffault chante «Le

Rocket Richard» et Bob Hill and his Canadian Country Boys, une «Saga of Maurice Richard». Presque un demi-siècle plus tard, Robert G. Anstey les rejoindra. I. Sheldon Posen l'a remarqué en 2005 : les chansons de Thiffault et de Hill sont très proches l'une de l'autre. Elles sont composées rapidement, ce qui explique peut-être pourquoi leur mélodie est empruntée au folklore. Thiffault chante l'Émeute sur l'air de «C'est l'aviron qui nous mène», pendant que Hill emprunte une musique irlandaise de la fin du xixe siècle, celle du chant guerrier «Abdul Abulbul Ameer». Plus que l'altercation avec l'arbitre, c'est le combat à coups de bâton qui retient l'attention des compositeurs. Ils renversent par là complètement la perspective officielle, celle que l'on trouve dans le jugement de Clarence Campbell. Thiffault s'adresse à ses auditeurs : «Par un dimanche au soir en jouant à Boston / Vous auriez dû voir les fameux coups d'bâton», là où Hill laisse parler Campbell lui-même : «*Young man, that stick in your hand / Has put you in trouble, by gar.*» Surtout, chez l'un comme chez l'autre, on prend la défense de Richard.

Cette défense, chez Oscar Thiffault, passe d'abord par les paroles de la chanson. Celle-ci s'ouvre et se clôt sur les mêmes vers : «C'est Maurice Richard qui est si populaire / C'est Maurice Richard qui score tout le temps.» Richard a été suspendu, mais ce n'est qu'un intermède : «y a été suspendu. / On a été chanceux qu'il ne soit pas vendu. / [...] Comme un bon Canadien y a accepté son sort. / Il reviendra compter pour le Canadien encore.» La résignation devant le mauvais sort, qualité «canadienne», laisse espérer à Richard et aux auditeurs des jours meilleurs. Après tout, Richard n'est-il pas «un des meilleurs compteurs depuis plusieurs années»? En conférence de presse, le 18 mars 1955, Richard ne disait pas autre chose : «J'accepte ma punition et je reviendrai la saison prochaine pour aider mon club et les jeunes joueurs du club à remporter la coupe Stanley.» Dans «Le Rocket Richard», la défense du Rocket s'appuie sur un autre aspect de la chanson, musical celui-là. Les paroles sont chantées par Oscar Thiffault, mais elles sont reprises par un chœur d'enfants. L'espérance est aussi là, chez ces petits qui espèrent le retour au jeu de leur héros et dont on n'ose pas penser qu'ils seraient capables d'aduler un homme violent.

Pour Bob Hill, les actions du Rocket se justifient sur un plan différent. Sa chanson est nettement moins répétitive que celle de Thiffault — celle-ci compte 134 mots, celle-là, 321 —, ce qui lui permet de livrer une vision un peu plus complexe de l'événement. Le narrateur de la chanson se définit comme un Canadien quand il parle de «notre sport national» («*our national game*») et, dans le même souffle, comme Montréalais quand il parle de «notre ville» («*our town*») et de «notre Forum» («*our Forum*»). Il rappelle ce qui s'est passé à Boston le 13 mars et il en profite pour expliquer le comportement de Richard:

> *One evening in Boston they struck at his head*
> *And cut him right over the ear*
> *With his temper so red, and the way that he bled*
> *His thinking could not have been clear*
> *In all the confusion before they subdued him*
> *He'd struck an official, I hear.*

Richard a été atteint à la tête par des adversaires sans nom («*they struck at his head*»), ce qui l'a blessé près de l'oreille («*cut him right over the ear*») et fait saigner («*the way that he bled*»). Lui qui a si mauvais caractère («*his temper so red*»), il a en outre été victime de la confusion qui régnait («*all the confusion*») avant qu'on se saisisse de lui («*before they subdued him*»). Il est probable qu'il n'était dès lors plus en mesure de penser clairement («*His thinking could not have been clear*»). En revanche, la symétrie des coups ne fait aucun doute: on l'a

frappé («*they struck at his head*») et il a frappé à son tour
(«*He'd struck an official*»). Dubitatif, le narrateur module son
récit par un «*I hear*» («me suis-je laissé dire»).

Entre alors en scène Clarence Campbell: «*he [Richard]
trod on the toe / Of Campbell, the man without fear.*» Marcher
sur les pieds («*trod on the toe*») d'un homme sans peur («*the
man without fear*») coûtera cher à Richard, fût-il la crème de
la crème à Montréal («*quite the cream of the Montreal team*»,
«*you are a great star*»).

Says Campbell, «Young man, that stick in your hand
«Has put you in trouble, by gar
«Though you needed five stitches, you're too big for your britches
«Just who do you think that you are?
«Now you've done this before, and you've made me quite sore
«And although you are a great star
«You're through for the year, do I make myself clear
«Mister Maurice "The Rocket" Richard?»

Campbell va le punir pour plusieurs raisons: parce qu'il a
utilisé son bâton («*that stick in your hand*»), parce qu'il se
prend pour un autre («*you're too big for your britches*») et
parce qu'il récidive («*you've done this before*»). La saison de
Richard est terminée («*You're through for the year*»). On
notera la condescendance prêtée à Campbell, qui feint de
s'adresser à un jeune homme («*Young man*») et qui insiste
pour s'assurer d'avoir été compris («*do I make myself clear*»).
Voilà pourquoi le soir de l'Émeute on demandera sa tête («*Off
with the head / Of Campbell, the man without fear!*»).

Le 17 mars 1955, on s'est moqué violemment du président
de la Ligue nationale («*he was slandered and jeered*»), on a
essayé de le frapper («*A fan tried to drop him*») et une bombe
a fait pleurer les spectateurs («*a bomb made them all shed a
tear*»). Peu importe, pourtant, l'opprobre jeté sur la ville et

son équipe (« *Now our town has lost face and our team [is] disgraced* ») ; il n'aura pas plus d'effet sur elles que la suspension sur Richard :

he will return and his legend will burn
In the annals of sports near and far
There was never a name of such stature and fame
As Maurice « The Rocket » Richard.

Comme chez Thiffault, le Rocket reviendra (« *he will return* »). Sa légende ne sera pas ternie par cet accident de parcours (« *his legend will burn / In the annals of sports near and far* ») et son nom continuera d'être chanté.

Une chanson, c'est bien ; plusieurs, c'est mieux. Contrairement à Oscar Thiffault et à Bob Hill, et à Jeanne d'Arc Charlebois et à Denise Filiatrault, Robert Anstey ne s'est pas contenté d'une chanson sur le Rocket ; il en a composé vingt-sept. Il ne les a pas enregistrées, mais il les a réunies dans un recueil, *Songs for the Rocket* (2002), en les encadrant d'une longue introduction, de notes et de commentaires. Pareille prolixité ne devrait pas étonner : en 2002, Anstey avait plus de 1200 chansons au compteur, et 90 livres.

Le compositeur ne s'en cache pas : voici l'œuvre d'un fan. Pourquoi a-t-il commencé à rédiger des chansons sur Maurice Richard dès les années 1970 ? D'où lui vient cette passion pour un joueur qu'il n'a jamais vu en action ? Dans ce temps-là, explique-t-il, le hockey était meilleur qu'aujourd'hui, et rien ne le caractérisait mieux que la fièvre du Rocket (« *excitement* »). Richard était violent ? C'était la faute des autres. Il se servait de son bâton pour se battre ? Il fallait s'y attendre : « *he was no sissy* » (« c'était pas une mauviette »). Était-il meilleur que Gordie Howe ? Évidemment, car il savait se démarquer dans les moments cruciaux. Comment le décrire ? Par ses yeux ; Anstey en parle des dizaines de fois.

L'auteur est systématique : il fallait s'attendre à ce qu'une de ses chansons porte sur l'Émeute ; c'est la huitième du recueil, «The Rocket's Riot», qu'il a écrite en 2000. Il est admiratif : il fallait s'attendre à ce qu'il prenne la défense de son héros ; il la prend. Que raconte-t-il (dans une totale confusion chronologique)? La bagarre du 13 mars, les coups de bâton, l'agression de l'arbitre («*the Rocket started shoving a referee*», «le Rocket commença à pousser un officiel»). La suspension, ses effets sur Richard, sur les Canadiens et sur ses supporters :

> *It was the night of the Rocket's Riot*
> *in the city of Montreal*
> *those fans could never just sit quiet*
> *while they watched their idols fall.*
>
> (C'était le soir de l'émeute du Rocket
> dans la ville de Montréal
> les supporters ne pouvaient pas rester tranquilles
> pendant que leurs idoles tombaient.)

L'Émeute elle-même, ses cris et sa violence, à l'intérieur du Forum comme à l'extérieur.

Le compositeur fait reposer la responsabilité de l'Émeute sur les seules épaules de Campbell. Les fans du Rocket n'arrivaient pas à croire ce qu'il avait fait («*they couldn't believe what Campbell had done*»). Quand ils l'ont vu prendre son siège, c'est l'arme du crime qu'ils ont aperçue («*he was like a smoking gun*»). Dans le «Commentaire» qui suit la chanson, Anstey parle de «provocation» de la part de Campbell. Dans la section «Campbell and the Rocket» de son introduction, il le disait déjà. (*Songs for the Rocket* est un livre *très* répétitif.) Plus loin, on lira une chanson sur «Campbell and the Rocket», laquelle parle expressément de la volonté du président de la ligue d'entraver la marche de Maurice Richard, de lui couper les ailes («*to clip his wing*»):

Campbell tried to get the Rocket
in any way he could.
(Campbell s'en prenait au Rocket
de toutes les façons possibles.)

Rien de mieux, pour un vrai admirateur, qu'une opposition tranchée : un bon, un vilain. Si seulement c'était aussi simple.

Dire

Aucun mythe moderne ne peut se perpétuer sans être pris en charge par les médias, la chanson comme les autres. Maurice Richard ne fait pas exception.

La presse n'a cessé de parler de lui, durant sa carrière et après. Les pages sportives des journaux ont suivi au jour le jour ses exploits. En 1960, un journal se demandait s'il était toujours capable de répéter lesdits exploits et il a organisé un sondage auprès de ses lecteurs. Ceux-ci avaient à leur disposition deux coupons-réponses : « Continue "Rocket" », « Arrête "Rocket" ». Influencé ou non par les résultats de ce sondage, Richard prend sa retraite cette année-là. Il continue à occuper les pages sportives, soit parce qu'on rapporte les conditions de cette retraite, soit parce qu'il collabore à ces pages. Il arrivait que Richard quitte celle-là pour se retrouver dans d'autres sections du journal, de la chronique mondaine à la page éditoriale. De même, les périodiques spécialisés ont longtemps fait de Richard un de leurs sujets de prédilection. Le mensuel *Sport revue*, « Le magazine sportif des Canadiens-Français », pour ne prendre que cet exemple, a consacré au moins treize de ses couvertures, entre juin 1955 et mai 1960, à Richard. D'autres formes de presse populaire ont profité de la notoriété du joueur. On le voit ainsi en couverture de l'*Almanach du peuple* de la maison Beauchemin en 1952, en 1956, en 1957 et en 1959.

Sans minimiser l'importance de ces types de presse, il convient d'accorder un statut particulier, en matière de médias, à la radio. Dans la mémoire collective, Maurice Richard lui est beaucoup plus fréquemment associé qu'à tout autre. La télévision est entrée plus rapidement dans les ménages québécois qu'on ne le croit généralement : en 1956, selon Yvan Lamonde et Pierre-François Hébert, près des deux tiers d'entre eux (64,2 %) auraient possédé la télévision, quatre ans après son introduction. La presse est plus diversifiée dans les années 1940, 1950 et 1960 qu'aujourd'hui : les journaux sont plus nombreux, les généralistes comme les spécialisés. Pourtant, quand ils évoquent le Maurice Richard de l'après-guerre, quand ils pensent au joueur actif, quand ils tissent leurs souvenirs à ceux du Rocket, ses partisans reviennent à la radio et presque seulement à elle.

Par quel média les futurs hommes politiques Lucien Bouchard, Jean Chrétien, Bernard Landry et Guy Chevrette, les futurs joueurs de hockey Jacques Plante, Jean Béliveau, Bernard Geoffrion, Guy Lafleur et Serge Savard, le futur syndicaliste Gérald Larose, le futur journaliste Réjean Tremblay, le futur photographe Denis Brodeur et le futur comédien Stephen McHattie (qui jouera Dick Irvin dans le film *Maurice Richard* en 2005) découvriront-ils Richard ? Par la radio. Roch Carrier a chanté les louanges de son idole dans plusieurs textes. Dans *Le Rocket* (2000), cette « ode à Maurice Richard », de quel média est-il le plus souvent question ? De la radio. Le titre du recueil de poésie hockeyistique que Bernard Pozier publie en 1991 est sibyllin. À qui ce titre, *Les poètes chanteront ce but*, est-il emprunté ? À la radio, puisque cette phrase aurait été utilisée par le commentateur sportif Michel Normandin en février 1945 pour décrire le but marqué par Maurice Richard avec Earl Seibert « accroché à son cou ». Quelle est la première image du film *Maurice Richard* de Charles Binamé ? Celle d'un poste de radio. Autour de quel appareil la famille Richard se rassemble-t-elle, dans la partie fictive du film de Jean-Claude Lord et Pauline Payette en 1999, pour écouter les exploits d'Howie Morenz, puis pour suivre ses funérailles, avant de réciter un chapelet à sa mémoire? D'une radio. Pourquoi, au début du film *Peut-être Maurice Richard*, le cinéaste Bernard Gosselin dit-il de Maurice Richard qu'il était une «abstraction» pour les «p'tits gars» comme lui des «quartiers populaires de Montréal»? Parce qu'ils ne le connaissaient que par la radio.

Dans l'histoire personnelle et sportive de Richard, la radio occupe aussi une place non négligeable. Enfant, c'est par elle, et non par les journaux, qu'il découvre le hockey professionnel, en particulier le jeu de sa future équipe. Avant de signer un contrat avec les Canadiens, il n'avait jamais mis les pieds au Forum de Montréal; il ne pouvait l'imaginer que par les ondes. Après avoir été engagé, il donnera de nombreuses entrevues à la radio et il aura sa propre émission, «Allô! Ici Maurice Richard», sur les ondes de CKAC. Et, on l'a vu, c'est par la radio qu'il apprendra qu'il y a émeute à l'extérieur du Forum le 17 mars 1955; c'est encore par elle, et par la télévision, qu'il s'adressera au public le lendemain, histoire de calmer les esprits; c'est enfin sur les ondes de la radio que tourneront les chansons d'Oscar Thiffault et de Bob Hill.

Pour prendre la mesure de l'importance de la radio au Québec durant les années 1940 et 1950, il y a plusieurs façons de procéder. On peut consulter les travaux des historiens des médias, par exemple Marie-Charlotte De Koninck. On peut dépouiller le *Répertoire des œuvres de la littérature radiophonique québécoise. 1930-1970* de Pierre Pagé, Renée Legris et Louise Blouin. On peut aussi lire le roman *Alexandre Chenevert* que publie Gabrielle Roy un an avant l'Émeute.

Alexandre Chenevert est un petit employé de la succursale J de la Banque d'économie de la cité et de l'île de Montréal. À maints égards, il est l'anti-Richard. Il est obsédé par l'argent, le gaspillage, le coût de la vie. Contrairement à son directeur, Émery Fontaine, il ne s'intéresse ni au golf ni au hockey. Il ne fait pas d'exercice et il ne voit pas pourquoi il se mettrait au bowling, malgré la suggestion de son médecin. C'est un homme du livre :

Il fallait bien lire. L'homme moderne héritait d'une montagne de connaissances. Même s'il eût limité sa curiosité à ce qui s'imprimait dans son temps, il ne fût jamais arrivé à tout avaler. Et où était la vérité, dans cette masse d'écrits ?

Homme de peu de mots, Chenevert vit entouré des mots des autres. À défaut d'être un homme du monde, c'est un homme des *informations* du monde : en plus d'allusions à des journaux, à des livres, à des encyclopédies et à des films d'actualité, le roman de Roy fait entendre constamment la radio. C'est elle qui fait exister les frontières en donnant à entendre qu'on pourrait, peut-être, les abattre. Elle est le dedans et le dehors, Montréal et « le vieux globe terrestre » (Staline, Tito, Truman, Gândhi, le tribunal de Nuremberg). Elle est la rumeur du monde.

Ce n'est donc pas le fruit du hasard si les souvenirs de l'Émeute de Claude Béland, le futur président du Mouvement Desjardins, et d'Aimée Sylvestre, la future comédienne Dominique Michel, sont des souvenirs radiophoniques. Ce n'est pas davantage le fruit du hasard si le romancier Pierre Gélinas et si le dramaturge Jean-Claude Germain, parmi ceux qui ont cherché à mettre l'Émeute en texte (Eugène Cloutier, Rick Salutin, Jean-François Chassay), ont été sensibles au rôle de la radio dans son imaginaire. Ils rejoignent par là les cinéastes qui ont accumulé les déclarations des témoins des événements de mars 1955. Le récit de l'Émeute est un récit où la radio est capitale. Elle a fait l'Émeute.

Raconter

Les inutiles est un roman d'Eugène Cloutier paru en 1956. Deux évadés de l'hôpital psychiatrique Saint-Jean-de-Dieu y partent à la recherche d'un ami qui avait été interné avec eux, mais qui a reçu son congé plus rapidement qu'eux. Après des pérégrinations à Montréal, à Toronto et dans les Laurentides, Jean et Antoine, les deux évadés, finissent par retrouver Julien. C'est en un jour et dans un lieu précis de la ville que se noue le drame. Ce jour, c'est le 17 mars 1955, et ce lieu, le Forum de Montréal. Le treizième et dernier chapitre du roman est en effet consacré à l'émeute du Forum. Elle est annoncée dans les chapitres précédents, et l'une de ces annonces est l'occasion pour le narrateur de lier explicitement la figure de Maurice Richard et une question qui va devenir essentielle dans sa représentation romanesque ou dramatique, celle du temps. En discutant avec un portier qui prédit « de la casse » pour le match du 17 mars, Jean se rend compte que Maurice Richard s'inscrit dans la longue durée, au moment exact où des bouleversements sociaux ponctuels se font sentir.

> Il pourrait se griser, à cette minute, de la pensée qu'il n'y eût jamais de rupture avec le passé. Richard avait donc conservé tout le temps la vedette du hockey. Ses exploits continuaient de soulever les foules. [...] Cet homme — sans autre recommandation qu'une souplesse aérienne sur la glace — n'était-il pas devenu l'objet d'un culte universel, en même temps que le modèle tacitement proposé aux nouvelles générations ?

La continuité qui est évoquée dans ce passage entre toutefois en conflit avec la suite immédiate du développement du narrateur.

> Jean était fasciné. Sincèrement fasciné. Ce matin même, le journal annonçait en entrefilet le suicide d'un jeune poète. Le cinquième suicide de même nature en moins d'un an. Et ce soir,

des milliers de personnes manifesteraient en faveur de Richard. C'était bien une civilisation nouvelle qui était en marche, imprévisible celle-là.

Dans la pensée de Jean, la continuité se mêle à la rupture, la durée uniforme du «culte universel» accompagne la marche «imprévisible» de la «civilisation nouvelle», le mythe (le temps le plus profond) côtoie l'histoire (le temps qui passe).

L'image de la «civilisation nouvelle» est réactivée par celle du «pays neuf» au début du chapitre sur l'Émeute, ainsi que par la scène finale, dans laquelle Jean et Antoine descendent vers le port résolus à quitter leur ville pour un ailleurs indéterminé, Brésil ou Cuba. Le renouveau individuel et collectif voisine, dans ce chapitre, avec l'affirmation d'une solidarité, de brève durée, il est vrai, et qui n'est pas sans troubler Jean : «Des souvenirs remontaient de son passé, avec une clarté nouvelle. Il se sentit brusquement solidaire du groupe. § L'impression ne dura pas.» Fondée sur la «passion», la solidarité dégénérera en violence, celle de la «foule», de ces «milliers de spectateurs», d'une «masse» ou d'un «torrent» de têtes. Jean entend profiter de la «panique» annoncée pour assassiner Julien, estimé coupable de conversion au matérialisme, et, au-delà de lui, pour rompre avec la ville de Montréal, puis pour s'enfuir, déguisé en prêtre et suivi d'Antoine apparu miraculeusement dans la cohue du Forum.

Que le projet d'assassinat échoue importe dans ce que raconte le roman, de même que sont significatives les comparaisons de l'Émeute avec les carnavals de Rio et de Recife ou avec les supplices iroquois, mais ce n'est pas ce qui devrait retenir l'attention. On s'arrêtera plutôt à une réflexion du narrateur sur Maurice Richard. À la suite de la description de la panique à l'intérieur du Forum, quelqu'un vient surplomber les gradins — au mépris de la réalité historique (ce n'est pas là qu'était Maurice Richard ce soir-là, mais derrière un des buts, celui des Red Wings, près de la glace):

> Dans l'une des dernières rangées, là-haut, un homme contemple le spectacle avec un mélange de fierté et de dégoût. Il avait voulu assister incognito à cette première joute depuis son interdiction. Il est dépassé par ces incidents qui prennent figure d'échauffourée, et qui pourraient dégénérer en guerre civile. Profondément tourmenté, il se retire par une sortie secrète. Cette foule hystérique qui défend son personnage officiel, ne l'avait même pas reconnu en vêtements civils. Il a cessé d'être un homme pour devenir un mythe.

Solitaire, anonyme, dépouillé de son visage, regardant la situation de haut, «dépassé» par les événements, «profondément tourmenté», Maurice Richard n'est plus un homme. C'est un mythe: le mot est lâché. Nous sommes en 1956.

Trois ans plus tard, Pierre Gélinas publie un roman, *Les vivants, les morts et les autres*, dans lequel deux chapitres sont réservés à l'Émeute. Plutôt que de s'intéresser à la dimension mythique de l'événement, le romancier est sensible à ce qu'il représente dans la vie de son personnage principal et à sa place dans une trame où la peinture du monde socioéconomique est capitale. Au mythe d'Eugène Cloutier, Pierre Gélinas préfère l'histoire.

Le héros de ce roman d'inspiration socialiste, le jeune Maurice Tremblay, croit à sa mission auprès des travailleurs du textile. Entré en syndicalisme comme d'autres en religion, il conçoit leur lutte comme une affaire existentielle et la transforme en moyen par lequel accéder à la vérité. Il rêve de nager «dans le courant de l'Histoire», de rétablir «l'harmonie entre le monde et soi, c'est-à-dire entre l'homme et lui-même». Malgré des échecs successifs — son affiliation au Parti communiste canadien ne lui cause, on s'en doute, qu'avanies et déceptions —, il choisit en dernière instance de conférer un sens positif à son existence par la pratique de la charité (c'est le dernier mot du roman). On ne s'étonnera pas de lire dans un roman à thèse ayant pour thème l'engagement social dans les années 1950 des allusions à l'émeute du Forum, dans la mesure où la prose de Gélinas recueille volontiers des bribes de l'actualité : Staline, Mao et Khrouchtchev sont nommés, la guerre de Corée et la grève du textile à Valleyfield rappelées, des indications sur le taux d'accès à la propriété à Toronto fournies, des stratégies commerciales ponctuelles évaluées.

L'Émeute a un statut particulier dans l'architecture du roman et dans le parcours de Maurice Tremblay. Le début du douzième chapitre de la deuxième partie souligne son importance :

> Certes, on ne saurait dire que sans « l'émeute Richard », la vie de Maurice Tremblay eût pris un cours différent. [...] Certains petits drames doivent moins aux incidents qui en sont le décor, ou même le prétexte, qu'à la nature des protagonistes. Mais, par la suite, c'est par l'événement en quelque sorte « social » qu'on fixe dans la mémoire l'instant du drame particulier.

Cet événement « en quelque sorte "social" » coïncide, dans la « mémoire », avec une mutation fondamentale de Tremblay, son « drame particulier », tandis que chez Cloutier il coïncidait avec une crise existentielle et avec l'origine d'une civilisation nouvelle.

Le premier des deux chapitres sur l'émeute du Forum se déroule juste avant qu'elle n'ait lieu (chapitre xii). Après avoir livré pédagogiquement un résumé des causes qui l'ont entraînée, puis fait entendre des bribes d'émissions radiophoniques sur ses prémices, le narrateur montre les grands bourgeois responsables des forces de l'ordre se préparer à intervenir en analysant les gestes de Clarence Campbell ou du maire de Montréal. Ces grands bourgeois tirent de leur analyse une typologie des races (britannique, française, canadienne-française, américaine, canadienne-anglaise) et une morale politique antinationaliste. Pour eux, la «populace» doit se taire et se plier aux exigences de ceux qui savent se servir de leur «raison» ou, du moins, se réfugier derrière leur «instinct de propriété».

Au chapitre suivant (chapitre XIII), le narrateur raconte l'Émeute. Tantôt, il adopte le ton du reportage:

> C'est par hasard qu'il ouvrit la radio.
>
> «On nous rapporte, disait la voix excitée de l'annonceur, que des centaines de personnes se sont massées devant le Forum. Notre unité mobile est présentement en route et nous vous reviendrons dès que nous aurons établi la communication. Restez aux écoutes…»

Tantôt, il penche vers une écriture en apparence historienne (en apparence, car ce qui est narré n'est pas toujours fidèle aux récits de l'époque):

> Une bombe lacrymogène éclata au milieu de la patinoire; simultanément, on éteignit les principales torches électriques et le Forum parut plonger dans la nuit. […] Qui avait lancé la bombe? L'affaire n'a jamais été éclaircie; le plus probable est qu'un officier de police posté dans les gradins supérieurs avait été muni de l'engin en prévision d'un tel incident. Il est sûr qu'il a fait preuve de jugement en lançant sa bombe au moment précis où elle pouvait servir à prévenir une catastrophe, encore qu'on devait le lendemain en soupeser le pour et le contre.

En bon intellectuel de roman, Maurice Tremblay, lui, «n'avait pas porté grande attention aux événements sportifs qui devaient servir de prétexte à l'émeute». Il était resté «sourd» à la «collectivisation» de la colère «en une seule vague», il n'avait «rien senti». Contrairement à lui, avant le match, «des milliers de personnes se sentaient happées vers le Forum par une sorte de succion qu'elles contribuaient chacune à créer».

Lui suivra les manifestations à la radio, puis se rendra sur place juger de l'évolution de la situation.

Selon le narrateur, avant même que le match ne débute, «l'affaire avait pris l'allure d'un mouvement national» et, selon un personnage cette fois, il s'agissait d'«un mouvement d'indignation nationale». Une absence est cependant parlante: dans la foule des «malcontents», nulle trace de Maurice Richard, lui dont le sort était à l'origine de cette crise. De fait, les protagonistes centraux du chapitre sur l'émeute sont d'abord Clarence Campbell, puis la foule, et non Maurice Richard, duquel pas un mot n'est dit.

Dans un premier temps, ce sont des gestes de Campbell que discute le narrateur, qui le considère responsable de l'Émeute: «la partie commencée, la nouvelle de sa présence avait été aussitôt transmise à l'extérieur; elle retint sur les lieux le premier noyau de l'émeute qui, autrement, se serait sans doute dispersé». C'est lui la victime des «griffes de bête hurlante» de l'«assistance», c'est lui que l'on veut mettre à mort. Dans un deuxième temps, le narrateur s'attache à suivre avec une rigueur quasi militaire les mouvements de la foule: les émeutiers accédaient au Forum, «comme avant la guerre on accédait de l'Allemagne à Dantzig, par le long corridor de la rue Ste-Catherine depuis la frontière naturelle de l'est, le boulevard St-Laurent». (On se souviendra qu'Eugène Cloutier, en 1956, évoquait une «guerre civile».) Le narrateur note avec intérêt «la composition pour ainsi dire chimique de l'émeute», il interprète les réactions des vagues successives des émeutiers, il sonde leur psychologie, il pense leur rapport à la ville et à la rue. Le vérisme romanesque de Pierre Gélinas ne laisse place qu'à ce mythe-là, celui de la foule. L'émeute du Forum a influencé le destin de quelques-uns, seuls ou rassemblés, mais elle ne s'inscrit pas expressément dans un récit mythique où Maurice Richard jouerait un rôle emblématique.

Maurice Richard occupe plusieurs pages de la pièce *Un pays dont la devise est je m'oublie* (1976) de Jean-Claude Germain. Son septième tableau, on l'a vu, est consacré à distinguer un personnage historique (Louis Cyr) d'un personnage mythique (Richard). Composé de deux parties, le huitième tableau porte plutôt sur l'image publique du Rocket, notamment à partir de ce qui s'est passé à Montréal le 17 mars 1955.

Dans la première partie de ce tableau, le dramaturge reproduit un échange entre Richard et le commentateur radiophonique Michel Normandin, «le barde par excellence de notre sport national», «un authentique poète». Germain aurait pu confier le dialogue à deux comédiens, mais il ne le fait pas. Comment s'assure-t-il de la couleur historique de sa pièce? Grâce à la radio. «Lors de la création d'*Un pays dont la devise est je m'oublie*, peut-on lire dans les indications scéniques, l'enregistrement utilisé [...] était d'époque et les voix authentiques.» Quel est le sujet de cet échange entre un journaliste sportif et le joueur des Canadiens? (Diffusée à la fin de la saison 1949-1950, l'entrevue est une commandite du sirop de maïs Bee Hive.) D'un but que Richard aurait marqué pour répondre au souhait d'un «petit infirme» et de sa volonté d'assurer son avenir financier: «Je suis au service de Jarry Automobile depuis sept ans, c'est-à-dire que j'y ai passé tout mon temps libre depuis ces années et il y a deux semaines, je fus promu représentant des ventes.»

La seconde partie du tableau repose sur un procédé dramatique différent. Au lieu de faire entendre le Maurice Richard historique, celui de l'entrevue radiophonique, le dramaturge entre dans ses pensées pendant que se déroule l'Émeute, grâce à un monologue inventé de toutes pièces. Voici comment Germain l'annonce:

vers le milieu de l'entrevue, la scène (par l'artifice de l'éclairage) s'est transformée en une patinoire et la salle plongée (par la magie évocatrice des sons) dans l'atmosphère caractéristique d'une partie de hockey au Forum : progressivement les bruits et les sons de la patinoire se font plus violents jusqu'à devenir ceux d'une émeute qui bat son plein — celle de mars 1955, dite l'émeute Maurice Richard : dans le brouhaha des cris de foule, le tintamarre des sirènes d'auto-patrouilles et celui des vitres qui volent en éclats, assailli et aveuglé par une série de flashes de caméra le ROCKET *fait son entrée dans la chambre des joueurs : il porte le célèbre chandail numéro 9 et l'équipement complet d'un joueur de hockey qui vient de quitter la patinoire : il se tourne vers la coulisse.*

Ses premiers mots seront : « LAISSEZ-MOUÉ TOUT SEUL ! J'AI RIEN À DIRE ! RIEN ! »

Le Maurice Richard de Jean-Claude Germain, le soir du 17 mars 1955, prend avec la réalité historique des libertés aussi grandes que celui de Cloutier et de Gélinas : le premier faisait circuler Richard dans les hauteurs du Forum ; le deuxième affirmait que la bombe lacrymogène avait explosé « au milieu de la patinoire » et qu'elle avait été lancée par un policier ; Germain, lui, le peint avec son équipement sur le dos. Au-delà de cette entorse bénigne au récit historique, son Richard est révélateur en ce qu'il laisse exploser sa colère : il lance les pièces de cet équipement par terre (il les « *garroche* ») et il donne des coups de poing dans le mobilier. Qu'est-ce qui le rend si furieux ? Le traitement de Clarence Campbell, ce « VIEUX BATARRE » ? L'Émeute elle-même ? Certes, mais pas seulement.

Si Maurice Richard est en colère dans *Un pays dont la devise est je m'oublie*, c'est surtout à cause de la duplicité de ses supporters. Il est conscient de leur adulation :

> Pour eu-z-auttes, quand chus sus à glace... chus presqu'un dieu !... Çé tellment forre squi spasse dans lé-z-estraddes qu'j'ai l'impression d'ête un géant... une sorte de saint Christophe qui porte tout lQuébec sus sé-z-épaules !

Ces supporters connaissent son importance :

> MAURICE RICHARD ÇÉ-T-ASSEZ IMPORTANT POUR QUE LMONDE FASSE
> UNE ÉMEUTTE ! PIS QUE LQUÉBEC FASSE PARLER DLUI DANS TOUÉ
> JOURNAUX DU MONDE ENTIER POUR LA PREMIÈRE FOIS DANS TOUTE
> SON HISTOUÈRE !

Mais ils se moquent de lui :

> Y mfont vnir dans é-collèges, dans é-z-écoles ! Pis là ! Ben y mfont
> dire au-z-étudiants qu'y faut qu'y s'instruisent pis qu'y parlent ben !
> Pour pas ête comme moué ! [...] Pour pas dvnir comme Maurice
> Richard qui fait rire de lui quant-y parle !

Plus fin que ses partisans ne le croient, ce Maurice Richard de
théâtre sent qu'ils tiennent un double discours sur lui. Moins
fin qu'il ne voudrait l'être, il ne cesse de répéter la même
phrase : « CHCOMPRENDS PAS ! » Pourtant, il commence à entre-
voir un lien entre les deux éléments de ce double discours :

> Speut-ête parsque chus pas instruit... mais moué y a une chose
> que chcomprends pas dans l'instruction ! Des fois, j'ai l'impres-
> sion que lmonde instruit pis moué... on fait pas partie du même
> pays ! Y parlent mieux qu'moué ! Y savent plusse de choses que
> moué ! Mais ça mfait l'effet quça fait longtemps qu'y ont pardu
> lgoût dscorrer !

« Profondément tourmenté » le soir de l'Émeute : tel était le
Richard d'Eugène Cloutier en 1956; vingt ans plus tard, celui
de Jean-Claude Germain ne souffre pas moins, et dans les
mêmes circonstances, mais quelque chose se manifeste en lui,
qui le lie intimement à la nation, même si cela trouve pénible-
ment à s'exprimer. L'un « scorre », l'autre pas (ou pas encore).

Publiée un an après celle de Jean-Claude Germain, la pièce
Les Canadiens de Rick Salutin est créée en 1977 à Montréal,
puis à Toronto et à Vancouver, parfois dans des versions très

dissemblables. La radio s'y fait aussi entendre, mais ce n'est pas cela qui frappe à sa lecture. C'est plutôt la coïncidence des interrogations chez deux auteurs fort distincts. L'un, Germain, qui écrit en français, n'a jamais caché ses positions indépendantistes et le Québec est son sujet de prédilection. L'autre, qui écrit en anglais, se définit, du moins avant d'entreprendre la rédaction de sa pièce, comme un inconditionnel de Toronto («*a lifelong Maple Leafs fan*»), et c'est de l'extérieur du Québec qu'il s'intéresse à lui. Néanmoins, leur réflexion sur les mythes liés au hockey et la place centrale qu'ils réservent au nationalisme et à son histoire les rapprochent.

Quand Rick Salutin reçoit une commande du théâtre Centaur de Montréal pour une pièce sur le plus célèbre club de hockey au monde, il ne doit pas ignorer qu'il s'inscrit dans une (courte) tradition. En matière de hockey, de théâtre et de politique, il n'avait pas été précédé que par Jean-Claude Germain: *Le chemin du roy. Comédie patriotique* de Françoise Loranger et Claude Levac (1969) et *La soirée du fockey* d'André Simard (1974) avaient voulu fondre ces trois dimensions de la culture québécoise. En revanche, Salutin ne sait pas que surviendra bientôt un événement qui modifiera radicalement sa manière de penser, tant en matière de hockey que de politique canadienne. Cet événement est l'élection du gouvernement du Parti québécois le 15 novembre 1976. Pour Salutin, cette élection va sonner la fin du mythe des Canadiens de Montréal. Voilà ce que sa pièce illustrera.

Elle est divisée en deux actes. Le premier, «*Survival*» (la survivance), est un panorama de l'histoire québécoise, de la Conquête de la Nouvelle-France par la Grande-Bretagne en 1759 aux attentats terroristes d'Octobre 1970. Cette structure est très proche de celle de Germain, qui mettait en scène des comédiens ambulants reconnus pour leurs «Sketches d'hiver» et leurs «Tableaux d'histoire du pays», de la Nouvelle-France au Québec des années 1950. Le chronomètre du match permet à Salutin de ponctuer son texte d'un plus grand nombre de moments clés de l'histoire canadienne-française. Outre 17 : 59 (1759), il y a, entre autres dates, 18 : 85 (1885, l'affaire Riel), 19 : 09 (1909, la création des Canadiens), 19 : 16 (1916, la première Conscription) et 19 : 43 (1943, la seconde Conscription). Et il y a trois dates pour Maurice Richard : 1943, 1954 et, évidemment, 1955.

Sur le plateau transformé en patinoire du Forum, encore une fois comme chez Germain, on avait vu défiler jusque-là des administrateurs des Canadiens (J. Ambrose O'Brien, Léo Dandurand) et des joueurs étoiles (Georges Vézina, Howie Morenz). On avait indiqué combien le hockey était devenu au fil du temps le symbole de l'unité nationale, mais d'une unité nationale fragile car factice. Entre anglophones et francophones, il n'y aurait rien eu en commun, sinon leur adulation de l'équipe de Montréal ; derrière elle, la violence n'était jamais loin. Elle retentit quand Maurice Richard apparaît.

1943. Avant d'être nommé au tableau indicateur, avant que le public apprenne qui est ce joueur sans numéro, Richard parle et il ne mâche pas ses mots : « *Fuck this garbage! Play hockey!* » (« D'la marde avec vos conneries ! Jouez au hockey ! ») Le Rocket de Rick Salutin est une boule de rage, toujours prête à exploser. Le dramaturge dresse le portrait d'un joueur obsédé par le fait de marquer (« scorrer », aurait dit son collègue) et de gagner, résistant aux attaques physiques de ses adversaires, qui s'empilent, sans succès, sur son dos. Rien ne l'arrête. Il marque.

1954. Un riche homme d'affaires entre dans le vestiaire des Canadiens. Il veut acheter l'équipe, mais les joueurs ne lui prêtent guère attention. Pour eux, la solidarité sportive n'a rien à voir avec l'argent. (L'homme d'affaires obtiendra gain de cause, pour 4 000 000 $.)

1955. La scène se déroule sous le signe de la colère : on lit « Mange d'la merde [*sic*] » au tableau indicateur. Aux agressions physiques s'ajoutent les insultes ethniques (« *Fucking frog!* » chez Salutin ; « *french pea soup* » chez Germain). Le problème est moins l'utilisation de ces insultes que le fait que Richard refuse de jouer le jeu : devant un arbitre et un joueur anglophones qui essaient de lui expliquer qu'il est impossible de répondre à toutes les insultes, qu'elles sont banales et que les proférer est normal, il persiste à riposter, avec ses poings. Commentaire du joueur anglophone (non pas du dramaturge) : si Richard ne saisit pas cela, c'est qu'il est fou (« *a fruitcake* »). Arrive alors Clarence Campbell, « *Soldier, Scholar, Businessman, President of the N.H.L.* » (« Soldat, érudit, homme d'affaires, président de la Ligue nationale de hockey »). Ce personnage poussera le réalisme jusqu'à répéter les propos tenus par le vrai Campbell le 16 mars 1955 : s'il faut suspendre Richard, c'est qu'il s'en prend une fois de plus à l'autorité. De plus, s'il n'est pas fou, Richard est instable (« *unstable character* »).

Éclate l'Émeute, puis l'Histoire s'accélère. Ce soir-là, Maurice Richard entend les manifestants invectiver Campbell, il voit la bombe lacrymogène exploser, il assiste à la sortie du Forum et au pillage des vitrines, il est témoin de l'arrivée de la police et des arrestations. Surtout, il doit prendre conscience que ce qui vient de se passer est le coup d'envoi de la Révolution tranquille et de ce qui va suivre (« *the opening shot of the Quiet Revolution and all that came after it* », selon une des indications de l'auteur). Sur fond sonore d'émeute, le tableau indicateur est le témoin de cette accélération de l'Histoire. Les dates ne font plus qu'y défiler à toute allure : 19 : 62 (« Des milliers de manifestants devant les bureaux du Canadien national »), 19 : 64 (« Des bombes dans les rues de Westmount »), 19 : 65 (« Répression policière d'une manifestation contre la Reine à Québec » ; ce devrait être 1964),

19 : 67 («La foule applaudit au "Vive le Québec libre"» du général de Gaulle), 19 : 68 («Violences et arrestations lors d'une émeute anti-Trudeau»), 19 : 69 («État d'émeute à Saint-Léonard»), 19 : 70 («Proclamation de la loi des mesures de guerre»). Le tableau d'ensemble est pessimiste, et le premier acte se termine sur cette indication scénique :

> *The ARMY has moved in. The streets are quiet at last. The Forum is dark and closed. The ice is empty. The lights fade.* (L'ARMÉE occupe les lieux. Les rues sont enfin calmes. Le Forum, fermé, est sombre. La patinoire est vide. Les lumières s'éteignent.)

Par un saisissant retournement de l'Histoire, le deuxième acte («*The Day of the Game*», «Le jour du match») sera consacré, non pas à la violence du nationalisme, comme on aurait pu le penser en lisant les lignes ci-dessus, mais à son triomphe pacifique. Ce «jour»-là, c'est le 15 novembre 1976. Devant des joueurs anglophones et francophones qui n'y comprennent rien, le public assemblé au Forum, au lieu d'encourager ceux qui étaient auparavant ses seuls porte-drapeaux, est transporté de joie par l'élection d'un gouvernement prônant l'indépendance nationale. La pièce dit clairement qu'un âge est terminé et qu'un autre s'ouvre. Maurice Richard n'a plus guère de place dans ce monde, malgré ce qu'il a pu personnifier jusque-là : ceux qui endossent maintenant l'uniforme de Montréal ne savent pas pour qui il aurait voté le 15 novembre et son portrait a disparu du Forum («*Where'd you go ?*», «Où es-tu passé ?»). C'est que les Canadiens de Salutin ne sont plus ce qu'ils étaient : ce ne sont plus des figures mythiques, mais des hommes comme les autres. Pourquoi ? Le premier acte suivait la constitution du mythe ; le second mettait au jour sa destruction et l'entrée des Québécois dans la réalité. La symétrie était impeccable : la pièce commençait par la Conquête anglaise et se terminait par une sorte de Conquête québécoise («*a sort of conquest of Quebec in reverse*»). Au lieu d'une réussite de substitution (le hockey), les Québécois auraient opté pour une réussite concrète (la politique). Les mythes ne leur servent plus à rien.

À partir de catégories semblables — le mythe, l'histoire —, qui étaient déjà celles de Cloutier et de Gélinas, on voit ce qui sépare Germain et Salutin. Les deux dramaturges partagent cependant une même conception : il n'est de mythe de Maurice Richard que national.

Un personnage revient fréquemment dans la pièce de Salutin, celui d'une mère qui ne comprend pas pourquoi son fils est si attaché au hockey et, concurremment, pourquoi il ne prend pas sa situation politique en main. C'est à elle, finalement convertie à la «mystique» des Canadiens, que revient d'expliquer aux spectateurs qui est Maurice Richard :

> Dieux du Forum,
> Forum Gods !
> Oh you, gloire à toi, Maurice.
> Oh Rocket, aux pieds longs,
> Tu es le centre de la passion
> Qui régénère notre nation,
> And you showed us the way and a light and a life.
> Oh you,
> Nous vous aimons et admirons !
> And yet Maurice, you are the one,
> Rocket, tu es le plus grand,
> Parce que tu es le centre et le centre est Québécois,
> Because you're the centre, and the centre is Québécois,
> Parce que tu es le centre, et le centre est Québécois !

Devant une telle déclaration, plusieurs interprétations sont possibles. On est immédiatement frappé de ce curieux bilinguisme — plus justement : de ce curieux mélange des langues. Des répliques sont traduites ; il y en a dans une langue ou dans l'autre. On notera, comme chez Jean-Claude Germain («chus presqu'un dieu!... [...] une sorte de saint Christophe»), la forte dimension religieuse du texte: «Dieux», «Gods», «gloire à toi», «passion», «régénère», «And you showed us the way and a light and a life» (il s'agit d'une allusion à l'Évangile selon saint Jean 14,6). Avec ses répétitions, ce texte n'a-t-il pas aussi quelque chose d'une prière? On sera également sensible à l'ambivalence de celle qui parle: une idole, ça se tutoie, comme dans une prière («Oh you, gloire à toi, Maurice»), ou non («Nous vous aimons et admirons!»)? On pourra même se demander si les «pieds longs» de Maurice Richard ne sont pas une vague réminiscence des «pieds agiles» d'Homère (*Iliade*) ou de Virgile (*Énéide*).

On remarquera que le héros qui vient d'arriver sur la glace quand on lui dédie ce chant d'amour et d'admiration est un héros national. La «nation» est à «régénérer». Le «centre» est trois fois «Québécois». Maurice Richard n'a de sens que par rapport au Québec. Son créateur ne se cachait d'ailleurs pas d'être sympathique à la cause des nationalistes québécois.

Plus de cinquante ans après les faits, Jean-François Chassay publie *Les taches solaires* (2006). Maurice Richard y fait un tour de piste dans les dernières pages. Il parvient, encore qu'involontairement, à libérer un personnage de sa «dépression».

Au lendemain de l'émeute de mars 1955, [...] émeute consécutive à la suspension de l'ailier droit du Canadien de Montréal pour les trois derniers matchs de la saison et pour les séries éliminatoires par l'horrible président de la ligue, Clarence Campbell, mon grand-père, Jean Beaudry, fut obligé d'aller chercher au poste de police mon père, Jean Beaudry, grand amateur de sport en général et de hockey en particulier. À 18 ans, le sigle du Canadien tatoué sur le cœur, il ne pouvait laisser passer pareil affront et participa à l'émeute. Mon grand-père poussa un soupir en allant au poste et un déclic se fit dans son cerveau. La langueur durait

depuis longtemps, valait mieux passer à autre chose et surtout
oublier l'histoire passée de son horrible famille. Merci, Maurice.
La vie de mon grand-père cessa d'être un jardin de larmes.

La représentation du Rocket est liée à la mémoire collective, la
familiale comme la nationale, ainsi qu'à la mémoire individuelle
et par là à l'identité. Il est le « symbole du petit peuple canadien-
français et de cette culture française qui survit jusqu'en
Amérique, malgré les embûches », et celui qui a permis à Jean
Beaudry de rompre avec une histoire familiale malheureuse.
Pour se déprendre du passé, rien de mieux qu'un grand événement, l'Émeute, fondé sur une grave injustice à réparer :
« Merci, Maurice. »

⊙ ⊙ ⊙

Que peut-on conclure de la mise en parallèle de ces romans et
de ces pièces ?

Raconter Maurice Richard entraîne nécessairement une
réflexion sur le temps et, par là, sur la mémoire. Soit on s'interroge sur les rapports du temps historique et du temps
mythique. Soit on postule un avant-Maurice Richard et un
après-Maurice Richard. Dans tous les cas, l'Émeute est un
pivot et il faut en parler. Même les œuvres pour la jeunesse,
généralement si édifiantes et si peu violentes, lui font une
place : il y a des allusions à l'Émeute dans la bande dessinée *On
a volé la coupe Stanley* d'Arsène et Girerd (1975) et dans le
roman *Rocket Junior* de Pierre Roy (2000).

Alors que le roman de Jean-François Chassay fait de
l'Émeute surtout le lieu d'une transformation personnelle, les
romans d'Eugène Cloutier et de Pierre Gélinas et les pièces
de Jean-Claude Germain et de Rick Salutin abordent le problème de la mémoire dans une perspective plus collective
qu'individuelle. Ils essaient de répondre à une seule question :

quelle est la fonction du temps historique et du temps mythique dans la description que le Québec se donne de lui-même dans les années 1950, puis dans les années 1970 ?

Eugène Cloutier articule ces deux temporalités, mais cette articulation est pensée par un personnage, Jean, qui, au début du roman, s'évade d'un hôpital psychiatrique et qui, à la dernière page, fuit sa ville, car il ne s'y reconnaît plus ; on aurait pu espérer une articulation placée sous de meilleurs auspices. Pierre Gélinas, lui, ne croit que dans le temps historique, celui de l'action sociale, de l'engagement politique, de la mission syndicale. D'un côté, le personnage de Maurice Richard rejoindrait le temps le plus profond, celui des mythes ; c'est ce que dit Eugène Cloutier, bien qu'il accorde une place au temps historique, celui d'une société en cours de mutation. De l'autre, ce personnage s'inscrirait dans l'immédiate actualité, celle de l'accession de la société québécoise à une forme de modernité ; c'est ce que veut démontrer Pierre Gélinas par son réalisme socialiste, qui n'a rien à faire du temps des mythes.

Vingt ans plus tard, la position de Germain et de Salutin n'est plus exactement la même. L'auteur d'*Un pays dont la devise est je m'oublie* distingue les deux catégories temporelles que l'on trouvait chez Cloutier et Gélinas, mais il ne croit pas que l'une remplace l'autre : son Louis Cyr historique est aussi nécessaire que son Maurice Richard mythique. Mieux, il faudrait que ce Maurice Richard-là s'incarne historiquement : c'est à cela que sert le monologue dans lequel le personnage de Richard, à la suite de l'Émeute, commence à réfléchir à ce qu'est son statut dans la société québécoise. Ce n'est pas la solution de Salutin, pour qui il faut se défaire de ses mythes afin d'entrer dans l'histoire ; il faut passer «*from myth to reality*». Pour lui aussi, l'Émeute est un point tournant :

The Campbell-Richard riot represents the height of the identifica-
tion of the cause of Quebec with le club de hockey Canadien. Yet it
also represents a sort of going beyond the symbol.

(L'émeute Campbell-Richard représente le sommet de l'identification de la cause du Québec avec le Club de hockey Canadien.
Elle représente pourtant aussi une sorte de dépassement de ce
symbole.)

D'une certaine façon, et avec des moyens qui ne sont pas les
mêmes, Germain rejoint Cloutier par l'interpénétration du
temps historique et du temps mythique; en revanche, Salutin
est plus proche de Gélinas, en ce que l'un et l'autre obligent
leur personnage à choisir un terme de l'alternative, l'histoire
ou le mythe.

Cette mise en scène de l'image fictive de Maurice Richard, et
avec elle de l'Émeute, la verra-t-on au cinéma et à la télévision?

Faire voir

Chanter, dire et raconter Maurice Richard, c'est bien. Faire
voir Maurice Richard, c'est mieux — du moins à la fin du
xxᵉ siècle et au début du xxiᵉ.

Richard a été une figure populaire de la télévision. On a pu
le voir participer à des émissions sportives, mais aussi à des
émissions de variétés et à des messages publicitaires. Pourtant,
qu'il s'agisse de son passage dans une série comique comme
Moi et l'autre à la Société Radio-Canada dans les années 1970
ou de ses apologies de produits commerciaux, Maurice Richard
n'a jamais paru à l'aise au petit écran. On pourrait dire la
même chose de ses performances télévisuelles aux moments
charnières de sa carrière, par exemple à l'annonce de sa
retraite. On objectera qu'il n'était guère plus à l'aise à la radio
qu'à la télévision. Certes, mais c'est oublier une chose capitale : parce qu'elle est image, la télévision est le plus cruel des
médias pour qui ne la maîtrise pas.

Les concepteurs d'émissions de télévision et les cinéastes, en revanche, ont vu le profit qu'ils pouvaient tirer de l'existence du Rocket. De Gilles Gascon à Charles Binamé et de Jean-Claude Lord et Pauline Payette à Brian McKenna, en passant par Leslie McFarlane, Hubert Aquin, Gilles Groulx, Pierre Letarte, Pierre L'Amare, Sheldon Cohen, Tom Radford, Jacques Payette, François Bouvier, John Hudecki, Jean Roy, Mathieu Roy, les tandems de Karl Parent et Claude Sauvé et de Luc Cyr et Carl Leblanc, ils sont nombreux à avoir voulu exploiter à l'écran les richesses du mythe. Beaucoup mettent en scène l'Émeute.

Quelques-uns lui font allusion (plus ou moins) brièvement.

Quand Roland Barthes compose le commentaire du film *Le sport et les hommes* d'Hubert Aquin (1961), il s'intéresse à cinq activités : corrida, football, course automobile, hockey, cyclisme. Le hockey est l'exemple par excellence du « sport national ». « Qu'est-ce qu'un sport national ? C'est un sport qui surgit de la matière même d'une nation, c'est-à-dire de son sol et de son climat. » Celui-là est « un sport allègre, vigoureux, passionné », un triomphe sur la nature, l'incarnation de la vitesse (mais réglée), « un jeu offensif ». Comment illustrer ces caractéristiques ? Par des images de Jean Béliveau, de Gordie Howe, de Maurice Richard, et de joueurs enfants et adolescents, images tirées du documentaire *Here's Hockey! / Hockey* de Leslie McFarlane (1953).

Le hockey est aussi le lieu d'un potentiel « scandale » :

> Ce scandale a lieu lorsque les hommes rompent la mince barrière qui sépare les deux combats : celui du sport et celui de la vie. Ayant perdu tout intermédiaire, privé d'enjeu et de règle, le combat des joueurs cesse d'être soumis à la distance sans laquelle il n'y a pas de société humaine : il redevient un conflit.

Le sport retourne alors au monde immédiat des passions et des agressions, et il y entraîne la foule qui venait précisément lui demander de l'en purifier.

Le sport, c'est tout le trajet qui sépare un combat d'une émeute.

Comment illustrer ces instants où le «combat» devient «émeute», où le sport ne joue plus son rôle? Par l'image d'un cycliste frappant de son vélo un spectateur, dont on déduit qu'il l'a fait tomber. Par des images de l'Émeute. Dans un cas comme dans l'autre, ça ne dure que quelques secondes, mais la clarté de la démonstration n'a besoin que de celles-là.

L'essentiel d'*Un jeu si simple* (1964), de Gilles Groulx, est consacré au hockey des années 1960. On y entend des joueurs : Henri Richard, Gilles Tremblay, Phil Goyette, Jean-Guy Talbot et Bernard Geoffrion. Malgré des différences de surface (ici, la musique classique; là, le jazz), la perspective de Groulx et de son scénariste Marcel Dubé est semblable à celle d'Hubert Aquin et de Roland Barthes. «Le hockey est notre sport national», dit le narrateur d'entrée de jeu. Sa vitesse le rend ardu à décrire: «Nous connaissons tout de ce jeu et pourtant il échappe à la description.» L'interaction entre la foule et les sportifs occupe l'avant-plan dans les deux films, visuellement comme textuellement. Chaque œuvre laisse parler les images et aucune n'a peur des longs silences. De part et d'autre, un leitmotiv scande le film, dont on pourrait presque faire un dialogue. À l'interrogation d'Aquin et Barthes («Qu'est-ce que le sport?»), Groulx répond en répétant «Le hockey est un jeu si simple.»

Bien qu'il couvre les années qui ont suivi le départ de Maurice Richard, le film aborde l'Émeute, et encore une fois dans une perspective proche de celle de ses prédécesseurs.

L'important surtout, c'est que la passion, elle aussi, soit sportive. Mais il arrive qu'elle dépasse cette ligne étroite qui sépare le jeu de la réalité, et c'est l'émeute. Celle de 1955 à Montréal.

Groulx utilise des images qui ressemblent à celles d'Aquin et Barthes, mais il insiste un peu plus qu'eux sur la dimension nationaliste de l'Émeute. Pour cela, il montre une pancarte brandie le 17 mars 1955, mais que l'on ne voit pas dans les autres films sur les événements de ce soir-là : « Destruction du sport national.» En outre, il présente Richard comme un «voltigeur, insurpassé en tête des compteurs», qu'il ramène à une seule formule, supposée tout expliquer : «Un Canadien français.» Les images de l'Émeute ont déplu à la direction de l'Office national du film, qui les a fait retirer d'une des deux versions de ce court métrage.

Les deux documentaires qu'on vient d'examiner proposent une coïncidence entre ce qui est dit et ce qui est vu. Leur narrateur livre un point de vue sur le sport et ce point de vue est confirmé par les images. Ce n'est pas l'approche de Gilles Gascon.

Peut-être Maurice Richard (1971) est produit par l'Office national du film du Canada. Qu'est-ce à dire ? D'abord, qu'il faut le situer dans une longue tradition de films sur le sport à l'Office national. On a déjà évoqué *Here's Hockey !*, *Le sport et les hommes* et *Un jeu si simple*. À cette liste, on pourrait ajouter, entre autres films ou émissions de télévision, *Passe-partout : « Le sport est-il trop commercialisé ? »* de Gérard Pelletier (1955), *La lutte* d'un collectif composé de Claude Jutra, Michel Brault, Claude Fournier et Marcel Carrière (1961), *Golden Gloves* de Gilles Groulx (1961), *Volleyball* de Denys Arcand (1966). Selon l'historien du cinéma Yves Lever, ce type de productions pourrait servir d'emblème à la pratique canadienne du documentaire : *Les raquetteurs* (1958) de Gilles Groulx et Michel Brault, par exemple, «devient en quelque sorte le manifeste du nouveau cinéma documentaire avec lequel toute l'équipe française [de l'Office national] va chercher à s'illustrer». De fait, il existe à l'Office national du film non seulement une tradition consistant à traiter de sport, mais une approche spécifique de celui-ci, dont la critique idéologique est le principal trait.

Comment cette critique s'exprime-t-elle dans le film de Gascon ? Dans le choix de la taverne pour décor d'une visite de «Maurice», ce mythe que l'on tutoie et avec lequel on peut «tirer du poignet» comme s'il était un homme comme les autres : ne s'agissait-il pas de traquer la parole populaire là où elle se laissait entendre ? Dans le montage, qui met côte à côte des témoignages contradictoires sur les événements de la vie et de la carrière de Richard. Savait-il qu'il était une idole ? Certains disent que oui, d'autres que non. Son jeu était-il instinctif ou pas ? Pour Frank Selke, il l'était ; pas pour le principal intéressé. Signait-il des contrats en blanc quand il était joueur ? Bien sûr, affirme fermement Selke ; évidemment pas, affirme non moins fermement Richard, immédiatement à sa suite.

Le récit de l'Émeute utilise en partie ce procédé. Pourquoi Richard a-t-il frappé l'arbitre à Boston le 13 mars 1955 ? Parce que le chandail des arbitres et celui des joueurs des Bruins étaient presque de la même couleur, soutient le journaliste Charles Mayer, ce qui a pu entraîner de la confusion pour le joueur des Canadiens. C'est faux, réplique Clarence Campbell. Ce qui importe ici est moins de savoir qui a raison et qui a tort que de constater que la déclaration de Mayer s'inscrit dans une entreprise collective, dans le film, de défense de Richard. Oui, il avait frappé un arbitre. Oui, il lui arrivait souvent de se battre. Mais, disent Mayer, Red Storey, Jean Duceppe et Alfred Miron, Richard ne faisait que réagir par là aux attaques dont il était la victime à répétition. Violent, Richard pouvait l'être, mais il n'était jamais l'instigateur de cette violence.

Dans le film de Gascon, les séquences sur l'Émeute, pour la plupart tirées de films d'actualités de 1955, ne se limitent pas à cette contradiction et à cette apologie de Richard.

Le cinéaste insiste sur la dimension financière de l'Émeute, ce qui est banal aujourd'hui, mais était relativement nouveau au début des années 1970 : la démystification financière du sport professionnel dans laquelle nous vivons date de cette époque. En suspendant Richard, Campbell le privait de la chance de remporter le championnat des compteurs et d'obtenir la prime accompagnant ce championnat. Il privait aussi son équipe d'une chance de gagner la coupe Stanley ; dans ce cas, Richard perdait potentiellement une deuxième prime, mais ses coéquipiers également.

Comme on pouvait s'y attendre, les gens interviewés dans le film se demandent si Campbell avait raison de suspendre Richard. (Comme on pouvait s'y attendre, la réponse, chez le journaliste Jacques Beauchamp et chez Frank Selke, est non). Campbell tient, lui, un double discours. Dans un premier temps, en lisant des notes, il énumère les faits et déplore que Richard s'en soit pris à l'autorité en la personne des arbitres. Dans un second temps, il s'interroge sur ce qu'a été l'Émeute pour le numéro 9. À ses dires, c'est là que Richard aurait pris conscience de ce qu'il symbolisait pour les Canadiens français et cela aurait été une « découverte dramatique ».

Enfin, la lecture nationaliste des événements de mars 1955 est incarnée par le comédien Jean Duceppe : la suspension de Richard était, dit-il, une « insulte à toute la nation canadienne-française ». Dans un film où l'on aime tant à contraster les points de vue, le spectateur est toutefois appelé à la prudence : et si Jean Duceppe avait tort ? Et si l'Émeute n'était pas simplement une manifestation du nationalisme canadien-français ? Et si l'on pouvait le contredire ?

Ce nationalisme sera essentiel en 1998 dans *Maurice Rocket Richard*, en 1999 dans *Maurice Richard. Histoire d'un Canadien*, en 2000 dans *Hockey Lessons* et en 2005 dans *Maurice Richard*. Il sera modulé différemment dans les quatre cas.

Sentant proche la mort de Maurice Richard, la Société Radio-Canada décide de lui rendre hommage en 1998. Comme le dit Bernard Derome en ouverture de la première des deux émissions d'une heure de *Maurice Rocket Richard*, les «immortels», malgré ce qu'on peut penser, ne le sont pas. Pour honorer cet homme d'une «race à part», *dixit* Derome, Karl Parent et Claude Sauvé ont fouillé dans les archives de la télévision d'État et ils en ont tiré un film en deux parties: *Racontez-nous Maurice...*; *Le hockey depuis Maurice Richard*. Chacune est subdivisée en trois «chapitres»: «La légende», «Les événements 1955», «L'homme»; «Le hockeyeur», «Le hockey moderne», «L'héritage». Que dit le deuxième chapitre des «événements 1955»?

Pour les ex-joueurs Émile Bouchard et Elmer Lach, la suspension de Richard était le fruit d'une conspiration entre propriétaires d'équipes, qui souhaitaient par là affaiblir le club de Montréal. (Cette interprétation est fréquente dans les discours récents sur l'Émeute.) Pour le sociologue Gilles Bourque, l'Émeute doit être rapportée à des événements contemporains: le manifeste *Refus global* (1948), la grève de l'amiante (1949) et la grève des réalisateurs de Radio-Canada (1959). Il ne s'agit cependant pas de tout confondre: dans le premier cas, on a un simple «révélateur d'une situation de tension très grande»; dans les trois autres, il y a une vraie volonté de changement et un «projet», ce sont des événements «porteurs de transformation sociale». Sur le sens politique de l'Émeute, les opinions sont contrastées. Certains n'y voient que nationalisme: le narrateur, la comédienne Dominique Michel, les journalistes Réjean Tremblay et Jean-Paul Chartrand, ce dernier parlant de «rébellion totale des francophones envers les anglophones». Seul dans son coin, et il le restera, le comédien Émile Genest prend vigoureusement le contrepied de cette vision des choses: s'appuyant sur le fait qu'il a vécu de près les événements de mars 1955, il refuse d'opposer les groupes linguistiques. C'est un docudrame que réalisent en 1999 Jean-Claude Lord (pour la fiction, un tiers du film) et Pauline Payette (pour le documentaire, deux tiers). Leur *Maurice Richard. Histoire d'un Canadien* a les apparences d'une biographie autorisée. Parmi ses producteurs, il y a l'agent de Maurice Richard, Jean Roy. Parmi ses commanditaires, il y a le gouvernement du Canada et une série de sociétés d'État canadiennes et québécoises: Postes Canada, Via Rail Canada, Hydro-Québec. La famille de Maurice Richard est étroitement mêlée à son lancement, au Centre Molson et sur les ondes du Réseau de l'information, une autre société d'État, le 25 octobre 1999. Elle est diffusée par la télévision d'État le 14 et le 21 novembre 1999. Le *Maurice Richard* de cette télésérie est doublement un *Canadien*: il joue pour les Canadiens; il habite le Canada. On ne doit pas s'attendre à de profondes remises en cause: voici la version la plus officielle qui soit de la vie de Maurice Richard.

De fait, tous les éléments attendus y sont, de la naissance à la retraite, en passant par l'Émeute. La télésérie est découpée en deux parties, les deux sous le signe de la détermination: *1921* s'ouvre sur la phrase «Il sait ce qu'il veut, il est prêt à payer le prix et rien ne pourra l'arrêter. Il s'appelle Maurice Richard»; *1951*, sur «Il ne recule devant rien ni personne. Pour l'arrêter, il faudra que la ligue s'en mêle.» La lecture qu'on propose de l'Émeute dans cette deuxième émission met en étroite relation deux aspects de l'histoire canadienne-française. Le premier, présent tout au long du film, est la question linguistique; le second, la dimension nationaliste de ce qui s'est passé en mars 1955. L'une a pour effet de contre-balancer l'autre. Inversement, ces deux dimensions se renforceront l'une l'autre chez Charles Binamé en 2005.

À plusieurs reprises dans la partie fictive du docudrame de Lord et Payette, les réalisateurs ont rappelé qu'il existait dans les années 1940 et 1950 une barrière linguistique dans le vestiaire montréalais. Les anglophones parlaient anglais ; les francophones devaient être bilingues. Cette partition, dans *Maurice Richard. Histoire d'un Canadien*, est toujours activée par le même personnage, anonyme dans le film, le numéro 19. (De 1951-1952 à 1957-1958, Dollard Saint-Laurent portait ce numéro chez les Canadiens.) C'est lui qui félicite Maurice Richard en anglais, avant de se raviser ; c'est la moindre des choses entre francophones. C'est lui qui enseigne à ses coéquipiers anglophones, dans l'appartement de Maurice Richard, à chanter « Il a gagné ses épaulettes ». C'est lui qui leur traduit les articles politico-sportifs du *Petit Journal* et de *Samedi-Dimanche*, dont celui qui sera une des sources des démêlés de Richard avec Clarence Campbell. C'est aussi lui qui accepte de passer d'une station de radio française à une station anglaise, le 16 mars 1955, afin que tous apprennent ensemble la sentence de Richard. S'il met constamment en lumière le fait qu'il y a deux langues dans le vestiaire, et deux langues d'inégal statut, le numéro 19 ne le fait jamais sur le mode de la confrontation. Cet entremetteur est un apôtre de la bonne entente canadienne et il réussit : l'esprit de corps ne se dément jamais chez les coéquipiers de Richard. Un seul exemple : francophones et anglophones confondus, ils s'interposeront entre Richard et les policiers venus l'arrêter après le match du 13 mars à Boston.

Des entremetteurs, il en faut en 1955. La tension est en effet à son comble chez les Richard, du moins dans la partie fictive du film (je laisserai de côté la partie documentaire ; elle ressemble à ce qu'on verra dans les autres films sur l'Émeute). Cette année-là, ce n'est pas la première fois que le monde extérieur menace la quiétude familiale. En 1952, des habitants de la ville de Québec avaient menacé Richard et sa famille à la suite de la publication d'un de ses articles dans *Samedi-Dimanche*, soit par téléphone soit par la poste. Lucille Richard, que joue Macha Grenon, était sur les dents. Ce sera pire trois ans plus tard. Elle et son mari, interprété par Roy Dupuis, n'apprennent pas la nouvelle de la suspension ensemble. Lui est à l'hôpital pour y subir des tests. Elle est à la maison, avec ses enfants et ses beaux-parents. Lorsque tombe la nouvelle, Richard réagit en se taisant et en cultivant son air tourmenté ; sa femme pleure ; son père et sa mère sont accablés. Rentré chez lui, Richard est un lion en cage, qui arrache du mur le téléphone de la cuisine pour interrompre le flot d'appels qu'il reçoit. Avant l'Émeute, les artisans de la télésérie ont choisi la carte du pathétique.

Après l'Émeute, ils feront dans le didactique. Comment expliquer ce qui vient de se passer à ses enfants quand on est Maurice Richard ? En laissant à sa femme le soin de leur lire, à la table du petit déjeuner, un article du quotidien *Le Devoir*, celui qu'André Laurendeau publie le 21 mars 1955, « On a tué mon frère Richard ». N'est-ce pas elle qui avoue, au début de la deuxième émission : « Qu'est-ce qui'm rend le plus fière, là, c'est qu't'as prouvé à tout le monde qu'un Canadien français pouvait être le meilleur » ? Elle est une voix autorisée en matière politique. Son étonnement passé — on lisait *Le Devoir* chez les Richard ? —, le spectateur est invité, telle la famille Richard menée par la mère, à penser l'Émeute comme une manifestation nationaliste.

Mais il doit aussi se rappeler que ce nationalisme-là n'est pas la seule manière de concevoir les échanges entre ce que l'on a longtemps appelé « les peuples fondateurs ». Des manifestants ont voulu répondre, au nom de la nation canadienne-française, à une provocation supposée anglaise ; c'est vrai. Les proches de Richard sont du même avis ; c'est encore vrai. Il existe pourtant des façons de vivre en harmonie, à l'instar de ce qui se passe dans le vestiaire des Canadiens ; ce ne l'est pas moins.

Hockey Lessons (2000) de John Hudecki s'inscrit dans la série « Living Histories » et relève de ce que l'on appelle l'histoire orale. Des témoins viennent dire ce que le hockey a été pour eux : Jeanot Donfut, né en 1929 à Montréal ; Gilles Légaré, né en 1934 à Montréal ; Gérald Renaud, né en 1927 à Hull ; Jean-Paul Sarault, né en 1930 à Montréal. Maurice Richard n'est pas le sujet du film, mais son nom y est partout. Sur vingt-cinq minutes, presque la moitié sont réservées à l'Émeute. Les quatre hommes se relaient pour la narrer et les morceaux de leur récit, qui que soit celui qui parle, s'enchaînent. Ce récit collectif est un récit nationaliste : « It was English against French », résume Jeanot Donfut, qui explique cette opposition par le fait que Clarence Campbell était perçu par les francophones comme le truchement de l'« establishment » anglophone.

La place de l'Émeute dans le *Maurice Richard* de 2005 est paradoxale. Dans la mesure où le film s'arrête en 1955, plusieurs s'attendaient à y voir retracer longuement les événements du mois de mars. Or il n'en est rien, et on l'a reproché au réalisateur. Charles Binamé ouvre son film en faisant entendre un reportage radiophonique relatant l'Émeute. Il le clôt par la bagarre du 13 mars, l'entrée des policiers bostoniens dans le vestiaire après le match, l'audience du 16 mars à Montréal, l'annonce de la sentence de Campbell (chez lui aussi, c'est à l'hôpital que Richard apprend sa suspension, par la radio). Suivent des images de l'Émeute. Sa représentation est donc soulignée et marginalisée.

Soulignée, car c'est elle qui encadre le récit : elle est là au début et à la fin. Marginalisée, car elle occupe finalement peu de place à l'écran (quelques minutes dans un long métrage de deux heures). Mais pourquoi avoir accordé si peu de relief cinématographique à ce qui justement, à première vue, paraît si pleinement cinématographique ? On pourrait dire les choses ainsi : l'Émeute est presque inutile dans la démonstration du réalisateur Charles Binamé et de son scénariste Ken Scott, car tout le monde connaît son existence, et les événements qui l'ont précédée ne sont qu'une expression de plus de l'injustice constante dont Maurice Richard aurait été la victime. Insister sur ces événements-là n'aurait été qu'une répétition. Le film dit en quelque sorte ceci : l'Émeute était prévisible ; elle était justifiée ; il n'est pas nécessaire de la faire voir ; l'évoquer suffit. Maurice Richard a été mal traité par ses patrons de l'usine, par les dirigeants des Canadiens, par les autres propriétaires d'équipes, par les joueurs adverses. Sa langue était bafouée dans la rue, dans le vestiaire, dans les bureaux montréalais de la Ligue nationale (Clarence Campbell, en une de ses rares apparitions, montre qu'il ne parle pas français). Il ne pouvait pas ne pas y avoir d'émeute. Il y en eut une. On peut se contenter de dire qu'elle a eu lieu. Tout le monde ne sait-il pas qu'elle a été la manifestation par excellence de cette lutte entre francophones et anglophones que le film ne cesse de mettre de l'avant ? Le nationalisme s'est exprimé le 17 mars 1955 ; il s'exprime autant, sinon plus, en 2005.

⊙ ⊙ ⊙

Voilà sept films qui parlent de l'Émeute, mais pour lesquels elle n'est pas tout. En revanche, deux documentaires lui accordent la place centrale, à quelques mois d'intervalle, l'un par des francophones, l'autre par un anglophone. Les différences d'interprétation entre les deux films ne sont pas où on les attendrait.

Le film de Luc Cyr et Carl Leblanc (1999) emprunte son titre à l'article de 1955 d'André Laurendeau : si le journaliste écrivait «On a tué mon frère Richard», les cinéastes optent pour *Mon frère Richard*. Le film comporte cinq parties : un préambule sans titre, trois périodes, une «Prolongation». Le point de vue défendu par la narration et par les personnes interviewées est clairement nationaliste et proRichard. On suit au plus près les événements des 16, 17 et 18 mars 1955 à partir de nombreuses images et de témoignages parfois nouveaux. C'est là le principal intérêt du film.

Qui entend-on sur l'Émeute ? Des figures connues : Frank Selke junior, un relationniste des Canadiens ; Phyllis Campbell, la secrétaire et future femme du président de la Ligue nationale ; Red Storey, l'arbitre du match du 17 mars au Forum ; Dick Irvin junior, le fils de l'entraîneur des Canadiens ; le journaliste Claude Larochelle ; Maurice Richard, mais dans des séquences d'entrevues datant de 1978 et de 1982. Plusieurs figures, en revanche, sont inconnues : une placière, des vendeurs de friandises, des policiers — et surtout des personnes qui ont participé à l'Émeute. (On notera qu'on n'entend aucun joueur ni aucun spécialiste des années 1950 au Québec, historien ou sociologue, par exemple.)

Ces participants sont classés en trois catégories. Le témoignage des «partisans» renseigne sur le déroulement de l'Émeute, à l'intérieur et à l'extérieur du Forum. L'un raconte qu'il s'est dirigé vers le Forum après avoir entendu parler d'un «rassemblement» à la radio. Un autre distingue le vandalisme contre le Forum, jugé justifiable, de celui contre les commerces environnants, qui ne l'était pas. Que dit le porte-parole des «manifestants» ? Le narrateur introduit son récit par ces mots : «Montréal se prépare à une nuit agitée. À quelques heures du match contre Detroit, les orphelins du Rocket se préparent à marquer le coup. Parmi eux, les frères Robinson.» Le récit est confié à Guy Robinson. Lui et ses deux frères, André et Robert, sont allés au Forum le 17 mars 1955 armés de « tomates bien mûres » avec lesquelles ils ont essayé d'atteindre Clarence Campbell de loin, sans succès. André serait celui qui s'est approché de Campbell, histoire de lui écraser une tomate, la dernière, sur la tête. (Sous la plume de Sidney Katz, en 1955, le geste de Robinson est beaucoup moins héroïque que dans le documentaire.) Les actes des trois frères seraient moins répréhensibles que ceux des membres de la troisième catégorie de participants, les « émeutiers ». Les tomates ne suffisaient pas à ceux-là. Réal Arseneault a fracassé une vitrine de bijoutier avec une boule de plomb, dont il ignore la provenance, puis avec un morceau de glace, avant d'être arrêté. Jacques Bibeau s'en est pris à un tramway ; il est lui aussi arrêté. Et il y a Marcel Desmarais.

Avec Robinson, c'est lui qui livre les plus longues interventions parmi les participants à l'émeute. Il est présenté par le narrateur comme faisant partie d'une « petite bande à Bonnot », la « bande à Latreille ». Se réunissant au garage d'Édouard Latreille, angle Rachel et Saint-André, cette bande est constituée de Latreille, d'André Parent (le comptable du garage), d'un dénommé Lacoste (le gérant du garage) et de deux jeunes hommes, André Gendron et Desmarais. Latreille, selon ce dernier, est le « chef de file » des émeutiers. C'est lui qui se procure la bombe lacrymogène et qui, après un tirage à pile ou face entre Desmarais et Gendron, désigne Gendron pour la lancer. Arrivé au Forum, Gendron se défile et c'est Desmarais qui se chargera de sa mission.

Les témoignages entendus dans le film, ceux des inconnus et ceux des figures connues, ramènent à des événements survenus une quarantaine d'années auparavant. De plus, ceux des participants à l'Émeute ne sont corroborés par personne. On doit les interpréter avec prudence, mais on peut en tirer au moins deux conclusions. La première est que les « manifestants » et les « émeutiers » expliquent leur geste par la volonté de répondre à un affront réputé national : un méchant Anglais s'en serait pris au héros des Canadiens français et cela appelait vengeance. La seconde est qu'aucun des participants n'énonce le moindre regret : leur conduite était justifiée. Les mythes sont rares ; il faut les protéger, hier comme aujourd'hui. L'autre documentaire sur l'Émeute est celui de Brian McKenna, *Fire and Ice. The Rocket Richard Riot / L'émeute Maurice Richard* (2000). La structure du film est un peu moins strictement chronologique que celle du film de Cyr et Leblanc, mais la plupart des événements rapportés sont les mêmes. Par la force des choses, les images des deux films sont souvent identiques, qu'il s'agisse de l'Émeute ou des hauts faits d'armes de Richard sur la glace. McKenna, contrairement à Cyr et Leblanc, se livre cependant à deux reconstitutions : la bagarre avec Laycoe à Boston le 13 mars 1955 ; la comparution de Richard dans les bureaux de Clarence Campbell dans l'édifice de la Sun Life à Montréal trois jours plus tard. Certains invités des deux films reviennent, et avec les mêmes histoires : Red Storey, Dick Irvin junior, Guy Robinson, Phyllis Campbell, un policier (Yvon Beaulieu). Au lieu du journaliste Claude Larochelle, on a interviewé Gilles Proulx, Jean-Paul Sarault et Red Fisher. Cyr et Leblanc n'avaient convoqué ni joueurs ni spécialistes ; McKenna mobilise Ken Reardon, l'ex-coéquipier de Richard, et Desmond Morton, historien et ex-officier dans l'armée. S'ajoute un musicien de jazz, Billy Georgette. L'attaque à coups de tomates des Robinson est racontée semblablement dans les deux documentaires, à un détail près : André Robinson aurait eu besoin d'aide avant de passer à l'action et il l'aurait trouvée dans une bouteille de gin. Le récit de l'explosion de la bombe lacrymogène, lui, est très divergent : pas de comploteurs chez McKenna, mais un jeune fan qui bricole, seul dans sa cuisine, une bombe artisanale. Ni l'un ni les autres n'ont pu s'assurer le concours de Richard : Cyr et Leblanc utilisent de vieilles entrevues, pendant que McKenna colle aux siennes des images du film de 1971 de Gilles Gascon et qu'il confie à une voix off une déclaration de Richard. Ils auraient pu utiliser la déclaration radiotélévisée de Richard le 18 mars : Cyr et Leblanc n'en font entendre que des bribes, en français, durant leur générique final ; ce sont aussi des bribes qu'a retenues McKenna, mais en anglais. C'est ailleurs qu'il faut chercher les plus grandes différences entre ces deux interprétations de l'Émeute.

Le film de McKenna a le mérite de dire explicitement ce que révèlent nombre d'images que l'on a conservées de la soirée du 17 mars et des reportages publiés le lendemain. Avant d'être un accès de violence, accès dont il n'y a pas lieu de diminuer l'importance, l'Émeute a été une fête. Dans *Les Canadiens*, Rick Salutin parlait de «*street festival*» (un «festival de rue»). Cyr et Leblanc repassaient trois fois la séquence d'un homme qui dansait dans la rue, devant des flammes ; McKenna la montre deux fois ; on la voyait déjà dans les films de Gilles Groulx et de Gilles Gascon. Tous, ils ont retenu des images de jeunes gens souriant à la caméra ou s'amusant autour de feux de camp improvisés. McKenna va plus loin, et de deux façons. Par sa narration : «À l'extérieur du Forum, c'est à moitié une émeute et à moitié une fête» («*Outside the Forum, it is half-riot half-party*»). Par les souvenirs du musicien Billy Georgette : il circulait avec un groupe d'étudiants ce soir-là et leur tramway a été arrêté devant le Forum ; ils en sont descendus pour se joindre à la fête («*We joined the party*»). Les choses dégénéreront, certes. Cela étant, on ne le dit pas assez : avant d'être le drame qu'il est devenu sous les plumes les mieux intentionnées, l'Émeute a été l'occasion de célébrer. Quoi ? Maurice Richard, au moins. La résistance à une injustice supposée, sans doute. Le simple fait, pour une fois, de relever la tête, peut-être. La lutte contre les Anglais ? C'est moins sûr.

La fête aurait probablement cédé la place à l'émeute plus rapidement qu'elle ne l'a fait si les gens rassemblés au Forum et à l'extérieur avaient pu connaître les témoignages du film de McKenna. Pourquoi ? Parce que le cinéaste avance que la comparution de Maurice Richard devant Clarence Campbell le matin du 16 mars 1955 aurait été une mascarade («*a show trial*»), qu'elle aurait été truquée («*The hearing has been fixed*»). Campbell aurait décidé de suspendre Richard pour les trois derniers matchs de la saison régulière et pour les séries éliminatoires avant de l'entendre. Sa décision aurait été communiquée aux propriétaires d'équipe de la Ligue nationale de hockey deux jours plus tôt, à New York, lors d'une réunion secrète. Cette lecture a d'autant plus de poids qu'elle est corroborée par Ken Reardon. Celui-ci dit avoir été au courant de la sentence de Campbell au moment d'entrer dans son bureau, mais qu'il s'y est quand même rendu dans l'espoir de modifier le cours des choses. Il ne faisait pas bon être aux alentours du Forum dans la nuit du 17 au 18 mars 1955 ; cela aurait pu être pire.

McKenna se distingue d'une troisième manière de Cyr et Leblanc. Il accorde à Clarence Campbell une place plus grande qu'ils ne le font (et, faut-il ajouter, que la plupart des commentateurs ne le font, à l'exception de Gilles Gascon). On vient de le voir : il accuse Campbell de malhonnêteté. Il considère que l'unanimité est faite aujourd'hui, dans les deux langues, pour lui imputer une partie de la responsabilité de l'Émeute. Le fait que Campbell, contrairement à ses habitudes, soit arrivé en retard au match, et qu'il ait par là attiré l'attention de la foule et attisé sa colère, était une provocation, laissent entendre Fisher et Irvin. L'ex-arbitre Red Storey, aussi interviewé par McKenna, est catégorique : Campbell était «arrogant» et «égoïste», et il se prenait pour Dieu. Le réalisateur ne se contente pas de ce procès sommaire. Il est une des très rares personnes à essayer de comprendre un peu mieux

Campbell, au lieu de simplement le diaboliser. Ce portrait ne va pas jusqu'à la sympathie, mais il refuse également la caricature.

Qui était Clarence Campbell? Né dans les Prairies canadiennes, en Saskatchewan, Campbell était «résolument britannique» («*resolutely british*»). Il a reçu la prestigieuse bourse Rhodes pour étudier à Oxford en Grande-Bretagne. Il a joué au hockey et il a été arbitre. Héros de guerre, il a été décoré pendant la Deuxième Guerre mondiale. Il était de l'équipe d'avocats aux procès de Nuremberg contre les criminels de guerre nazis. Le film pousse à penser qu'il est solitaire, mais sa solitude n'était pas celle du Rocket, bien que le film les représente l'un et l'autre dans une posture identique: seuls, debout sur la glace du Forum. Richard est coupé des autres parce qu'il ne sait pas répondre à leurs demandes: on le voit deux fois dans le film, le 11 mars 1996, à la fermeture du Forum, ne pas savoir comment réagir devant la très longue ovation que lui réservent ses supporters, trente-six ans après qu'il a cessé de jouer. La solitude de Campbell? Hauteur, arrogance, obsession de la règle, incapacité à se rapprocher de l'autre (littéralement: il ne parle pas français). Bref, sur tous les plans, Campbell est l'antiRichard, et vice versa. C'est une des lectures que l'on peut faire du titre du film. *Fire on the Ice*, avait dit Herbert Warren Wind le 9 décembre 1954 dans *Sports Illustrated* pour qualifier Richard. *Fire and Ice*, dit McKenna: le feu, c'est Richard; la glace, Campbell.

Voilà, pour McKenna, le nœud de l'Émeute: entre eux, cela ne pouvait pas ne pas exploser («*A confrontation is brewing. When it comes, it will shake the whole country*»). De plus, derrière ce conflit de personnalités, se profile, en arrière-fond, un vieux contentieux, périodiquement ranimé: les Canadiens français auraient refusé de se battre pendant la Deuxième Guerre mondiale, ce que ne sauraient accepter

d'ex-militaires comme Campbell et Connie Smythe, le propriétaire des Maple Leafs de Toronto qui a recruté Campbell.
Ce qui se passe en 1955 aurait ses racines dans la crise de la
Conscription des années 1940, quand plusieurs milliers de
jeunes Canadiens français ont refusé d'être enrôlés de force
pour aller à la guerre. Que Maurice Richard ait été prêt à se
battre, lui qui a été réformé à deux reprises, ne compte pas.
Desmond Morton voit juste quand il renvoie dos à dos francophones et anglophones, et leurs présupposés, voire leurs
préjugés. Ce qui se passe en 1955 — aujourd'hui ? — est un
double échec : échec à comprendre l'autre, échec à prendre
l'autre au sérieux (« *a failure to understand the other, and a
failure to take the other seriously* »).

Leur lecture politique de l'Émeute distingue-t-elle radicalement Cyr et Leblanc, d'une part, et McKenna, de l'autre ?
Non : l'appartenance à un groupe linguistique est secondaire
en cette matière. Les deux films offrent de l'Émeute la même
interprétation, une interprétation nationaliste. C'est cette
interprétation que l'on vient de voir évoluer, de ses manifestations les plus discrètes, chez Aquin, Barthes et Groulx, jusqu'à ses plus tranchées, chez Cyr et Leblanc, Hudecki,
McKenna et Binamé, en passant par ses plus ambiguës, chez
Gascon, Parent et Sauvé, ou Lord et Payette. Il reste à se
demander plus précisément qu'on ne l'a fait jusqu'à maintenant ce que c'est que cette lecture nationaliste.

Politiques du Rocket

Quelle est l'interprétation la plus largement répandue des événements de mars 1955 ? Que ne cesse-t-on de répéter depuis
plus de cinquante ans ? Il y aurait eu un bon Canadien français
(Maurice Richard). Ses droits auraient été bafoués par un
méchant Anglais (Clarence Campbell). Ses compatriotes
seraient descendus dans la rue pour le défendre. L'émeute serait

canadienne-française. Elle aurait annoncé la libération des années 1960, probablement à l'insu du principal intéressé. Trois exemples de ce type de discours suffiront amplement. Comme il est partout, il n'y a qu'à se pencher.

Quatre jours après l'Émeute, André Laurendeau publie dans le quotidien *Le Devoir* son article « On a tué mon frère Richard ». Il emprunte son titre à un épisode du nationalisme canadien-français : c'est une allusion au « On a tué mon frère Riel… » d'Honoré Mercier à la fin du XIXe siècle. Laurendeau substitue au leader métis de l'Ouest canadien pendu pour ses activités politiques un joueur de hockey canadien-français suspendu pour ses débordements sportifs. Il est conscient que les deux événements ne sont pas de nature identique :

> Sans doute il s'agit aujourd'hui de mise à mort symbolique. À peine le sang a-t-il coulé. Nul ne saurait fouetter indéfiniment la colère des gens, y sculpter une revanche politique. Et puis, il ne s'agit tout de même que de hockey…

Pourtant, il ne faudrait pas minimiser ce qui vient de se passer : « Tout paraît destiné à retomber dans l'oubli. Mais cette brève flambée trahit ce qui dort derrière l'apparente indifférence et la longue passivité des Canadiens français. » L'Émeute fait émerger quelque chose de profond. Laurendeau le dit d'entrée de jeu :

> Le nationalisme canadien-français paraît s'être réfugié dans le hockey. La foule qui clamait sa colère jeudi soir dernier n'était pas animée seulement par le goût du sport ou le sentiment d'une injustice commise contre son idole. C'était un peuple frustré, qui protestait contre le sort.

Maurice Richard, pour l'éditorialiste du *Devoir*, est un « héros national », que l'on pourrait comparer à Wilfrid Laurier ou à Louis Riel, mais son vis-à-vis n'est pas vraiment Clarence

Campbell. Ce dernier personnifie plutôt l'Anglophone, le Juge (expéditif), le Provocateur, le Maître : « Le sort s'appelait, jeudi, M. Campbell ; mais celui-ci incarnait tous les adversaires réels ou imaginaires que ce petit peuple rencontre. » Le « peuple frustré » lui a opposé la violence le temps d'une émeute. Or les racines de cette violence sont historiques : « Les sentiments qui animaient la foule, jeudi soir, étaient assurément confus. Mais est-ce beaucoup se tromper que d'y reconnaître de vieux sentiments toujours jeunes, toujours vibrants […]. »

Après cette entrée en matière sur la dimension nationale de l'Émeute, Laurendeau s'interroge sur ce qui a poussé des gens pacifiques à se livrer au pillage le 17 mars. Pourquoi cette violence ? « Quand [la foule] se déchaîne, sous tous les cieux du monde, elle devient mauvaise et incohérente. […] quand des hommes sont nombreux et animés par une passion commune, où est la logique ? » Le point de comparaison que choisit Laurendeau pour essayer de comprendre les émeutiers est doublement intéressant. En rapportant l'émeute du Forum à une assemblée politique tenue en 1942, pendant la crise de la Conscription, Laurendeau l'inscrit dans l'histoire de la distinction canadienne-française au sein de la fédération canadienne. Il active dans le même temps un réseau de sens dont on a vu des expressions chez Eugène Cloutier et chez Pierre Gélinas, mais aussi chez Rick Salutin et chez Brian McKenna : l'Émeute, c'est la guerre.

Pendant l'assemblée de 1942, la foule réunie au marché Jean-Talon de Montréal avait applaudi un orateur refusant l'antisémitisme exprimé par quelques-uns. Néanmoins, l'ambiance change rapidement :

> L'assemblée terminée, la foule resta quelques moments près du marché Jean-Talon, comme en disponibilité. Ces gens-là

n'avaient pas le goût d'aller se coucher. Ils se sentaient encore vibrants, ils ne voulaient pas se séparer.

Quelques meneurs, surgis d'on ne sait où, se présentèrent et encadrèrent la foule. Un ordre de marche, et l'épaisse colonne s'avança jusqu'à la rue Saint-Laurent, qu'elle se mit à descendre. [...] Et bientôt, savez-vous ce qui arriva ? Cette foule, qui venait unanimement d'exécrer l'antisémitisme se mit à jeter des pierres sur les vitrines des magasins juifs ou supposés tels.

Quelques «meneurs» suffisent à transformer des patriotes en miliciens suivant un «ordre de marche» et réunis en une «épaisse colonne». Comment ? On ne le sait pas : «Parmi ceux qui me lisent ce matin, il y a peut-être des hommes qui participèrent à ce vandalisme, et se demandent pourquoi ils l'ont fait.» En 1942 comme en 1955, il n'est pas facile de déchiffrer la psychologie des foules. Le nationalisme ne mène pas toujours à la violence ; parfois si, sans que l'on sache pourquoi.

Ce serait une erreur de sous-estimer l'influence d'un texte comme celui-là. *Le Devoir* le publie le 21 mars 1955, puis le reprend les 29-30 janvier 2000 et le 29 mai 2000. Il donne son titre au treizième chapitre de la biographie de Jean-Marie Pellerin (1976) et au documentaire de Luc Cyr et Carl Leblanc, *Mon frère Richard* (1999). Il est cité dans ce film, ainsi que dans *Maurice Rocket Richard* de Karl Parent et Claude Sauvé (1998), dans *Maurice Richard. Histoire d'un Canadien* de Jean-Claude Lord et Pauline Payette (1999) et dans *Fire and Ice* de Brian McKenna (2000). Chrystian Goyens, Frank Orr et Jean-Luc Duguay le reproduisent dans la version française (mais pas dans l'anglaise) de leur *Maurice Richard. Héros malgré lui* (2000). Jacques Lamarche en propose des extraits dans son album (2000). Il est commenté en 1995 et en 1996 par Anouk Bélanger, en 1999 par David Di Felice, en 2002 par Jean-Paul Desbiens, en 2005 par Victor-Laurent Tremblay, en 2006 par Jean-Claude Germain et par Paul Daoust. Le point de vue de Laurendeau sur l'Émeute n'est pas le seul; c'est un de ceux dont les échos sont les plus durables.

On a pu entendre un deuxième exemple du discours commun sur l'Émeute à RDI, la chaîne d'information continue de la télévision de Radio-Canada, le 25 octobre 1999, dans la bouche du cinéaste Jean-Claude Lord:

> Les événements qui ont traversé la vie de Maurice, en particulier, bon, l'Émeute, et toute la signification que ç'a eue ont fait qu'à un moment donné socialement ça devenait quelque chose d'important. [...] si on se rappelle bien, en 1955 l'Émeute, en 1960 le début de la Révolution tranquille. [...] C'est drôle, quand on l'écoute dans le documentaire, il raconte les choses comme s'il s'agissait de rien. Il faut entendre les autres autour raconter les mêmes événements pour se rendre compte que c'était quand même quelque chose d'assez impressionnant et d'assez important. [...] Comme il a été, à cette époque-là, le meilleur et qu'il a incarné les aspirations de tous les francophones d'ici, à ce moment-là, ça devenait quelque chose aussi de socialement important. [...] On vivait quand même dans un milieu extrêmement fermé, où tout était dirigé par le clergé, l'Église, la politique et tout ça, et donc il y avait une espèce de sentiment de frustration dont on voulait se débarrasser, on voulait crier qu'on pouvait faire autre chose, qu'on avait besoin de plus de liberté et tout ça. [...] On avait soif de s'ouvrir au monde, on avait soif de liberté, on avait soif de s'affranchir de tout le joug qui nous pesait dessus, et je pense que ç'a marqué ma vie, ç'a marqué la vie de beaucoup de monde, et Maurice Richard, involontairement jusqu'à un certain point, a marqué aussi cette époque-là énormément.

De quoi cette déclaration est-elle le révélateur? De cinq choses au moins, qui constituent ce que l'on peut considérer comme le discours officiel sur la place de Maurice Richard dans l'évolution de la société québécoise.

La carrière de Richard s'est déroulée au complet durant une époque qu'on a longtemps appelée «la Grande noirceur», ce «milieu extrêmement fermé» qui aurait été caractérisé par son absence de liberté, notamment religieuse et politique. Cette époque aurait été suivie par une libération collective, la Révolution tranquille, avec son cortège de cris et d'exigences nouvelles. Maurice Richard, déjà au moment de l'Émeute, aurait incarné cette «soif de liberté», mais peut-être «involontairement», sans en avoir pleinement conscience. Il aurait personnifié ce refus du «joug» pour un groupe, et rien que pour lui, les «francophones d'ici». Finalement, si Maurice Richard a si bien représenté les «aspirations» des siens, c'est qu'il était un proche, lui qu'on appelle «Maurice».

Pour énoncer ce discours officiel, Jean-Claude Lord bénéficie d'un grand avantage sur André Laurendeau: il arrive quarante-quatre ans après les faits, et trente-neuf après le début de la Révolution tranquille. En substance, il ne dit rien de fondamentalement différent.

La même année que Jean-Claude Lord, en 1999, les cinéastes Luc Cyr et Carl Leblanc poussent la lecture politique un cran plus loin (un cran trop loin); voici un troisième exemple du discours commun. La seule personne interviewée dans leur documentaire *Mon frère Richard* à ne pas affirmer catégoriquement que l'Émeute a annoncé la Révolution tranquille est Frank Selke junior. Pour lui, l'Émeute aurait été l'affaire de voyous, et non pas de l'ensemble des francophones révoltés contre l'ensemble des anglophones. Tous les autres rejoignent, avec plus ou moins de force, le diagnostic des cinéastes: «Le Forum de Montréal, c'est l'apartheid économique, le résumé du Québec de l'époque, des classes sociales stratifiées selon la couleur des gradins, un clivage linguistique tranché selon la couleur de l'argent.» En ces quelques mots se mêlent le linguistique («clivage linguistique»), le social («classes sociales stratifiées ») et l'économique (« la couleur de l'argent », « l'apartheid économique ») pour dresser un portrait « du Québec de l'époque » et offrir une lecture nationaliste de l'Émeute : en haut les bons Canadiens français opprimés, en bas les méchants Canadiens anglais oppresseurs, dont Clarence Campbell. On ne saurait nier qu'avant les années 1960 le pouvoir économique montréalais ait résidé dans les mains des anglophones ; les économistes, les historiens et les sociologues l'ont amplement démontré. On refusera toutefois d'y voir un racisme institué sur le modèle de l'apartheid sud-africain. Les mots ont un poids qu'il est bon de respecter. Ces trois exemples vont dans le même sens. La lecture dominante de l'Émeute est nationaliste. Sauf chez Laurendeau pour une raison évidente (il écrit en 1955), ses tenants postulent une coupure historique radicale. Avant, c'était la répression ; après, ce fut le début de la libération. Maurice Richard a joué un rôle capital dans cette libération. Ce que disent André Laurendeau, Jean-Claude Lord, puis Luc Cyr et Carl Leblanc rejoint ce que disaient, chacun à sa manière, Oscar Thiffault, Bob Hill et Robert Anstey, Eugène Cloutier, Pierre Gélinas et Jean-François Chassay, Jean-Claude Germain et Rick Salutin, et de nombreux cinéastes. Sur les plans esthétique, social, politique et linguistique, chacun de ces créateurs aborde l'Émeute avec les moyens qui sont les siens. La cohérence de leur interprétation de l'Émeute, elle, ne connaît guère de divergences profondes.

Peut-on pour autant faire de Richard l'incarnation du nationalisme québécois, comme on a beaucoup voulu le faire, et de plus en plus à mesure que les souvenirs concrets de l'Émeute s'estompaient ? Comme c'est toujours le cas en matière de mythe, répondre à cette interrogation ne va pas de soi. Pour situer l'Émeute dans la politique richardienne, un détour s'impose, du côté de ses allégeances patriotiques.

Si l'on en croit le Maurice Richard vieux, son attachement au Canada ne se serait jamais démenti. La plupart des commentateurs qui ont réfléchi à la question s'entendent pour dire de Richard qu'il était fédéraliste. Alain de Repentigny, qui a rédigé pendant de nombreuses années les chroniques de Richard, affirme par exemple, dans son livre de 2005, que l'ex-joueur était fédéraliste, mais, dans le même souffle, il le dit nationaliste (il faut entendre « nationaliste canadien-français »). Qu'est-ce à dire ?

Le Rocket n'a jamais dédaigné les honneurs en provenance de la capitale fédérale du pays, Ottawa. La future reine du Canada, Elizabeth, et son mari, le prince Philip, assistent à un match des Canadiens en octobre 1952. Ils verront Richard marquer ses 322e et 323e buts, mais pas son 324e, celui qui lui permettra d'égaler le record de Nels Stewart comme meilleur marqueur de buts de l'histoire de la Ligue nationale de hockey. Le Rocket leur enverra la rondelle de son 325e but et il les rencontrera lors d'une cérémonie en 1959. Le prince Philip se souviendra du match de 1952 quand, sur papier à en-tête de Buckingham Palace, il félicitera publiquement le Rocket lorsqu'on dévoilera la télésérie *Maurice Richard* en 1999.

Richard aurait pu être un soldat canadien et se battre auprès de l'armée du père de la future Elizabeth II, George VI, s'il n'avait pas été réformé pendant la Deuxième Guerre mondiale. Pareil engagement ne doit pas être sous-estimé, car la participation des Canadiens français à l'effort de guerre n'allait pas de soi. De même, on notera qu'il a été fait officier de l'Ordre du Canada dès 1967 (le même honneur lui sera conféré en 1985 au Québec), puis compagnon de l'Ordre en 1998, et qu'il a été nommé au Conseil privé de la Reine en 1992.

L'attachement de Maurice Richard à la fédération canadienne et à ses institutions ne fait aucun doute, de la Deuxième Guerre mondiale jusqu'à la fin de sa vie. Qu'en est-il de la situation canadienne-française, puis québécoise ? Pour juger des positions du Rocket sur ce plan, il n'est pas inutile de s'interroger sur les liens qu'il a entretenus avec une des principales figures de ce nationalisme pendant une trentaine d'années, Maurice Duplessis, le premier ministre du Québec de 1936 à 1939, puis de 1944 à 1959. On sait que le chemin du «Chef» a croisé celui de Maurice Richard. Ce défenseur de l'autonomie provinciale au sein de la fédération canadienne a assisté à la fête en l'honneur du Rocket le 17 février 1951 au Forum de Montréal ; il y côtoyait d'autres élus, le premier ministre du Canada, Louis Saint-Laurent, et le maire Camillien Houde. Il a envoyé une lettre de félicitations au Rocket le 21 décembre 1954, à la suite de son 400ᵉ but : elle commençait par «Mon cher Maurice». On sait aussi que Duplessis était là quand Richard a marqué son 500ᵉ but, le 19 octobre 1957. Si l'on en croit une chronique parue dans *La Presse* du 21 juin 1987, le second aurait rendu visite au premier «à quelques reprises chez lui». Dans *Monsieur Hockey*, Gérard Gosselin va jusqu'à transcrire (inventer ?) un dialogue entre les deux hommes :

> M. Duplessis assistait assez fréquemment aux parties du Canadien, le samedi soir, au Forum. Il ne manquait jamais d'aller serrer la main à Maurice Richard.

> Un soir où Maurice n'avait pu compter, le premier ministre lui dit, pour le consoler :

> «On ne fait pas toujours ce qu'on veut, n'est-ce pas Maurice ?»

> «C'est un peu comme vous», répondit alors l'autre Maurice, en riant.

Gosselin avance, en s'appuyant sur le témoignage de sa femme, que Maurice Richard aurait assisté aux funérailles de Duplessis en septembre 1959. On imagine mal deux hommes plus dissemblables. S'ils partagent une volonté inflexible, chacun dans le domaine qui est le sien, on ne voit guère ce qui pourrait les réunir au-delà de cela. La religion? La leur (la catholique) était celle de la majorité des Québécois avant les années 1960; l'un et l'autre l'ont pratiquée, comme tant de leurs contemporains, Duplessis l'utilisant, de plus, à des fins partisanes. L'indifférence envers la culture? Elle était largement stratégique chez Duplessis: il savait que les Canadiens français du temps de Maurice Richard se rassemblaient assez peu autour des activités culturelles, du moins celles rattachées à une supposée «élite» (lecture «sérieuse», musique classique, etc.). Le paternalisme? Duplessis en est un habile utilisateur, tandis que Richard en a surtout été la victime, en particulier sur le plan financier, pendant sa carrière active. Le baseball? C'est beaucoup (pour qui sait que le baseball est le plus beau des sports) et peu (on ne sache pas que leur amour du baseball les ait réunis autrement que sur un plan très général).

L'homme politique savait que le langage est une arme politique efficace, et il le maîtrisait; on en prendra pour preuve tel discours, maintes fois cité, sur l'électrification du Québec rural commençant par «Électeurs, électrices, électricité». Il ne dédaignait jamais d'utiliser ce talent pour écraser ses adversaires, en homme de pouvoir calculateur. Par nature, il aimait vivre sous les réflecteurs. «L'autre Maurice», pour le dire avec Gérard Gosselin, n'a jamais vu le langage comme une arme; les siennes étaient plus immédiates, poings et bâtons. Feinte ou pas, on lui a fréquemment attribué une inconscience (au jeu) qu'on n'associe généralement pas à Duplessis, reconnu, lui, pour sa roublardise. Richard n'a de cesse de fuir l'attention, ce qui n'est pas le cas des politiques.

En 1952, Maurice Richard prête main-forte à Maurice Duplessis
et à Maurice Bellemare.

Ces différences n'ont pas empêché les deux Maurice de se
côtoyer hors de la glace, dans l'arène politique. Si la biographie de Duplessis en deux volumes de Robert Rumilly (1978)
n'aborde pas ce sujet, ce n'est pas le cas de celle de Conrad
Black (1977). On peut y voir une photographie du joueur de
hockey et du premier ministre, accompagnés d'un des fidèles
alliés de celui-ci, Maurice Bellemare. Selon sa légende, elle
aurait été prise le 16 juillet 1952, au terme de la campagne
électorale de Duplessis. On y apprend aussi que Richard était
un partisan inconditionnel de l'Union nationale («*an avowed*

Union nationale partisan»), le parti de Duplessis, et qu'il aurait contribué non seulement à la campagne de 1952, mais aussi à celle de 1956. Maurice aurait aidé Maurice, et vice versa : la politique crée de drôles de couple. On notera deux choses au passage. La première est que la photo retenue par Conrad Black est peu utilisée par les commentateurs du Rocket. Si elle l'est, c'est parfois sans commentaire, comme dans la télésérie de Jean-Claude Lord et Pauline Payette (1999), où on la montre, mais en la découpant de façon à en exclure Maurice Bellemare. Deux Maurice, c'est assez. La seconde est que Maurice Richard lui-même propose sa lecture de la rencontre de 1952 dans *La Presse* du 8 novembre 1987. Il ne nie pas ses sympathies duplessistes : « Les premières années que je me suis intéressé à la politique, j'étais près de l'Union nationale.» Il refuse cependant de faire de sa rencontre avec Duplessis et Bellemare un geste partisan : « Même qu'une fois, Duplessis m'avait demandé d'assister à une assemblée politique de Maurice Bellemare au Cap-de-la-Madeleine. J'y étais allé et on en avait profité pour dire que se trouvaient dans la salle les "trois plus grands Maurice du Québec".»

Quelles qu'aient été les relations réelles entre les deux hommes, une chose ne fait pas de doute. Quand l'un meurt en 1959 et quand l'autre se retire en 1960, deux époques se terminent. Le cinéaste Jean-Pierre Lefebvre avait raison de réunir Maurice et Maurice, chacun à un bout d'un arc-en-ciel, dans *Q-Bec my love*, son film de 1969.

Retour à l'Émeute.

Le citoyen Richard ne s'est jamais longuement exprimé sur le plan politique, et on ne lui connaît pas l'équivalent des professions de foi fédéralistes de Jean Béliveau dans ses Mémoires, *Ma vie bleu-blanc-rouge* (2005), lui à qui on a pensé pour le poste de Gouverneur général du Canada. (Celui ou celle qui occupe ce poste symbolise la royauté anglaise dans un pays qui fut une des colonies de l'Angleterre, mais ne l'est plus.) Cela n'en fait pas un apolitique pour autant, et son double attachement, au Canada et au Québec, ne s'est jamais démenti. Il participe par là d'une vieille tradition politique canadienne-française, puis québécoise, tradition parfaitement illustrée par Maurice Duplessis. On pourrait la résumer ainsi : fédéraliste et canadien, autonomiste et canadien-français / québécois ; l'un et l'autre, pas l'un sans l'autre. Les partisans du hockeyeur seront moins enclins à afficher cette double appartenance. Dans la mise en discours de l'Émeute, c'est la perspective nationaliste — francophone, canadienne-française, québécoise — qui prime. Est-ce pour cette raison que Richard disait être mal à l'aise avec les commémorations de l'Émeute ? Assistant au lancement de la pièce de théâtre *Les Canadiens* en 1977, il avouait à l'auteur, Rick Salutin, qu'il n'aimait pas qu'on mêle politique et hockey. Il est vrai que les sollicitations de nature politique étaient de plus en plus insistantes, cela depuis quelques années.

À partir des années 1970, on voit de plus en plus d'analyses politiques de ce qui est devenu «le phénomène Maurice Richard». En 1971, *Peut-être Maurice Richard*, le long métrage de Gilles Gascon, s'inscrit dans le cadre d'une série de quatre films conçus à l'initiative de Pierre Maheu, le cofondateur de la revue *Parti pris* (laïque, socialiste, indépendantiste). Dans «Les quatre grands», à côté de Maurice Richard, défilent trois autres idoles québécoises, le frère André (*On est loin du soleil*, Jacques Leduc, 1970), Willie Lamothe (*Je chante à cheval avec Willie Lamothe*, Jacques Leduc et Lucien Ménard, 1971) et, sans surprise, Maurice Duplessis (*Québec : Duplessis et après…*, Denys Arcand, 1972). Hubert Aquin et Andrée Yanacopoulo, en 1972, consacrent un passage de leurs «Éléments pour une phénoménologie du sport» à l'enchevêtrement du sport et du «sentiment national», et ils prennent un exemple désormais classique : « Lorsque Maurice Richard a été suspendu, ce sont tous les Canadiens français qui se sont sentis punis et révoltés. » L'année suivante, le critique littéraire Renald Bérubé publie, dans la revue *Voix et images*, un article intitulé « Les Québécois, le hockey et le Graal ». On peut y lire ceci : « Un fait demeure certain : depuis Maurice Richard notamment, les Canadiens de Montréal sont en quelque sorte le club national des Québécois. » L'année précédente, Paul Rompré, Gaétan Saint-Pierre et Marcel Chouinard étaient allés plus loin dans leur article « Essai de sémiologie du hockey. À propos de l'idéologie sportive » :

> il n'a pas seulement fallu que Maurice Richard soit un bon joueur de hockey pour qu'il devienne héros mythique. Il a fallu aussi que le public québécois investisse en lui tout « le sens national », c'est-à-dire la charge de représenter toutes nos frustrations. Pour le public québécois, Maurice Richard, tenace et indestructible, bafoué par des adversaires sans scrupule, par les arbitres, par les magnats de la L.N.H. eux-mêmes, fut le symbole suprême de la résistance à l'oppression anglo-saxonne.

Ce texte est publié dans une revue d'extrême-gauche, *Stratégie*, ce qui explique pareille lecture politique du Rocket. En revanche, il convient d'insister encore une fois sur ce qui est depuis au moins le milieu des années 1950 le discours commun : il y aurait un lien profond entre Maurice Richard et la nation.

C'est oublier que Maurice Richard n'est pas que le porte-étendard des Canadiens français / Québécois francophones.

Un « tour ethnique » ?

Le narrateur du documentaire *Mon frère Richard* ne déteste pas le style ampoulé. On l'entend dire des choses comme celle-ci : « Amplifiée par la rumeur des journaux, des tribunes téléphoniques et du bouche à oreille, l'affaire Richard prend rapidement

un tour ethnique. Dans la ville, le climat est au lynchage.»
«Lynchage»? Malgré les menaces proférées contre Clarence
Campbell avant le match, le mot est un peu fort: Phyllis
Campbell a le souvenir de s'être rendue au Forum à pied ce
soir-là en compagnie de son futur mari sans qu'ils soient inquiétés. «Tour ethnique»? Voilà qui demande réflexion.

Une émeute «ethnique», donc uniquement canadienne-française. C'est ne pas tenir compte de deux choses.
La première est que le Rocket avait des inconditionnels
tant chez les anglophones que chez les francophones. André
Laurendeau s'en avisait dès le 21 mars 1955:

> Sans doute, tous les amateurs de hockey, quelle que soit leur
> nationalité, admirent le jeu de Richard, son courage et l'extraordinaire sûreté de ses réflexes. Parmi ceux qu'enrageait la décision
> de M. Campbell, il y avait certainement des anglophones.

Douze ans plus tard, dans *Fire-Wagon Hockey*, Andy O'Brien
se souvient que les radios françaises et anglaises de Montréal
étaient submergées le 16 mars 1955 de condamnations virulentes de la suspension imposée par Campbell. Ces faits, peu
souhaitent les rappeler. Pas plus que cet étrange appel publié
dans *The Gazette* le 18 mars 1955:

An Urgent Message To
Maurice «Rocket» Richard

We're with you 100 % and personally feel that you were the object of a
«new deal» decision. Being unable to contact you personally at this time,
we are, via this ad, offering you a bona fide position with our firm,
selling wrapping papers, twines, refrigeration, and allied lines. If interested, please contact us at Giffard 1606.

CANADIAN BUTCHERS'
SUPPLY CO. CORP.
Mt. Royal Ave. at Iberville.

(Message urgent pour
Maurice « Rocket » Richard

Nous vous appuyons à 100 % et nous pensons que vous avez été victime d'une décision injuste. Comme nous ne pouvons vous contacter personnellement en ce moment, nous vous offrons, par cette annonce, un vrai poste au sein de notre entreprise, à vendre du papier d'emballage, de la ficelle, de la réfrigération, des produits divers. Si vous êtes intéressé, veuillez nous contacter au Giffard 1606.

Canadian Butchers' Supply Co. Corp.
Avenue du Mont-Royal et Iberville.)

Canular ? Volonté de récupération ? Ironie ? On se contentera de noter que cela paraît dans un quotidien publié en anglais, dont on prétend généralement qu'il avait été, au moment de l'Émeute, hostile à Maurice Richard et favorable à Clarence Campbell.

Il n'y a, en l'occurrence, aucune raison de penser que le mécontentement populaire ait été le seul fait des partisans francophones en mars 1955. Pourquoi les anglophones auraient-ils accepté la suspension ? Par solidarité « ethnique » avec Campbell ? Parmi les « partisans » interviewés par Luc Cyr et Carl Leblanc pour leur documentaire de 1999, n'y a-t-il pas un Manny Gittnick, qui racontera sa participation à l'Émeute dans la langue de Campbell ? Les cinéastes le font entendre, certes, mais ils ne tirent pas la conclusion logique de ce témoignage : parmi les « partisans », les « manifestants » et les « émeutiers » qu'ils ont soin de distinguer, il y avait des gens des « deux solitudes ». Croire qu'il n'y avait que des francophones rue Sainte-Catherine le soir de la fête nationale des Irlandais en 1955 est bien naïf, et bien commode.

Paradoxalement, cette position est également celle de Rick Salutin dans *Les Canadiens* et de Brian McKenna dans *Fire and Ice*. Même les anglophones soucieux de comprendre ce qui a pu se passer le 17 mars 1955 n'arrivent pas à se déprendre du récit officiel. Pour eux aussi, l'Émeute est une affaire de francophones, de «francophones d'ici», comme le disait Jean-Claude Lord.

À cette première raison de se méfier du caractère réputé «ethnique» de l'Émeute s'en ajoute une deuxième, de nature historique celle-là. De 1960 à 1966, le Québec va connaître un intense renouveau, que l'on appelle depuis la Révolution tranquille. Bien que l'expression soit à l'origine anglaise («*There's a quiet revolution taking place in Québec*», écrivit alors un journaliste de Toronto), cette Révolution tranquille ne paraît pas pouvoir être appliquée à la situation des Anglo-Québécois. La Révolution tranquille a eu des effets sur eux, mais indirects : elle les aurait privés de leur traditionnel pouvoir. Autrement dit : la Révolution tranquille serait une affaire de Canadiens français en passe de devenir des Québécois.

Dès lors, il est de bonne guerre (historienne) d'essayer de trouver des antécédents à cette Révolution tranquille, des signes annonciateurs, des prémices, même si les tenants de cette révolution ont souvent paru vouloir faire table rase du passé. Le raisonnement historique implicite serait le suivant : la Révolution tranquille éclate en 1960 avec l'élection du gouvernement libéral de Jean Lesage ; elle est annoncée par l'émeute de mars 1955 ; ces deux événements marquent l'accession des Canadiens français / Québécois à une plus grande autonomie ; comme les anglophones du Québec ne sont pas associés, du moins positivement, à cette Révolution tranquille, ils ne peuvent pas non plus être associés à l'émeute du Forum. On voit ce que pareil raisonnement a de spécieux et combien il s'agit d'expliquer un événement du passé (l'Émeute) par un événement à venir (la Révolution tranquille). L'écriture à rebours de l'histoire est une entreprise périlleuse.

Le 17 mars 1955, il n'y eut pas que des nationalistes francophones autour du Forum. Il y eut des partisans frustrés et il y eut des voyous. Ils ne savaient pas que la Révolution tranquille se tramait — si tant est qu'elle se tramât — et ils venaient de tous les horizons «ethniques». Dans *Le Devoir*, deux jours avant qu'André Laurendeau n'offre sa lecture politique de l'Émeute, Gérard Filion affirmait que la Ligue nationale de hockey, en tolérant par mercantilisme les gestes de violence sur la patinoire, était partiellement responsable du comportement de ses clients. Pour *Saturday Night*, en avril, Hugh MacLennan essayait de débrouiller les motivations de ceux qu'il appelait les voyous («*hoodlums*», «*goons*», «*punks*»). L'un et l'autre étaient rejoints par Sidney Katz dans le magazine *Maclean's* du 17 septembre 1955, et il faisait appel à la même métaphore qu'eux: le cirque romain. Depuis 1955, quand Filion, MacLennan et Katz ont publié leurs textes, pourquoi a-t-on exclu cela du discours dominant sur l'Émeute?

Nier l'importance du nationalisme lors de l'Émeute et dans son interprétation serait ridicule. Il serait toutefois bon de se demander ce que cache cette mainmise de la lecture nationaliste. La mythification est-elle à ce prix?

III. Un mythe

Légende, héros, mythe

«J'crois que j'suis un être humain comme tout le monde.»
MAURICE RICHARD, 1999

Comment définir Maurice Richard? Est-il une légende, un
héros, un mythe? Tout cela à la fois? Il n'y a pas de réponse
à ces questions qui fasse l'unanimité, d'autant plus que ces
mots, dans les dictionnaires et les travaux critiques, sont étroitement liés et difficiles à distinguer. De fait, les trois mots, et
quelques autres, ont été utilisés indistinctement au sujet de
Richard. Certains parlent de *symbole* et de *monument*, d'autres
de *dieu* et de *totem*. Pour Denis Brodeur et Daniel Daignault
en 1994 et pour Jean-Paul Sarault en 1996, il est un des *Grands
du hockey*. Suivant Daniel Daignault, il est *Un géant du Québec*
(1996), puis *Le plus grand héros du Québec* (1999), avant d'être
La fierté d'une nation (2005). Pierre Bruneau et Léandre
Normand l'inscrivent dans *La glorieuse histoire des Canadiens*
(2003). Quand Charles Mayer présente *L'épopée des Canadiens*
(1949), celle-ci va du gardien Georges Vézina à Maurice
Richard; or qui dit *épopée* dit *héros* et *légende*. En 1976, Jean-
Marie Pellerin publie *L'idole d'un peuple. Maurice Richard*; il
actualise le contenu de son livre en 1998 et il en profite pour

inverser les termes du titre : *Maurice Richard. L'idole d'un peuple*. Sa perspective ne change pas pour autant : « La légende est établie. » On emploie côte à côte plusieurs mots : héros et légende (Bob Hill, en 1955 ; Pierre Foglia, en 2000) ; héros, légende et mythe (Louis Chantigny, en 1959 ; Jean Dion, en 2000) ; héros, légende, mythe et symbole (Lysiane Gagnon et Lawrence Martin, en 2000) ; dieu, légende, mythe, héros, géant, idole, star, superstar (les cinéastes Karl Parent et Claude Sauvé, en 1998).

Il est pourtant nécessaire d'essayer de distinguer ces termes si l'on veut comprendre les sens que le Québec et le Canada ont conférés à Richard. Pour le dire d'une formule : Louis Cyr est une légende ; Jackie Robinson a été un héros ; Maurice Richard est devenu et reste un mythe. Ce mythe a une histoire et il a une géographie, ce qui explique qu'il n'ait pas toujours la même signification.

Légendes et héros

Louis Cyr a été un célèbre homme fort québécois de la fin du XIXe siècle. Comme l'a fait ressortir son plus récent biographe, Paul Ohl (2005), Cyr a eu une longue carrière, tant localement et nationalement qu'internationalement. Il a longtemps attiré les foules, au Québec, dans le reste du Canada, aux États-Unis, en Grande-Bretagne. Ses exploits relevaient peut-être moins du sport que du cirque, mais ils avaient une indéniable dimension physique. Avant le Rocket, il a eu sa statue, à Saint-Henri, quartier populaire de Montréal. Ce personnage public a eu droit à des livres et à des masses d'articles de presse. Pourquoi est-il une légende plus qu'un mythe ?

Pour deux raisons. La première est que Cyr n'occupe qu'une place secondaire dans la mémoire collective ; la seconde, que cette place a considérablement varié au fil des ans. S'il était immensément connu de son vivant, Cyr a par la suite été victime de plusieurs éclipses de son étoile historique. On peut vivre aujourd'hui au Québec sans connaître son nom. On pouvait vivre il y a quarante ans sans le connaître. Depuis les années 1950, il est impossible de dire la même chose de Maurice Richard. Tout le monde le connaît (ou pense le connaître); c'est vrai d'aujourd'hui comme des soixante dernières années, sans interruption.

En matière de sportifs auxquels on aimait comparer Maurice Richard, on a vu que le nom du joueur de baseball Jackie Robinson revenait souvent. Les deux hommes sont contemporains. L'un et l'autre ont incarné la possibilité du succès nord-américain pour les membres de groupes minoritaires. Ils étaient reconnus pour leur tempérament bouillant. Ils ont été l'objet de discours culturels variés. Pourquoi l'un (Robinson) est-il un héros et l'autre (Richard), un mythe?

On doit se souvenir que les Noirs étaient interdits de baseball professionnel quand Robinson entreprend sa carrière. Il a été le premier, dans la Ligue nationale, à forcer le mur de la ségrégation. Il a dû se battre contre le racisme. Les Canadiens français ont longtemps été victimes de diverses formes d'oppression (linguistique, économique, sociale, religieuse), mais jamais sur la base d'une infériorité supposée raciale *et* inscrite dans des textes juridiques ou administratifs. Maurice Richard, comme les Canadiens français de son temps, a été en butte à toutes sortes d'obstacles à cause de ses origines; les propos de Jean-Marie Pellerin le montrent avec éloquence. Mais ces obstacles n'avaient pas le caractère institué du statut inférieur réservé aux Noirs américains. Richard a beau avoir été la cible d'attaques répétées sur la glace, jamais il n'a dû changer de siège dans un autobus ou boire à une fontaine spéciale à cause de sa «race». Robinson, si. Il avait une mission: faire changer les règles du jeu social américain. Elle le forçait à des sacrifices: il avait accepté de ne pas répondre aux insultes qu'on lui criait ni aux coups qu'on lui portait. Les exigences auxquelles on soumettait Maurice Richard n'étaient pas de cette nature-là.

Cela ne revient pas à dire que Richard aurait eu de moins grandes qualités que Robinson. Ils avaient chacun des caractéristiques propres, nées de leur situation historique singulière. Le joueur de baseball a eu un comportement héroïque à cause des conditions imposées aux siens en un lieu (les États-Unis) et en un temps (les années 1940 et 1950) précis. Jackie Robinson n'est pas Maurice Richard ; Richard n'est pas Robinson. L'auteur de polar Robert B. Parker l'a sobrement dit dans *Hush Money* (1999) : « *Nobody's Jackie Robinson* » («Personne n'est Jackie Robinson»).

Mythes

En quoi le mythe n'est-il ni une légende ni un héros ? En quoi est-il plus qu'une légende et qu'un héros ?

Avec la légende, mais à la différence du héros, il partage la durée : il n'y a pas de mythe sans une inscription dans l'histoire, moyenne ou longue ; il n'y a pas de mythe qui soit strictement de maintenant ; il doit être d'hier, d'avant-hier, de jadis. Il partage aussi avec elle la dimension merveilleuse de ce qu'il met en scène : il n'y a pas de mythe du banal, du petit, du quotidien, du médiocre ; tout doit y être plus grand que nature, et de plus en plus grand au fil du temps. Il est affaire d'amplification et de relais culturels : pour survivre dans les mémoires, les exploits doivent être transmis. Le mythe, comme le héros et comme la légende, a partie liée avec le collectif : ils sont mandatés par les leurs pour les représenter et les défendre. Les héros, les légendes et les mythes ne sont jamais longtemps seuls.

Voilà quatre éléments de définition : inscription dans la durée ; caractère merveilleux ; transmission culturelle ; dimension collective. J'en ajouterai un dernier : le mythe est un récit malléable.

On peut faire dire beaucoup de choses à un mythe. Les contradictions y cohabitent harmonieusement. Les mythes antiques (Prométhée, Icare, Antée) sont parvenus jusqu'à nous parce que chaque époque a souhaité les relire et les investir de sens nouveaux. Les mythes modernes, s'ils n'ont pas la même profondeur historique, n'en sont pas pour autant fondamentalement distincts. S'il y a un mythe de Rimbaud, comme l'a longuement démontré Étiemble (1952), c'est que la figure du poète français a pu être investie de toutes sortes de sens depuis le XIXᵉ siècle. S'agissant du Québec, Pascal Brissette (1998) a montré comment on a pu faire dire des choses contradictoires à la figure du poète montréalais Émile Nelligan pendant plus d'un siècle.

Dire du mythe qu'il est un récit malléable, c'est dire du même souffle qu'il s'agit d'un récit dans lequel la croyance est cruciale. Si on peut donner des sens éloignés à Rimbaud et à Nelligan, c'est qu'il s'est trouvé des gens pour accepter ces sens et pour y croire. Rimbaud est *à la fois* un grand poète iconoclaste, un catholique converti sur son lit de mort et un marchand d'armes revenu de la poésie. Il est *à la fois* chaste et débauché. Nelligan est *à la fois* un poète fou et le *Prophète d'un âge nouveau*, selon le livre de Nicétas Orion, le Patriarche de l'Église Johannite (1996), commenté par Pascal Brissette. Le mythe est un récit où se fondent les vérités en apparence les plus opposées.

Sur un autre plan, il ne faudrait pas sous-estimer, en matière d'avènement des mythes modernes, le rôle du hasard. Cela ne les définit pas, mais cela explique leur apparition et parfois leur pérennité. Pourquoi Rimbaud ? Parce qu'un jour il a cessé d'écrire de la poésie, sans s'en justifier ; depuis 150 ans, les commentateurs se demandent pourquoi. De quoi le mythe de Nelligan se nourrit-il ? De plusieurs choses, dont deux, au moins, qui sont parfaitement aléatoires : sa naissance d'une mère francophone et d'un père anglophone; sa folie. Rimbaud qui aurait continué à écrire ou Nelligan qui ne serait pas devenu fou: ils auraient peut-être été mythifiés malgré tout, mais évidemment pas de la même manière.

Qu'en est-il de Maurice Richard?

Après les pages qu'on vient de lire, le caractère merveilleux de ses exploits ne devrait faire aucune doute. Les joueurs des autres équipes s'accrochent à lui, seul ou à plusieurs? Rien ne l'empêche d'attaquer leur gardien et de pousser la rondelle derrière lui, car de la ligne bleue au filet adverse personne n'a jamais eu sa rage et sa détermination. Il faut battre les rivaux torontois? Richard compte cinq fois et obtient les trois étoiles du match. Il est épuisé par un déménagement? Il marque cinq buts et récolte trois aides. Il est assommé par un adversaire? Il revient au jeu sans savoir où il est, et son instinct le pousse vers le filet; le but qui en résulte sera capital. Un match va en prolongation? Il marquera le but décisif, et dans plusieurs matchs de suite s'il le faut. Les chantres du mythe n'ont pas besoin de plus de faits d'armes; les uns après les autres, ils reprennent ceux-là à l'envi.

Maurice Richard était-il le représentant des Canadiens français, puis des Québécois? Défendait-il des intérêts collectifs, en plus des siens propres? Encore là, pas de doute possible. Aucune étude sur le Rocket ne peut faire l'économie d'une réflexion sur ce que Richard a personnifié sur le plan national. En 2000, Roch Carrier publie *Le Rocket*. En traduction, ce titre devient *Our Life with the Rocket*. «*Our Life*»: notre vie. Il serait fastidieux de multiplier les exemples: tout le monde lie Richard à sa communauté. Il faudra néanmoins revenir à la nature de cette communauté: la québécoise ou la canadienne?

Au risque de simplifier à outrance, on dira de la transmission de Maurice Richard de génération en génération qu'elle a pris deux formes. En son versant «culturel», elle a été

assurée par le roman, le conte, la poésie, le théâtre, la littérature pour la jeunesse, la biographie, l'autobiographie ou les
souvenirs, le manuel scolaire (livre de lecture, grammaire),
l'éloge, la peinture, le dessin, la sculpture, la chanson, la télévision, le cinéma, la bande dessinée, la presse, la radio,
Internet, l'album illustré et le discours savant, notamment
celui des historiens (du Québec, du sport, de la culture). En
son versant « matériel », elle a été affaire de produits domes-
tiques (soupe, gruau, pain, céréales, boissons, mazout, vin), de
publicités télévisuelles ou imprimées, de jouets et de jeux, de
vêtements, de cartes de hockey, d'autographes, de symboles
nationaux (billet de banque, timbre), d'artefacts que s'arra-
chent les collectionneurs. Ces deux formes de transmission se
sont rejointes dans des expositions, celle du musée Maurice-
Richard et, surtout, celle du Musée canadien des civilisations.
Le « matériel » y était haussé au niveau du « culturel ». Si
Maurice Richard a duré, s'il est toujours là, c'est que toutes les
sphères de la culture, de la plus officielle à la plus marginalisée, se sont emparées de son image.

Le mythe est un discours malléable. Ce n'est pas un discours de *la* vérité, mais un discours *des* vérités. Reprenons
l'histoire du but marqué par Richard après avoir été assommé
durant le match du 8 avril 1952. Richard perd conscience à la
suite d'un coup asséné par un joueur des Bruins de Boston ; il
passe de longues minutes à l'infirmerie et on ne croit pas qu'il
reviendra au jeu ; il décide finalement de s'asseoir sur le banc
des joueurs ; il saute sur la patinoire et il marque. Dans le film
Peut-être Maurice Richard de Gilles Gascon, le photographe
de presse Roger Saint-Jean est formel : c'est pendant les séries
éliminatoires et en période supplémentaire que Richard a
marqué son but, ce qui faisait automatiquement gagner son
club. Tony Bergeron, le coiffeur de Maurice Richard, ne l'est
pas moins : Richard a marqué le but égalisateur — ça ne

pouvait pas être en supplémentaire — et Lach le but vainqueur. Camil DesRoches l'est aussi (et il a raison, lui, du moins sur le plan événementiel) : ce n'était pas pendant une période supplémentaire ; c'était durant les éliminatoires ; c'était le but gagnant ; ce n'était pas le dernier du match, les Canadiens l'emportant 3 à 1 et Richard ayant marqué le deuxième but. Sur ce haut fait d'armes, comme sur tant d'autres, toutes les vérités sont bonnes à dire, car chacun, sur Maurice Richard, a sa vérité, contredisant celle du voisin et pourtant compatible avec elle.

On ne s'est pas assez avisé du rôle que le hasard a joué dans la mythification de Maurice Richard. Qu'est-ce que cela veut dire ? Si Richard avait choisi un sport différent, le baseball ou la lutte, il ne serait pas devenu un mythe au Canada : le baseball n'y a pas les racines qu'il a aux États-Unis ; la lutte ne fait pas assez sérieux (cela expliquerait en partie qu'Yvon Robert n'ait pas pu devenir un mythe, lui si proche de Maurice Richard). Si le style de jeu de Richard n'avait pas été fondé sur un effort constant et sur la manifestation spectaculaire de cet effort, il n'est pas sûr que le public aurait pu se projeter aussi vivement en lui. N'importe qui peut retrouver quelque chose de lui-même en un joueur à qui rien n'arrive sans un effort de tous les instants. On ne peut pas dire la même chose des joueurs dont le talent et la maîtrise les éloignent trop du commun des mortels ; qu'on pense à Wayne Gretzky et Mario Lemieux au hockey, ou à Michael Jordan au basketball.

Le hasard historique n'a pas moins contribué à la constitution du mythe. Si Richard n'était pas arrivé avec les Canadiens en 1942, il n'est pas sûr qu'il aurait pu être le mythe qu'il est aujourd'hui : l'équipe montréalaise allait mal et elle avait besoin d'un sauveur, si possible francophone, pour remplacer Howie Morenz, mort en 1937. Si Richard avait été précédé, tels les hockeyeurs modernes (Orr, Lafleur, Gretzky, Lemieux, Lindros,

Crosby) ou tel Jean Béliveau, d'un discours publicitaire le transformant par avance en sauveur, il n'aurait pas bénéficié de cet effet de surprise qui le fit émerger du jour au lendemain : subitement, un joueur dont on craignait la fragilité se muait en machine à marquer des buts. Si Richard n'avait pas bénéficié de la radio, il n'est pas sûr qu'il aurait si fortement influencé l'imaginaire. Ken Dryden l'a parfaitement saisi en 2001 :

And this was an easier time to be a hero. This was before TV. Very few people ever actually saw Richard play. [...] Radio was perfect for heroes. Radio was live. Radio games offered an unknowable result. Radio meant lying in the darkness and, to the words of an excited storyteller, painting pictures of everything you heard. It meant using your own imagination. There has never been a bad game played on radio.

(C'était plus facile alors d'être un héros. C'était avant la télé. Très peu de gens ont vraiment vu jouer Richard. [...] La radio était parfaite pour les héros. La radio, c'était en direct. La radio, c'était des matchs imprévisibles. La radio, ça voulait dire être étendu dans le noir et, grâce aux mots d'un conteur ardent, peindre des images de ce que vous entendiez. Ça voulait dire vous servir de votre imagination. On n'a jamais joué un mauvais match à la radio.)

Si Richard n'avait pas eu droit à une Émeute cinq ans avant la Révolution tranquille, sa place dans l'histoire québécoise n'aurait pas été la même. Dix ans plus tôt, et la liaison causale n'aurait guère eu de sens : comment aurait-on pu expliquer ce décalage ? Quatre ans plus tard, et cette liaison aurait été trop évidente. Si Richard avait été professionnel quarante ou cinquante ans plus tard qu'il ne l'a été, ses supporters auraient eu du mal à s'identifier à lui : comment se reconnaître dans celui qui gagne en un match plus que la plupart de ses partisans en une année ? Sur ces quatre plans (l'histoire des Canadiens, l'histoire des médias, l'histoire du Québec, l'histoire du hockey), Richard est arrivé à point.

Si Richard, enfin, n'avait pas été surnommé «Le Rocket», il est évident que sa mythification n'aurait pas été aussi efficace. Peut-on imaginer «Le mythe de Coco» (Jacques Lemaire)? «Le mythe du Bleuet bionique» (Mario Tremblay)? «Le mythe de Casseau» (Patrick Roy)? Plusieurs l'ont dit: «Le Rocket» est un surnom rêvé, sur l'origine duquel on hésite. Y a-t-il meilleur exemple de ce que peut le hasard quand il s'agit de convertir un joueur de hockey en mythe national, d'en faire un patrimoine à protéger et à léguer?

Les temps du mythe

En ce qui concerne le mythe de Maurice Richard, c'est peut-être sur le plan temporel que les choses sont les moins tranchées. Le mythe de Rimbaud et celui de Nelligan ont chacun au-delà de cent ans. Les mythes antiques sont vieux de plusieurs millénaires. Peut-on parler de mythe pour un personnage historique mort il y a moins de dix ans? Pour un phénomène qui n'a pas soixante-dix ans d'existence? S'il fallait se contenter du seul critère de la durée, on serait en droit de refuser un statut mythique à Maurice Richard. Or il n'y a pas que ce seul critère qui permette d'affirmer qu'il existe un mythe de Maurice Richard; on vient de le voir.

Dire du mythe qu'il s'inscrit dans la durée ne suffit pas. Il faut aussitôt ajouter que cette inscription dans la durée, qui est fondamentale dans le processus de mythification, suppose une modification du sens que le mythe peut avoir, une évolution. Autrement dit, le mythe de Maurice Richard n'est pas ce qu'il était il y a cinquante ans, si tant est qu'il ait existé il y a cinquante ans, ni ce qu'il sera demain. Pour essayer de le comprendre, il faut s'arrêter à trois moments de son histoire.

Photographie, par Alain, de Maurice Richard et d'un de ses fils en première page de *Sport revue. Le magazine sportif des Canadiens-Français* (décembre 1958)

Luca Giordano, *Le martyre de saint Sébastien*, XVIIe siècle

Portrait de Maurice Richard paru dans le magazine *Sport* de New York en avril 1955.

Un an avant la retraite de Maurice Richard, le magazine *Hérauts*
se demande ce que lui réserve l'avenir.

Au mur, dans une bande dessinée d'Arsène et Girerd, deux portraits :
Pie XII et Maurice Richard.

Pour le magazine *Babe Ruth Sports*, Maurice Richard est la « La terreur du hockey ».

Maurice Richard fait face à un de ses adversaires des Maple Leafs de Toronto, Bill Ezinicki, en couverture du *Maclean's* le 1er février 1949.

En première page du *Maclean's* du 28 mars 1959,
Maurice Richard entouré d'une nuée d'enfants.

MARCH 21, 1960
America's National Sports Weekly
25 CENTS

SPORTS
ILLUSTRATED

HOCKEY HERO
MONTREAL'S MAURICE RICHARD

Sous la signature de Russell Hoban, Maurice Richard
fait la une de *Sports Illustrated* le 21 mars 1960.

1956-1960

Le mot *mythe* a été juxtaposé au nom de Maurice Richard fort tôt. Dès 1956, on l'a indiqué, le romancier Eugène Cloutier l'utilisait dans *Les inutiles*. Richard a alors 35 ans et il est toujours joueur actif. En 1959, le journaliste Louis Chantigny emploiera le même mot. On peut s'étonner de voir si tôt associés Maurice Richard et le mythe.

On s'étonnera d'autant plus que cette ébauche de mythification est contemporaine de ce que l'on appellera la familiarisation de Maurice Richard. Les premiers discours sur Maurice Richard sont en effet marqués par la familiarité ressentie par ses admirateurs. Richard n'était pas tellement différent de ses supporters. Ce n'était pas un joueur de basket de 2 m 30. Il ne courait pas le 100 mètres en moins de dix secondes. Il n'aimait pas les grands discours. Si on l'interrogeait sur ses goûts, par exemple culinaires, il ne disait que des trivialités : pendant longtemps, il n'avait pas aimé... le macaroni, rapporte Gérard Gosselin dans *Monsieur Hockey* en 1960. À la fin des années 1950, l'homme est de plus en plus un familier, grâce à la série des produits qui le mettent en scène ou qu'il endosse, grâce à sa présence dans les médias et grâce à une représentation récurrente en bon fils, en bon mari, en bon père. Richard était un homme comme les autres, un proche.

Sauf sur la glace. Quand un match commençait, il n'était plus le même. Il n'y avait plus trace de banalité chez lui : ce n'était pas un joueur comme les autres. Mais pareille grandeur n'est pas éternelle. La fin des années 1950 est aussi l'époque où même ses plus ardents partisans doivent se rendre à l'évidence : sa carrière touche à son terme. Dès lors, une question se pose : comment passera-t-il de l'excellence sportive à la vie quotidienne, et cela de façon permanente ? C'est ce qu'essaie de savoir Gilbert Rogin dans le portrait de Richard qu'il publie dans *Sports Illustrated* le 21 mars 1960. Louis Chantigny se posait lui aussi cette question dans un article du *Petit Journal* publié dans la semaine du 18 au 25 octobre 1959, «Une fin tragique pour le Rocket».

Cet article paraît des mois avant que Maurice Richard n'annonce sa retraite. Néanmoins, il repose entièrement sur cette retraite, qu'il annonce et qu'il considère déjà comme la naissance de quelque chose qui dépassera le cadre sportif. La première phrase situe d'emblée la vie de Richard dans une durée mythique: «Il est des hommes sur lesquels pèse dès leur naissance la malédiction de la grandeur...» Trois mots, ou ensembles de mots, organisent le texte, et leur articulation trace le portrait d'un solitaire comme tous les grands hommes, d'un être hors du commun et d'un mort en sursis — bref, d'un mythe en train de se constituer.

D'une part, sa *grandeur* a pour effet de détacher l'idole des pauvres mortels, de ces hommes qui veulent entretenir une relation familière avec lui. Voilà à quoi servent des termes tels «grandeur» (quatre fois), «idéal», «génie» (trois fois), «chercheurs de l'absolu», «titans», «héros», «surhumain» (deux fois). À défaut d'être «une célébrité de l'*esprit*», Richard est «une gloire du *muscle*» digne d'une «épopée» ou d'une «tragédie» (quatre fois). Cette incarnation du «sublime» (deux fois) se retrouve dans le vol de l'«aigle» (deux fois).

D'autre part, sa *destinée* confère à Maurice Richard le statut de «légende» (trois fois), ou de «mythe», mais d'une légende ou d'un mythe qui reste le jouet de forces qui le dépassent. À côté de «destin» (trois fois) et de «destinée», on lira ainsi «malédiction»: victime d'un «démon» — le terme revient six fois — ou du «courroux des dieux», soumis à une «puissance surnaturelle et mystérieuse», véritable «possédé» (deux fois), le héros solitaire est confronté à une «mission», mais la réussite de cette mission ne peut que lui échapper.

Sans lien véritable avec leur temps, presque toujours incompris de leurs contemporains, [les hommes tels que Richard] traversent le ciel de l'histoire comme des météores, rayonnant d'une brève mais fulgurante lumière dans les ténèbres de leur mission. Eux-mêmes ignorent ce qu'ils sont et les chemins qu'emprunte leur destinée. C'est à peine si dans l'ascension et la chute vertigineuse qu'est leur vie ils frôlent le monde réel.

Le mythe et l'ignorance, avance Chantigny, sont unis. Richard est grand, mais sa grandeur n'est que très partiellement le fruit de sa volonté. Ce n'est pas la dernière fois qu'un partisan de Richard avance ce genre d'hypothèse.

La troisième image récurrente de l'article est celle de la *fulgurance* et de la *flamme*. On vient de le voir, Richard est un « météore » qui « traverse » le « ciel de l'histoire », sa lumière est « brève mais fulgurante ». Cela est réactivé par la « foudre », le « feu d'artifice », le « soleil », le « fer rouge », l'« aube », les « lettres de feu », le « feu de l'idéal », auquel « se consume » le « cœur » des héros, et le « regard étrange et fiévreux » qui « flamboie » dans ses « yeux ». L'apothéose de cette image, le point où elle culmine, occupe l'avant-dernier paragraphe de l'article, quand l'auteur lie la trajectoire céleste d'une fusée à l'évolution de la carrière de celui que l'on surnomme « Le Rocket » — après l'avoir appelé « La Comète », « V5 », « The Brunet Bullit » ou « Sputnik Richard » —, de celui qui a contribué à maintenir vivante dans l'imagination l'appellation « *Flying Frenchmen* » pour désigner l'équipe montréalaise :

> Oui, il siérait bien à sa légende que celui qu'on a surnommé le « Rocket » au début de sa fulgurante carrière la termine précisément comme une fusée, montant dans un dernier feu d'artifice au zénith du ciel avant de s'éteindre, dans la nuit du néant, en une vertigineuse chute.

Étoile des glaces, Maurice Richard est un nouvel Icare.

Ce que dit cet article, avec la pompe qui caractérise si souvent le style de Louis Chantigny, c'est que Maurice Richard n'est pas un homme comme les autres, qu'il n'est peut-être pas un homme. «Projetés hors de leur moi», ses rares semblables sont appelés «à vaincre là où tous les autres ont péri, à conquérir l'impossible, à surmonter l'irréalisable». Le «drame» dont Richard est le protagoniste «a depuis longtemps débordé le cadre de la patinoire pour se répandre dans l'universel». Maurice Richard ne saurait être uniquement national; il est plus grand que cela.

Est-ce à dire que Richard n'est plus un familier? Qu'il s'est extrait de sa communauté définitivement? Non, car Richard est un mythe québécois. Il est celui que l'on tutoie et que l'on appelle Maurice, dans le même temps qu'on le rattache aux mythes antiques. Il est celui qui s'occupe de son propre déménagement, et celui qui s'envole au firmament des étoiles, au sens sportif et au sens propre. Il est celui qui pleure à la naissance de ses enfants, et celui qui pleure après avoir marqué un but appelé à devenir mythique.

Au lendemain de l'Émeute, une tension apparaît donc entre familiarité et mythe. Maurice Richard (re)deviendra-t-il un homme comme les autres ou sortira-t-il de sa condition pour accéder à quelque chose de plus grand que lui? Sera-t-il cette figure d'identification que les événements de mars 1955 auraient mise au jour? Plus justement, on dira que familiarité et mythe sont mêlés plutôt que distingués.

Suivent une dizaine d'années durant lesquelles Richard, sans en être écarté, n'est plus sous le feu des projecteurs. Après s'être retiré, il est engagé par les Canadiens dans des tâches de représentation publique, dont il se lasse rapidement, au point de quitter ce poste et de refuser de voir son nom accolé à celui des propriétaires de l'équipe, la brasserie Molson, pendant plus de quinze ans. Il se recycle dans des activités périsportives (participation à des matchs d'anciens, arbitrage de combats de lutte), dans la chronique hebdomadaire et dans le commerce (bière, électronique, gaz, mazout), en plus de prononcer des causeries. Celui que l'on croyait appelé à devenir un mythe est dorénavant un homme comme les autres, quoique plus connu qu'eux: Gérard Gosselin (1960) et Andy O'Brien (1961) publient des biographies de lui; Jacques Saintonge le raconte dans une émission radiophonique de la série radio-canadienne «Une demi-heure avec...» (1965); George Sullivan en fait, avec Howie Morenz et Bobby Hull, un de ses *Great Players* (1969). Il n'est pas oublié, mais cette présence diffuse n'a aucune commune mesure avec ce qui l'a précédée ni avec ce qui va se passer durant la décennie suivante.

Les années 1970

À la fin des années 1960 et au début des années 1970, la place de Maurice Richard dans la mémoire collective pouvait donner l'impression de n'être pas encore arrêtée. En première page du *Canadian Magazine* du 1er mai 1971, on lisait l'affirmation suivante sous la plume d'Alan Walker: «*Rocket Richard on the Brink of 50 — and Oblivion*» («Rocket Richard — bientôt 50 ans, et l'oubli»). Richard lui-même se demandait, dans le film de Gilles Gascon, s'il n'allait pas être oublié un jour (ce qu'il déplorait):

La journée que personne va nous reconnaître sur la rue, que personne va nous parler, ben là on pourra dire que le public, les gens en général nous ont oublié. [...] J'pense bien que dans un autre dix ans ou quinze ans d'ici, ça sera une nouvelle génération et j'pense bien avec l'âge i vont nous reconnaître moins qu'aujourd'hui. J'entrevois ça, ça, j'vas l'accepter, mais ça va faire drôle d'aller en quelque part et les gens me reconnaîtront pas, alors... J'ai pas hâte de voir venir ce temps-là.

Pierre Létourneau, dans sa chanson, parlait de Richard comme s'il était mort. Hubert Aquin et Andrée Yanacopoulo avançaient en 1972 qu'il était « le héros de la génération précédente ». Ils se trompaient.

Pour mesurer cette erreur, il suffit d'énumérer. 1970 : le romancier Jacques Poulin, dans *Le cœur de la baleine bleue*, crée un joueur de hockey fictif, pour mieux parler de Maurice Richard. 1971 : Pierre Létourneau enregistre « Maurice Richard », la chanson qu'il a composée une année plus tôt à Paris ; Gilles Gascon tourne *Peut-être Maurice Richard* ; Maurice Richard collabore avec Stan Fischler à l'ouvrage *Les Canadiens sont là ! La plus grande dynastie du hockey*, dans lequel il ne recule pas devant les déclarations chocs (sur le recours à son bâton dans ses bagarres, sur ses coéquipiers, sur Clarence Campbell, cet « aristocrate anglais du Canada »). 1972 : au son du « Maurice Richard » de Pierre Létourneau, Pierre L'Amare réalise un court film d'animation à l'Office national du film, *Mon numéro 9 en or*, qui fleure bon son psychédélisme. 1973 : Richard est un des *Surhommes du sport* de Maurice Desjardins. 1974 : le romancier Clark Blaise publie sa nouvelle « I'm Dreaming of Rocket Richard » ; Louis Chantigny fait parader Richard dans *Mes grands joueurs de hockey* ; pour Trent Frayne, il est un des *Mad Men of Hockey*. 1975 : le souvenir de l'Émeute est visible dans la bande dessinée *Les enquêtes de Berri et Demontigny*. *On a volé la coupe Stanley* d'Arsène et Girerd. 1976 : Jean-Claude Germain met Maurice Richard sur la scène du Théâtre d'aujourd'hui ; Jean-Marie Pellerin lance la première version de sa biographie ; Al Purdy publie le poème « Homage to Ree-shard » dans son recueil *Sundance at Dusk*. 1977 : c'est au tour de Rick Salutin de faire monter le personnage de Richard sur les planches, à Montréal, à Toronto et à Vancouver. 1978 : une émission de la télévision de Radio-Canada, *Les coqueluches*, honore

Richard, notamment par une invitation lancée à Pierre Létourneau, venu interpréter la chanson que l'on imagine devant le principal intéressé. 1980 : Robert Tremblay prépare, pour la société de production Films d'aventures sociales du Québec, un film (inachevé) intitulé *Maurice Richard*, auquel participe Jean-Claude Germain. Beaucoup d'articles savants parlent de hockey, et accessoirement de Maurice Richard : « Éléments pour une phénoménologie du sport » d'Hubert Aquin et Andrée Yanacopoulo (1972) ; « Essai de sémiologie du hockey. À propos de l'idéologie sportive » de Paul Rompré et Gaétan Saint-Pierre, avec la collaboration de Marcel Chouinard (1972) ; « Les Québécois, le hockey et le Graal » de Renald Bérubé (1973) ; « Crime et châtiment au Forum (Un mythe à l'œuvre et à l'épreuve) » de J. R. Plante (1975). Roch Carrier ouvre et clôt la décennie : en 1970, dans le roman *Il est par là, le soleil*, Philibert saute sur la glace du Forum pour venger son idole ; en 1979, avec le conte « Une abominable feuille d'érable sur la glace », qui sera repris sous le titre « Le chandail de hockey », Carrier pose l'assise du procès en mythification (canadienne) du Rocket ; l'année suivante, il assure la narration du court métrage d'animation que tire Sheldon Cohen de son conte, *Le chandail / The Sweater*.

C'est alors que tout s'est joué.

Là où Louis Chantigny avait voulu faire de Richard une gloire universelle, Jacques Poulin, Pierre Létourneau et Jean-Claude Germain, pour ne prendre qu'eux, choisissent d'en faire une gloire nationale. Ils suivent les traces de ceux qui, depuis les années 1950, le considèrent comme le porte-parole par excellence des Canadiens français. Leur contribution à la mythification est toutefois contemporaine d'une première vague de démythification. Représenter Maurice Richard, même en ce moment de triomphe discursif, n'est pas une affaire simple.

Dans *Le cœur de la baleine bleue*, le personnage principal, Noël, à qui on a greffé un cœur de jeune fille, se rétablit mal de la greffe. Son voisin, Bill, est un joueur de hockey professionnel, ailier gauche de son état, qui soigne une blessure au poignet qu'il s'est infligée au cours d'une bagarre. Réunis par Élise, la femme de Noël, qui le quittera pour Bill, ils discutent : « On avait de longues conversations sur le hockey. » Noël est un « vrai maniaque » de ce sport et il essaie de savoir de Bill ce qu'il pense des joueurs de la Ligue nationale de hockey qu'il affronte. Plusieurs y passent : Bobby Hull, Yvan Cournoyer, Stan Mikita, John Ferguson, Eddie Shack, Bobby Baun, Robert Rousseau, Dick Duff et Jean Béliveau (« de l'intelligence pure »). Deux se distinguent : Gordie Howe, l'idole de Bill, qui lui a laissé « une cicatrice au-dessus de l'œil gauche » ; Maurice Richard, dont il parle avec moins d'assurance (« Vous savez, j'étais assez jeune quand Richard était à son meilleur. Alors c'est pas facile. »). Si Bill ne sait trop quoi dire de Richard, le narrateur, lui, n'est pas dans la même position :

> Chaque fois que je parlais de Richard, que j'entendais son nom, je sentais bouger en moi quelque chose d'ancien, comme une bête endormie depuis l'opération et qui aurait remué doucement dans son sommeil.

Pour lui, Richard était un joueur plus grand que nature :

> J'écoutais le joueur de hockey [Bill], mais j'avais le goût de lui parler des fulgurantes montées que Richard préparait en contournant ses filets, du but fameux qu'il avait compté avec un joueur accroché à son dos, de ses batailles légendaires, de l'émeute que sa suspension avait provoquée au Forum et dans la rue Sainte-Catherine, de la tristesse qu'on ressentait à le voir traîner la jambe à la fin de sa prodigieuse carrière.

Le Rocket est lié à un passé individuel et collectif :

> J'aurais voulu que Bill comprît à quel point l'image de Richard
> était vivante dans le cœur des gens de mon âge et comment son
> souvenir éveillait des émotions si profondes qu'elles touchaient
> aux racines les plus lointaines et jusqu'à ce fond commun qui
> faisait notre race.

Mais il est difficile d'exprimer cela :

> J'avais la gorge serrée et je sentais bouillonner toutes ces choses
> en moi sans pouvoir les exprimer ; à la surface, c'était une nappe
> de douceur, une mer d'huile qui bloquait tout.

Le narrateur du *Cœur de la baleine bleue* recueille ses souvenirs quand il pense à Richard, à un point tournant de sa vie :
vivant désormais avec un cœur qui n'est pas le sien, il cherche
à savoir qui il est, ce qu'il reste de ce qu'il était. Mais c'est surtout la dimension collective de ces souvenirs qui frappe dans le
roman. Quand il se balade dans le Vieux-Québec, Noël évoque
les lieux qu'il a fréquentés, mais ceux-ci appellent aussitôt des
images venues «du fond de la mémoire collective et incons-
ciente». Ramenant Maurice Richard du passé, il parle de
«quelque chose d'ancien», d'un but «fameux», de batailles
«légendaires», de sa «prodigieuse» carrière. Il aurait voulu
que son interlocuteur saisisse «à quel point l'image de Richard
était vivante dans le cœur des gens de [son] âge». Il en vient à
parler des «racines les plus lointaines» et du «fonds commun
qui faisait [sa] race». Ce Maurice Richard-là est à chacun et à
tous, bien commun et bien collectif, indistinctement.

Pour le dire à leur tour, Pierre Létourneau et Jean-Claude
Germain auront recours à une même image. «On aurait dit
qu'i portait le sort de toul'Québec sur ses épaules», chante le
premier ; «j'ai l'impression d'ête un géant… une sorte de
saint Christophe qui porte tout lQuébec sus sé-z-épaules !»,

s'inquiète le personnage de Richard dans la pièce du second. La responsabilité est lourde, surtout quand on n'arrive pas à s'exprimer aussi clairement qu'on le voudrait.

En effet, Germain lie intimement la transformation d'un personnage historique en mythe et le langage de ce personnage. Son Louis Cyr avait traité longuement cette relation dans le septième tableau de la pièce. Lui, il maîtrise le langage, comme ne manque pas de le noter Richard : « ç'aurait été plus simppe pour moué, si j'avais parlé aussi ben quvous ! », et c'est par cette maîtrise qu'il est parvenu à accepter sa condition. Il est capable, lui, de parler « à hauteur de légende » et « à hauteur de pays ». Richard, de son côté, reste « écrasé par ce qu'il n'est pas ridicule d'appeler un destin », pour reprendre une des indications scéniques. On ne saurait au Québec penser le statut des mythes sans poser la question des moyens d'expression et, par là, de la langue et de sa (non-)maîtrise.

Ce faisant, Jean-Claude Germain mène une double entreprise. D'une part, la présence de Maurice Richard dans *Un pays dont la devise est je m'oublie* relève de la volonté de doter le Québec de mythes qui lui soient propres. D'autre part, en révélant les incertitudes de Richard, voire ses crises existentielles, le dramaturge participe d'une démystification (relative) des mythes. Ce double mouvement d'exaltation et de critique marque le Québec des années 1970.

Auparavant, à la fin des années 1950, il y avait eu une amorce de mythification, mais elle n'avait pas été suivie d'effets ; pendant les années 1960, l'image de Richard n'était plus celle du héros sportif qu'il avait été et elle n'était pas celle du mythe que l'on va construire dans les années 1970. Pourquoi ? La réponse s'impose : la mythification de Maurice Richard est contemporaine de la montée d'un nouveau nationalisme québécois et ce nationalisme essaie de se doter de grandes figures. Trois dates symbolisent ce renouveau : en 1970, le Parti québécois, dont le programme prévoit la sécession de la province de Québec de la confédération canadienne, fait élire ses premiers députés ; en 1976, l'année où paraît la première version de la biographie de Richard par Jean-Marie Pellerin et où la pièce de Germain est créée, ce parti prend le pouvoir au Québec ; en 1977, le gouvernement du Parti québécois fait adopter la loi 101, la «Charte de la langue française», dont le premier article stipule que «le français est la langue officielle du Québec». (Il importe de rappeler que les positions politiques du vrai Richard n'ont que très peu à voir avec le sens politique dont on veut investir son personnage. Maurice Richard peut bien être fédéraliste ; ce n'est pas cela qui empêchera les mythographes de s'emparer de son image.)

Plusieurs artistes sont impliqués dans ce renouveau sociopolitique, dont certains se sont penchés sur le cas Maurice Richard : Jean-Claude Germain ou le comédien Jean Duceppe, qui témoigne de son attachement à Richard dans le documentaire de Gilles Gascon. À la même époque, d'autres créateurs ont des interrogations qui rejoignent celles de Germain ou de Duceppe, mais sans qu'ils parlent du numéro 9 des Canadiens. Parue en 1971, la pièce *Ben-Ur* de Jean Barbeau dresse le portrait de Benoît-Urbain Théberge, gardien de sécurité à la Brook's et grand lecteur de bandes dessinées. Celui-ci, victime de constants sarcasmes à cause de son nom (la contraction de Benoît-Urbain en Ben-Ur), cherche ses héros dans les «comiques» américains (*The Lone Ranger*, *Tarzan*, *Zorro*) et regrette que le Québec n'ait pas les siens : même Jean Béliveau ne saurait en être un, car «Un héros, c'est immortel…» Il ne faudra pas attendre longtemps pour que le souhait de Ben-Ur se réalise et pour que le Québec se dote de mythes.

La mythification de Maurice Richard dans les années 1970 peut être interprétée en fonction de considérations «locales» : la situation politique au Québec ; le rôle des artistes dans cette situation. Il faut cependant sortir de ces considérations locales si l'on veut parvenir à comprendre comment le mythe, à peine constitué, peut être l'objet de critiques.

On se souviendra que le sport et son idéologie, au début de la décennie 1970, sont soumis à un vaste projet de démystification. Étudiant les biographies de joueurs de baseball, le paléontologue Stephen Jay Gould date de 1970 la rupture radicale entre la biographie conçue comme hommage et éloge, et celle qui ne laisse rien dans l'ombre de la vie privée des joueurs, qu'il appelle la « *kiss-and-tell biography* » (« Vous saurez tout ») ; cette année-là est publié *Ball Four*, sur Jim Bouton, le lanceur des Yankees de New York. Après la « *Boutonian revolution in baseball biography* » (« la révolution boutonienne dans la biographie de baseballeur »), rien ne sera plus pareil. Philip Roth publie *The Great American Novel* en 1973 et sa satire de la société américaine par le truchement de son « passe-temps national » découvre, sur le mode de la fiction la plus débridée, les fondements idéologiques du baseball. En 1972, le Suédois Per Olov Enquist, en reportage à Munich, est préoccupé par la mainmise du capitalisme sur les jeux Olympiques :

> Les jeux Olympiques grandissaient, ils devinrent de vastes spectacles offerts aux masses. On leur donna un contexte pédagogique. « L'important dans ces Olympiades, c'est moins de gagner que d'y prendre part », avait laissé échapper [un évêque américain] en 1908. Les mots devinrent historiques, une devise même de l'idéal olympique que l'on attribua plus tard à Coubertin. Un aphorisme de génie et d'une efficacité parfaite : *la performance sans récompense*. Le rêve de tout employeur, l'important n'est pas le salaire mais d'avoir le droit de travailler. Mais de la masse sportive surgirent pourtant des héros, ceux qui avaient gagné grâce à leur propre force ; et la pédagogie disait : ceux qui gagnent ont mérité la victoire. Ceux qui sont au sommet y sont par justice. La vie est une

pyramide, les perdants en bas, les gagnants en haut. C'est comme ça et c'est ainsi que ça doit être.

De ce passage, on retiendra la lecture idéologique du salariat et du mérite, et le vocabulaire employé — la « parfaite efficacité » —, cela appliqué au sport.

Cette double lecture idéologique et ce vocabulaire, on les entendra indirectement dans le film de Gilles Gascon, toutes les fois qu'il est question d'argent et de sport, et il en est souvent question. Elle est plus évidente dans « Crime et châtiment au Forum » de J. R. Plante et dans l'« Essai de sémiologie du hockey » de Paul Rompré et Gaétan Saint-Pierre, avec la collaboration de Marcel Chouinard. Pour Plante, Richard est « l'image idéale, vengeresse, du prolétaire québécois ». Rompré, Saint-Pierre et Chouinard écrivent :

> L'exploitation du salarié-joueur de hockey (pouvant aller jusqu'aux accidents de travail) ne remet pas en cause le caractère aliénant de cette industrie. Tout au contraire, une fois intégré à l'univers mythique, l'excès de travail fait figure de magnanimité. Loin de nuire à cette dimension mythique, elle l'alimente. *Ici, plus le travailleur s'aliène, plus il se grandit.*

Nourris de la pensée des théoriciens Louis Althusser et Julia Kristeva, ces auteurs parlent alors de l'ouvrage d'Andy O'Brien sur Maurice Richard paru en 1961. L'ancien journaliste du *Standard* et du *Weekend Magazine* ne se serait sûrement pas reconnu dans cette analyse, mais il aurait constaté avec plaisir que son héros survivait sans peine à cette déconstruction des mythes.

Le tournant du siècle

En matière de mythe, il y aurait eu, dans un premier temps, à la fin des années 1950, rapprochement et éloignement. Rapprochement : Maurice Richard est un homme comme les autres, un familier. Éloignement: Maurice Richard aurait été un joueur différent des autres, une légende, peut-être un mythe. Dans un deuxième temps, durant les années 1970, Richard aurait été transformé en un être hors du commun sur beaucoup de plans: personnage mythique pour de plus en plus de gens, incarnation de la nation pour la plupart. De rares voix se seraient élevées pour ramener Richard parmi les simples mortels; ces commentateurs se méfient des mythes, mais ils ne sont guère entendus. Entre ces deux périodes, il y aurait eu un bref séjour au purgatoire, durant les années 1960, comme si l'image de Maurice Richard, jugé traditionaliste et incapable d'émancipation, n'était pas recevable par les révolutionnaires tranquilles. Le slogan électoral du Parti libéral du Québec, «Maîtres chez nous», ne lui convenait pas, et son mutisme ne cadrait pas avec l'accession du Québec à «l'âge de la parole», pour reprendre le titre d'un recueil de poèmes de Roland Giguère.

Qu'en est-il à la fin du xxe siècle et au début du xxie? Force est d'observer que les discours sur Maurice Richard n'ont plus la superbe des textes de Chantigny ou de Germain. Le Rocket est toujours un mythe, mais un mythe apprêté au goût du jour et sans originalité excessive. Après avoir été voisin d'Icare et de saint Christophe, le voici redescendu parmi les siens. Il est un mythe québécois: proche et lointain, familier et extraordinaire, de ceux que l'on tutoie et que l'on vouvoie, de ceux qu'on appelle Maurice ou Monsieur Richard.

Pour de nouvelles générations qui ne l'ont pas vu jouer, Maurice Richard a réussi ce tour de force de devenir un familier. Qu'il soit l'objet de livres pour la jeunesse durant les années 1990 et 2000 est une manifestation de son inscription dans la durée et le signe de sa métamorphose en objet édifiant: le grand-père donne de sages conseils à ses petits-enfants et il ravive la nostalgie de leurs parents. Sinon, comment expliquer que se soient intéressés à lui, en même temps, Michel Forest (1991), François Gravel (1996), Henriette Major (1999), Michel Foisy (2000 et 2003), Carmen Marois (2000), Pierre Roy (2000), David Bouchard et Dean Griffiths (2002), et Jack Siemiatycki et Avi Slodovnick (2002)? La familiarisation et la mythification passent aussi par les hommages nombreux qu'on a rendus à Maurice Richard juste avant sa mort. Quatre sont spécialement significatifs. En mars 1996, le Forum de Montréal ferme ses portes et le Centre Molson ouvre les siennes. Il n'avait peut-être pas été décidé que Maurice Richard serait au centre des cérémonies qui entourent ces deux événements, mais il l'a été, d'ovations en défilés, de larmes (les siennes) en larmes (celles de ses partisans, toutes générations confondues). Quelques semaines plus tard, on inaugure l'exposition «L'univers Maurice "Rocket" Richard» à l'aréna Maurice-Richard. Il est entré au musée. Au terme de la saison 1998-1999, la Ligue nationale remet pour la première fois un trophée au meilleur marqueur de buts en saison régulière: le trophée Maurice-Richard officialise la place du Rocket dans l'histoire de son sport et lui assure sa pérennité. Enfin, lorsque le réseau RDI, en 1999, diffuse le lancement de la série *Maurice Richard. Histoire d'un Canadien*, il ne fait pas que contribuer à une campagne de publicité professionnellement orchestrée. Devant 104 membres de sa famille, les animateurs de la soirée et leurs invités répètent, sous toutes sortes de formes, que Maurice Richard est «quelqu'un d'immense qui n'a pas conscience qu'il a eu cet impact sur beaucoup de gens» (Marie-José Turcotte). Richard a été mythifié de son vivant: il ne sera pas parti sans que sa société lui avoue son amour, se félicitent les médias.

Toujours au tournant du xxᵉ siècle, après Jeanne d'Arc Charlebois, Oscar Thiffault, Bob Hill, Denise Filiatrault et Pierre Létourneau, c'est au tour d'Éric Lapointe et de

Marie-Chantal Toupin de chanter Maurice Richard. Dans les deux cas, leur chanson est un produit dérivé d'un film.

Que chante Lapointe en 1997, pour *Les boys II*, un des grands succès de la cinématographie populaire du Québec de la fin du xxe siècle? «Rocket (On est tous des Maurice Richard).» Comment cette chanson, sur des paroles de Lapointe et de Roger Tabra, commence-t-elle?

> On a tous notre heure de gloire
> On a tous écrit une page
> Du grand livre d'histoire
> D'une ligue de garage.

Richard était proche des siens; chacun est dorénavant proche de lui, les joueurs de hockey du dimanche dont la série de films *Les boys* raconte les aventures comme les auditeurs de la chanson et les spectateurs du film. (En 2001, *Les boys III* sera dédié «à Maurice Richard».)

Que chante Marie-Chantal Toupin en 2005, pour le film *Maurice Richard* de Charles Binamé? «J'irai au sommet pour toi.» Comment cette chanson, sur des paroles de Claude Sénéchal, commence-t-elle?

> C'est par des gestes
> Que l'on apprend
> Sur la sagesse des grands
> Je n'ai pas peur
> Des blessures
> Ni injures lancées à ma figure
> Je suis
> Grande et fière
> Et le resterai
> Ma vie entière.

Marie-Chantal Toupin n'est pas Gerry Boulet, du groupe québécois Offenbach, qui n'avait pas hésité à reprendre un des classiques d'Édith Piaf et à chanter «Je me ferais teindre en blonde»; pas de «Je suis / Grand et fier» pour elle, mais «Je suis / Grande et fière». Elle ne pousse pas l'identification aussi loin que Boulet. Elle est Maurice Richard, sans l'être tout à fait.

Prises ensemble, ces deux chansons permettent de saisir où en est le mythe au tournant du siècle. Les lieux communs du discours richardien y sont: chez Lapointe, la violence («mises en échec», «bagarre générale», «guerriers»), la fibre nationale («les gars de chez nous»), les yeux («On a du Rocket dans l'regard»); chez Toupin, le mutisme («Je parle peu»), la tendresse amoureuse («Je t'aime encore»), le courage («Même si / J'ai des bleus / Je n'ai jamais / Froid aux yeux»). On remarquera que l'histoire de Maurice Richard est désormais, et nettement, celle d'une réussite. Lapointe est catégorique:

Chaque soir, c'est le grand soir
On a mérité la victoire
La coupe est pleine, on va la boire
On a tous notre heure de gloire.

Toupin n'est pas moins «grande» ni «fière»:

C'est dans les gestes
Que j'ai appris
À gagner
Dans la vie
Dans l'adversité
Que j'ai trouvé
Le courage de foncer.

Maurice Richard n'est plus celui qui a réussi *malgré* les siens, lui qui était plus grand qu'eux tout en étant leur frère. Il n'est plus celui qui a réussi *à la place* des siens, lui qui est devenu un mythe au moment où la nation s'en cherchait, malgré de rares rabat-joie. Il est celui qui a réussi *pour* et *avec* les siens. «On est tous des Maurice Richard», répète Éric Lapointe.

On dira la même chose partout au printemps de 2000. Le sommet de la mythification sera atteint à la mort de Richard.

Tombeau du Rocket

«Voyons donc, Maurice est immortel, tout le monde sait ça.»
RENALD BÉRUBÉ, «En attendant les buts gagnants», 2000

Quelqu'un du nom de Maurice Richard meurt le 27 mai 2000; il n'y a pas lieu d'en disconvenir. Mais qui est celui qui meurt ce jour-là?

La notice nécrologique publiée dans les journaux est sobre:

RICHARD, Maurice «Rocket»

1921-2000

Le 27 mai 2000, à l'Hôtel-Dieu de Montréal, à l'âge de 78 ans, est décédé M. Maurice «Rocket» Richard, époux de feu Lucille Norchet. Outre sa compagne Sonia Raymond, il laisse dans le deuil ses enfants: Huguette, Maurice jr, Normand, André, Suzanne, Polo et Jean, leur conjoint(e) respectif ainsi que ses petits-enfants, frères, sœurs, beaux-frères, belles-sœurs, plusieurs neveux, nièces, parents et de nombreux ami(e)s.

La dépouille sera exposée au Centre Molson à compter de 8 heures mardi et ce jusqu'à 22 heures.

Le service funéraire sera célébré à 10 h 30 le mercredi 31 mai en la basilique Notre-Dame-de-Montréal, par le cardinal Jean-Claude Turcotte.

Au lieu de fleurs, des dons à la Fondation du Centre hospitalier de l'Université de Montréal ou à la Fondation Maurice-Richard (1010, de La Gauchetière Ouest, bureau 1400, Montréal (Québec) H3B 2B2) seraient appréciés.

Direction funéraire: Urgel Bourgie.

Au-dessus de cette notice, une photo du mort, en veste et en cravate, souriant.

Celui qui vient de mourir est manifestement quelqu'un de considérable : sa dépouille sera exposée au Centre Molson ; un cardinal célébrera son service funéraire dans une basilique ; une fondation porte son nom. C'était un homme de famille : voir la longue énumération de prénoms et de qualités qui suit l'annonce du décès. Il était malade : on peut faire un don en son honneur à l'Université de Montréal, dont relève l'Hôtel-Dieu. Il est mort au Québec : pour s'en convaincre, il suffit d'être attentif à l'étrange féminisation du texte («leur conjoint(e) respectif», «nombreux ami(e)s»). Que faisait ce Maurice «Rocket» Richard dans la vie ? Ce n'est dit nulle part. Les mythes n'ont pas besoin d'être présentés : ils sont précédés, et leur mort avec eux, de leur aura.

Chronique d'une mort annoncée

Il y a longtemps que l'on savait que Maurice Richard allait mourir. Le 9 avril 1955, le romancier Hugh MacLennan parlait de sa saison 1954-1955 en utilisant l'expression «*dying years*» («les années de la fin»). Quatre ans plus tard, Louis Chantigny proclamait «Une fin tragique pour le Rocket». Au début des années 1970, Pierre Létourneau, dans la chanson «Maurice Richard», s'excusait auprès de son public : «Pardonnez-moi si aujourd'hui j'vous en parle comme si i était mort / C'est qu'il était toute ma vie sous son chandail tricolore.» En 1989, le personnage principal du film *La vie après le hockey* écrivait une lettre imaginaire à Richard : «Avez-vous déjà pensé à la mort ?» Au moment où il formulait cette interrogation, la caméra s'arrêtait sur une photo de Richard à la retraite, comme si l'une et l'autre s'appelaient mutuellement. Plus récemment, journaux et magazines avaient suivi la progression de la maladie de l'ex-joueur de hockey. *Dernière heure*, «L'hebdo de l'actualité», montrait en première page, le 4 juillet 1998, une photo d'un Maurice Richard émacié, accompagnée du titre «Maurice Richard. "Le point sur ma maladie." Texte intégral de sa conférence de presse.» Trois mois auparavant, il était en première page du quotidien *La Presse*: «Je me sens très bien!» affirmait-il en manchette. Richard y décrivait son état physique et la thérapie à laquelle il se prêtait. Il y faisait cette confession: «C'est la peur de rencontrer des gens qui me paralyse.» Un mythe peut-il avouer sa déchéance physique? Le 12 septembre 1998, toujours en première page de *La Presse*, Michel Blanchard annonçait la rémission de sa maladie: «La plus grande victoire du Rocket.»

Et pourtant il meurt.

Les médias avaient eu le temps de se préparer. Les faits (et les faits d'armes) avaient été colligés, les statistiques avaient été rassemblées, les anecdotes étaient prêtes. Les illustrations, souvent les mêmes, étaient disponibles, qu'elles soient animées ou fixes. Les extraits sonores ne manquaient pas non plus. Il restait à interviewer tout un chacun, les grands de ce monde et les modestes, à ouvrir ses pages ou ses ondes aux témoignages du public et à se lancer dans des interprétations socio-mythico-historico-politiques de ce qui était dès lors un phénomène. Dans ces conditions, la cohérence du discours funéraire était prévisible. Le récit de la vie de Maurice Richard est tracé.

Les Maurice Richard du printemps 2000

Il y a plusieurs Maurice Richard qui meurent en mai 2000.

Bien que la très grande majorité de ceux qui le pleurent ne l'aient pas vu jouer, le discours funéraire énumère les exploits du joueur et ses qualités athlétiques. On ressort les histoires les plus connues: la soirée des cinq buts en 1944, le match suivant le déménagement, aussi en 1944, le but contre «Sugar» Henry en 1952, l'émeute de 1955, la retraite en septembre 1960, l'ovation après le dernier match des Canadiens au Forum le 11 mars 1996. On rappelle que Richard le joueur ne vivait que pour *scorer* (marquer), qu'il était le plus explosif une fois traversée la ligne bleue des adversaires, que son lancer du revers était dévastateur. On le compare aux habituels sportifs du passé, le baseballeur Babe Ruth en tête, mais aussi à celui dont on a voulu le distinguer le plus clairement, Gordie Howe. En cette matière, une constante : personne n'aurait jamais été plus déterminé que Maurice Richard sur une patinoire. Celui qui aimait dire qu'il était « seulement un joueur de hockey » était certes un joueur de hockey, mais un joueur hors du commun.

C'est aussi un pionnier que perd la nation québécoise (pour le dire dans les termes des médias). Par le passé, on l'avait comparé à des sportifs et à des figures politiques. On va désormais plus loin. En fait, au jeu de l'allusion, un peu tout le monde y passe, de Jean Drapeau, l'ex-maire de Montréal, à Jean Chrétien, alors premier ministre du Canada, de la poétesse Anne Hébert, sous la plume de Pierre Foglia, au frère André, « le thaumaturge du mont Royal ». On compare toujours Richard au cardinal Paul-Émile Léger et à d'autres grands Québécois du passé, mais de nouvelles analogies apparaissent. Presque aucun commentateur, avant qu'il ne meure, n'avait pensé à mettre en parallèle Richard et des hommes d'affaires comme J. Armand Bombardier (véhicules récréatifs, avions, wagons de métro et de train), Pierre Péladeau (médias, imprimeries), Paul Desmarais (transports, médias) : il serait l'égal de ces bâtisseurs d'entreprises (Bombardier, Quebecor, Power Corporation). La comparaison avec Félix Leclerc n'est pas nouvelle, ne serait-ce qu'à cause de la rencontre largement médiatisée entre les deux hommes, en octobre 1983 à l'île d'Orléans, sur les terres de Leclerc. Cette comparaison est fort fréquente au printemps 2000 et elle est fréquemment jumelée à une autre comparaison, plus neuve celle-là, avec l'ex-premier ministre du Québec René Lévesque. Richard aurait été l'égal, dans le sport, du chanteur et de l'homme politique, il aurait été comme eux un éveilleur et, par là, un précurseur. Selon le journaliste Pat Hickey, le joueur-propriétaire des Penguins de Pittsburgh, Mario Lemieux, ne compare Richard à personne, mais il insiste sur le fait qu'il a ouvert la voie aux joueurs francophones dans la Ligue nationale de hockey. Que cette déclaration soit contestable importe peu, dans la mesure où elle est cohérente par rapport au discours médiatique des derniers jours de mai 2000. Maurice Richard a tracé le chemin.

Le joueur et le pionnier sont partout. Cela est normal, car Maurice Richard, en sa mort, a été le rassembleur par excellence. Les cérémonies autour de lui le montrent parfaitement. Dès l'annonce de la mort, les médias se sont faits le relais de sa famille. Celle-ci aurait souhaité des activités privées, mais elle aurait rapidement dû se résoudre à vivre son deuil au grand jour : la demande était trop forte. Cette dimension publique du deuil, on la saisira en quatre lieux.

Aussitôt connue la mort, les partisans endeuillés se cherchent des points de ralliement. Le Forum, en cours de transformation en Centre Pepsi, ne fait pas l'affaire pour ces pleureurs de la première heure, pas plus que le Centre Molson, jugé trop impersonnel. Quelques-uns fileront à l'Hôtel-Dieu, où Richard est mort, mais le lieu est trop peu associé au joueur pour pouvoir convenir. On est en quête d'un lieu symbolique susceptible de regrouper le plus grand nombre. Autrement dit : où se recueillir ?

Ce sera devant la maison de Richard, rue Péloquin, dans le nord de Montréal. On y déposera des souvenirs, des fleurs et des messages d'adieu. Les enfants sont nombreux à venir :

> Ça fait déjà plus de 9 ans qu'on habite près de chez vous, nous vous avons toujours admiré. Malheureusement, votre départ nous

laissera un grand vide dans notre cœur québécois. Francis Melanson. [illisible] Melanson. St-Charles 10884.

C'est un proche, parfois un voisin, que l'on pleure. Mais tout le monde ne sait pas où habitait Maurice Richard. On se réunira alors à l'aréna qui porte son nom et devant la statue qu'on y trouve. Des gens de toutes générations iront y offrir un tribut à leur héros. On revêtira le joueur de bronze du drapeau fleurdelisé du Québec et d'une écharpe aux couleurs des Canadiens. On laissera à ses pieds des fleurs, des dessins, des photos, des collages et des objets bigarrés (rondelle de ruban adhésif, chandelle, cigare, bâton de hockey). On lui confiera des masses de messages :

> Il y a un être cher
> de moins sur la terre
> Mais… il y a une
> étoile de plus au ciel.
> Maurice CH #9.

Dans ces messages, l'emploi du prénom et le tutoiement sont monnaie courante : « À Dieu mon grand. On t'aime » ; « Maurice. On dit pas adieu à un homme comme toi. On dit salut !!! » ; « Ton souvenir est comme un livre bien aimé, qu'on lit sans cesse et qui jamais n'est fermé. Merci Maurice 9 » ; « Tes bras meurtris ont porté le flambeau. Maintenant, ils peuvent se reposer » ; « Au Rocket, sois heureux et veille sur moi. » Les passants échangeront leurs souvenirs du Rocket, entre eux ou pour les journalistes. On viendra même prier. Cet autel spontané, comme celui de la rue Péloquin, ne sera soumis à aucune des contraintes protocolaires des deux autres lieux, officiels ceux-là, qui serviront au culte de Maurice Richard. Cela ne revient pas à dire qu'ils étaient les plus populaires, mais il est clair qu'une plus grande liberté s'y donnait à voir.

En mai 2000, une admiratrice pleure devant la statue de Maurice Richard.

Le 30 mai 2000, de 8 heures à 22 heures, le corps de Maurice Richard est exposé en chapelle ardente au Centre Molson de Montréal. Ce centre sportif a remplacé le Forum en 1996 et Richard n'y a jamais joué, mais il est devenu le domicile des Canadiens et, à ce titre, il s'imposait comme lieu de recueillement. (On aurait pensé à la possibilité d'y tenir les funérailles, mais cela ne se fera pas.) Le cercueil reposait sur la surface de jeu. La mise en scène insistait sur la solennité de l'événement. La famille de Richard se tenait près du cercueil. Deux affiches géantes représentaient le Rocket : l'une, en noir et blanc, était une photo ancienne qui mettait en valeur le regard du joueur ; l'autre, en couleurs, montrait Richard revêtu du chandail rouge des Canadiens, le chandail numéro 9 bien sûr, un flambeau à la main. La bannière bleu-blanc-rouge rappelant que le numéro 9 de Maurice Richard avait été retiré et que plus personne ne pouvait le choisir parmi les joueurs des Canadiens avait été ramenée des cintres à la hauteur de la patinoire. La musique d'ambiance était classique : Mahler, Gounod, Brahms, Satie, Massenet, Mozart, Vivaldi, Bach. Plus de 115 000 fidèles auraient défilé devant le cercueil ouvert de l'idole du lieu. Ils pouvaient laisser un témoignage en signant un registre installé dans un chapiteau situé près du Cours Windsor, à côté du Centre Molson. Les médias ne manquent pas de comparer cette chapelle ardente à celle tenue au Forum en 1937 pour Howie Morenz.

Le lendemain, le 31 mai, les funérailles nationales de Richard sont célébrées en la basilique Notre-Dame de Montréal. De 1996 à 2004, cinq autres personnalités auront eu droit à ce type de funérailles au Québec. Avant lui, le poète et éditeur Gaston Miron (le 21 décembre 1996) et le ministre et psychiatre Camille Laurin (le 16 mars 1999). Après lui, le peintre Jean-Paul Riopelle (le 18 mars 2002), le syndicaliste Louis Laberge (le 24 juillet 2002) et l'éditorialiste et ministre Claude Ryan (le 13 février 2004). Deux créateurs (un homme du livre et un peintre, auquel on a comparé Richard), deux ministres (un indépendantiste et un fédéraliste), un homme d'action qui se présentait comme un homme du peuple (le surnom de Laberge était Ti-Louis) : fruit du hasard, le voisinage n'en définit pas moins l'homme Maurice Richard avec assez de justesse, jusque dans ses contradictions.

Le convoi funéraire parvient à la basilique après avoir emprunté la rue Sainte-Catherine, celle de l'ancien Forum et de l'Émeute. Environ 3000 personnes sont admises dans la basilique. S'y côtoient la famille et les ex-coéquipiers, les politiques et les médiatiques. À l'extérieur, sur la place d'Armes, la cérémonie est visible sur écran géant. L'office est célébré par le cardinal Jean-Claude Turcotte. Un des amis de Maurice Richard, Paul Aquin, un de ses neveux, Stéphane Latourelle, et un de ses fils, Maurice Richard fils, s'adressent au public. On lit deux passages de la bible. Le premier provient de la seconde lettre de saint Paul Apôtre à Timothée (4,7-8). S'y mêlent la fierté de s'être toujours battu et la confiance en une récompense à venir : « Je me suis bien battu, j'ai tenu jusqu'au bout de la course, je suis resté fidèle. Je n'ai plus qu'à recevoir la récompense du vainqueur […]. » Le second est tiré de l'Évangile selon saint Jean (14,2-3) : « Je pars vous préparer une place […] je reviendrai vous prendre avec moi ; et là où je suis, vous y serez aussi. » La chanteuse populaire Ginette Reno interprète, comme aux funérailles de son propre père, « Ceux qui s'en vont, ceux qui nous laissent » : d'un père à l'autre, il n'y a qu'un pas. (Céline Dion, d'abord sollicitée, a dû refuser pour des raisons médicales : la future mère était alitée dans une clinique de fertilité.) On joue du Fauré, du Gounod, du Franck, du Bach, des hymnes et des psaumes. Les huit porteurs sont d'anciens joueurs des Canadiens, retenus parce qu'ils avaient joué avec Richard : Jean Béliveau, Henri Richard, Elmer Lach, Émile Bouchard, Ken Reardon, Kenny Mosdell, Dickie Moore, Gerry McNeil. Le tout est retransmis par la majorité des télévisions francophones québécoises et quelques anglophones. L'Assemblée nationale a suspendu ses débats et les drapeaux sont en berne.

La solennité n'est pas moindre que la veille, même si elle est modulée de plusieurs façons. Le cardinal Turcotte, au courant de l'amour de Maurice Richard pour cette activité, lui souhaite une bonne pêche céleste : « Au ciel, il y a les apôtres, qui étaient de fameux pêcheurs. […] Bon repos Maurice, bonne pêche!» Des gens crient «Merci Maurice», comme si l'utilisation du prénom allait de soi. Le public applaudit la dépouille et lui offre une dernière ovation debout, ce qui étonnera au Canada anglais, mais pas au Québec.

De l'Est de Montréal (l'aréna Maurice-Richard) au Nord (sa maison), comme du centre-ville (le Centre Molson) au Vieux-Montréal (la basilique Notre-Dame), on retiendra que Maurice Richard a réuni, dans les derniers jours de mai 2000, des centaines de milliers de personnes, des millions si l'on ajoute à cela les reportages journalistiques, radiophoniques, télévisuels, numériques. (Les messages de sympathie pouvaient être adressés par ordinateur à maurice.richard@canadiens. com.) Les rares voix discordantes qu'on a pu entendre n'avaient en général rien à reprocher à Richard, mais elles déploraient, avec plus ou moins de retenue, l'unanimisme du discours entourant sa mort et la place que ce discours occupait dans l'espace public. La chronique nécrologique n'avait pas besoin de présenter Maurice Richard : tout le monde le connaissait et aurait voulu se reconnaître en lui.

Cette identification supposée est renforcée par le fait que Maurice Richard, si l'on en croit les médias, est une des figures les plus familières du Québec. Elle l'est parce que Richard aurait toujours été proche de ses fidèles. On en prendra pour preuve le fait que pour eux, qu'ils l'aient connu ou pas, Richard est «Maurice» et que ce Maurice, on peut sans peine le tutoyer. Cette figure est surtout familière en ce que les microrécits qui constituent le grand récit richardien évoquent à l'envi les membres d'une famille : la plupart de ceux qui ont quelque chose à raconter sur Maurice Richard, et ils sont nombreux, rappellent du même souffle un souvenir familial. Certains, de moins en moins nombreux, se souviennent avoir vu jouer Richard et ils partagent ce souvenir avec leurs enfants et leurs petits-enfants. Par conséquent, plusieurs associent

Richard à leur père ou à leur grand-père : ils ne l'ont jamais vu jouer, mais on leur a dit comment c'était. La trame mémorielle familière et familiale prend une tournure paradoxale : Maurice Richard est proche de chacun, c'est un familier, voire un membre de la famille, tout en restant éloigné, puisque ceux qui le pleurent ne le connaissaient généralement que par personnes interposées. Quiconque lit en rafale les témoignages de mai 2000 ne pourra qu'être sensible à ce double discours : « Je me souviens, car on m'a raconté. »

Ce qu'on a raconté, c'est le joueur, le pionnier, le rassembleur, le proche, « l'homme ordinaire » (selon le commentateur radiophonique Christian Tétreault). C'est aussi le modèle à suivre. Maurice Richard a un « héritage » à transmettre (le mot est partout), un flambeau à passer (celui de la photo du Centre Molson), un message à faire entendre. Qu'on dise *héros*, *légende*, *mythe*, *symbole* ou *idole*, on ne cesse de répéter la même chose : Maurice Richard ne peut pas mourir, il ne doit pas mourir. Il était violent sur la glace ? C'était la preuve de sa détermination, et de cette détermination on a besoin aujourd'hui ; tout le monde avait le mot à la bouche en mai 2000. Il parlait peu ? Les mots ont peu de poids en regard des actes, particulièrement des actes héroïques qu'on lui prête sans regarder, et c'est par les actes que le succès se mesure dorénavant, plus que par les mots. Il a incarné la réussite des Canadiens français, puis des Québécois, hors des frontières nationales ? Voilà l'exemple à suivre, et qu'a suivi Céline Dion, pour ne prendre qu'elle : c'est à l'échelle du globe que s'illustrent les battants du xxie siècle.

On imagine aisément que se pose dès lors une question cruciale : un modèle pour qui ? Pour les seuls francophones ? Pour les Québécois de toutes origines ? Pour les Canadiens français ? Pour les Canadiens ? S'il est une question sur laquelle l'unanimité achoppe, c'est celle-là. Aucun groupe ne va jusqu'à s'approprier ouvertement la mémoire de Maurice Richard contre un autre, mais, à l'occasion, des tensions se font sentir.

Les médias francophones répètent à qui mieux mieux que Maurice Richard est un mythe *national* et ils entendent par là un mythe *québécois*. Pour les commentateurs, cette équivalence va de soi : aucun ne paraît penser que Richard pourrait être un mythe *canadien*. À la limite, ils distinguent entre *canadien-français* et *québécois*, mais guère plus. Il ne s'agit pas d'un affrontement : les commentateurs francophones n'envisagent pas d'autre contexte politique que le québécois pour donner un sens au phénomène Maurice Richard. Qu'on lise *La Presse* (Christian Dufour, Pierre Foglia, Lysiane Gagnon, Pierre Gravel, Nathalie Petrowski, André Pratte, Serge Rochon, Mario Roy, Réjean Tremblay), *Le Journal de Montréal* (Michel C. Auger) ou *Le Devoir* (Jean Dion, Jean-Robert Sansfaçon), le cadre d'interprétation est toujours le même. Le *nous* qui pleure Maurice Richard est québécois et c'est pour ce *nous* que Richard doit être un modèle.

Du côté anglophone, les choses sont plus complexes. Un des successeurs de Richard au poste de capitaine des Canadiens, Mike Keane, le laisse entendre à Mario Leclerc du *Journal de Montréal* : « Lorsqu'on lui a fait remarquer que le Rocket était une légende, une figure de proue, pour le peuple francophone, Keane s'est inscrit en faux. "Il était une légende pour tout le monde du hockey." » Titrant en première page « Au revoir, Maurice », le *Calgary Herald* du 1er juin 2000 rapporte des propos qui vont dans le même sens. Pour le commentateur Don Cherry, entre autres personnes interviewées, le Rocket est un héros aimé des Canadiens, pas seulement des Québécois : « *People in Quebec loved the Rocket, but he was our hero, too* » (« Les Québécois aimaient le Rocket, mais il était aussi notre héros »).

Lawrence Martin, auteur d'ouvrages sur la politique canadienne, sur Mario Lemieux et sur la série de matchs de hockey

Canada-Russie de 1972, est celui qui va le plus loin dans l'appropriation pancanadienne du mythe de Maurice Richard : « À l'extérieur du Québec, Richard n'est pas considéré — et ne l'a jamais été — comme un symbole d'une des deux solitudes » (« *Outside of Quebec, Richard is not seen, nor was he ever seen, as a symbol of a solitude* »). Pour marquer le coup, le commentateur du groupe Southam en arrive à une comparaison inouïe chez les francophones, entre Richard et Pierre Elliott Trudeau :

> Pierre Trudeau a toujours affiché une attitude pleine de bravade. Sur la sphère internationale, il a rapidement éliminé l'image de troupeau qui collait à la peau des Canadiens. À la maison, peu le menaçaient. À partir de la ligne bleue, il réduisait quiconque en charpie.
>
> (*Pierre Trudeau always had a remarkable air of defiance about him. On the international stage he made short work of the image of Canadians as cattle. On the home front, few could challenge him. From the blue line in, he would carve you to pieces.*)

Richard, Trudeau (qui mourra en septembre 2000) : pour allier ces deux noms et en faire l'apologie à titre de modèles du patriotisme canadien, pour marier une icône nationaliste et le champion du fédéralisme, il faut ne pas être Québécois francophone ou il faut vouloir résister au discours commun sur Maurice Richard, à ce qu'on pourrait appeler sa vulgate. (Il convient de savoir que Martin voit le Rocket un peu partout. Dans *Iron Man*, le second volume de sa biographie de l'ex-premier ministre du Canada Jean Chrétien, il compare le regard brûlant du chef souverainiste Lucien Bouchard à celui de Maurice Richard.)

Qu'il y ait un Maurice Richard québécois et un Maurice Richard canadien ne devrait pas surprendre. Le Rocket des Québécois et celui des Canadiens ne sont pas les mêmes tout en étant très proches l'un de l'autre. Ils ne sont pas des mythes de même nature; il n'est pas sûr qu'il s'agisse de mythe dans les deux cas.

Le dernier Maurice Richard qu'on enterrera le 31 mai 2000 est imprévu. Pour Alain Gerbier, du quotidien français *Libération*, le Québec perd en Richard son « saint de glace ». Des médias locaux, francophobie oblige, se sont moqués de cette conception « religieuse » du personnage de Richard, mais ils auraient eu intérêt à se demander si cette image ne circulait pas autour d'eux. Ils auraient dû constater qu'elle était active au Québec. *Le Devoir*, par une caricature de Garnotte, *La Presse*, par celle de Chapleau, et *Le Journal de Montréal* soulignent aussi qu'un saint vient de mourir. Le même *Journal de Montréal* va jusqu'à parler d'un « dieu ». Les gens qui signent le registre du Cours Windsor ne pensent pas autrement : « Le Rocket, élu de Dieu » ; « After God is Maurice » ; « Merci Dieu pour nous avoir donné Richard. » *The Gazette* s'inscrit dans un registre semblable, quand elle cite l'ex-arbitre Red Storey le 28 mai 2000 : « *He wasn't the greatest skater in the world, he wasn't the greatest stickhandler in the world, but the guy upstairs sent him down just to show everybody how determination could score goals.* » Ce n'est ni un grand patineur (« *skater* ») qu'on célèbre ni un grand manieur de bâton (« *stickhandler* »), mais un modèle de détermination et un envoyé de Dieu (« *the guy upstairs* »). Qui de mieux que Lui pour donner sens à ce qui risquait la dispersion ? (Cinq ans plus tard, sous la plume d'Alain de Repentigny, le hockeyeur sera presque devenu, pour ses partisans, une relique : « Parler à Maurice, c'était comme toucher au saint suaire. » En 2007, Réal Béland s'adressera à « Notre père le Rocket qui êtes aux cieux ».)

Une dernière demeure ?

Maurice Richard a reposé dans un cercueil du Groupe Victoriaville. Comment le sait-on ? Par un « reportage

publicitaire» paru dans le journal *La Presse*. Sous le titre
«Entrepreneur», la société Roynat Capital, «le chef de file des
banques d'affaires au Canada», commandite des portraits «en
hommage au succès des entreprises canadiennes». Celui du
6 mai 2005 s'ouvre sur ces mots :

> Qu'ont en commun Maurice Richard, Robert Bourassa, Jeanne
> Sauvé et même le Soldat inconnu ? Chacun repose dans un cer-
> cueil signé Groupe Victoriaville, le premier fabricant de cercueils
> au Canada et le deuxième en Amérique du Nord pour ceux fabri-
> qués en bois.

À côté d'un ancien premier ministre du Québec, d'une
ancienne gouverneure générale du Canada et de la personni-
fication du sacrifice militaire, ce soldat inconnu de la Première
Guerre mondiale dont on a rapatrié les restes à Ottawa quelques jours avant la mort de Richard, l'ex-joueur de hockey
demeure, cinq ans après sa mort, un bon véhicule publicitaire
pour les 100 000 cercueils et «contenants de crémation»
construits annuellement par le Groupe Victoriaville. Plusieurs
avaient profité de la mort de Richard pour (se) faire de la
publicité : la pétrolière Ultramar, la chaîne de magasins Bureau
en gros, la brasserie Molson, des institutions bancaires (les
services financiers Desjardins, la Banque nationale), les restau-
rants McDonald's, les boutiques Sports Experts, les stations
de radio CKAC et CJAD, le transporteur aérien Air Canada,
la société cinématographique Warner Bros., *La Presse* et
Loto-Québec («Loto-Québec salue un grand gagnant»...).
Le Groupe Victoriaville a simplement attendu un peu plus
longtemps. Il est vrai qu'il aurait été indélicat de faire une
publicité de cercueils plus tôt.

Les cendres du Rocket sont enterrées au cimetière Notre-
Dame-des-Neiges à Montréal. Comment le sait-on ? Les lecteurs de quotidiens ont pu le découvrir lors de l'inauguration

de son monument funéraire, le 4 août 2001, qui aurait été le jour de son quatre-vingtième anniversaire. Les visiteurs du cimetière, eux, peuvent difficilement ne pas voir cet ensemble massif, sa base carrée, ses cinq colonnes de granite tronquées et d'inégale hauteur, sa flamme centrale, ses inscriptions (« RICHARD », deux fois, et « NE JAMAIS ABANDON-NER / NEVER GIVE UP », sa devise), le moule dans le bronze de sa main, sa signature et l'insigne de son club, un portrait de lui et de sa femme, jeunes et souriants, toujours dans le bronze. Œuvre de Jules Lasalle, à qui l'on doit la statue de Richard devant l'aréna qui a son nom, ce monument voisine celui d'un ancien maire de Montréal, à côté duquel il a souvent été photographié, Jean Drapeau.

Comparons ce monument à celui du baseballeur Roger Maris. En 1944-1945, Maurice Richard a réalisé un exploit longtemps inégalé : cinquante buts en cinquante matchs. Maris, lui, a battu le record de coups de circuit de Babe Ruth en une saison : soixante et un circuits en 1961. Il est enterré au cimetière Holy Cross de Fargo, dans le Dakota du Nord. Sa pierre tombale est simple : un carré noir, reposant sur un de ses angles. Au verso, on lit simplement le nom de Maris, sans prénom. Au recto, on lit le même nom, toujours sans prénom, au-dessus de l'image d'un frappeur de baseball, des chiffres 61 / 61 et de la phrase « *Against all odds* » (« Envers et contre tous »). C'est la tombe d'un grand joueur de baseball, pas celle d'un mythe.

Contre Maurice Richard

Est-il possible, en 2006, de rejeter la mythification dont Maurice Richard est l'objet ? L'a-t-on déjà pu ? La première réponse qui vient à l'esprit est une question : pourquoi pas ? La seconde est qu'un tel discours, évidemment possible, est fort peu défendu et qu'il n'a guère laissé de traces. S'il est arrivé à l'auteur de ces lignes, invité à parler du Rocket dans une tribune téléphonique à la radio, d'entendre un plaidoyer *contre* Maurice Richard, supposé sans talent et paresseux, il s'agit d'une des exceptions qui confirment la règle. Michel-Wilbrod Bujold admire Maurice Richard l'homme, celui qui a été la victime de Clarence Campbell, mais le joueur le convainc moins. Il ne l'accuse pas de manquer de talent ou d'être paresseux. Il lui reproche plutôt, dans *Les hockeyeurs assassinés* (1997), de ne pas savoir se servir de son bâton comme un artiste devrait le faire. Il y a peu d'élus à son panthéon des habiles manieurs de bâtons, à son « Temple de l'Obscure Renommée ». Richard n'est pas du nombre ; Bujold lui préfère Camille Henry ou, pour rester dans la famille, son frère Henri.

Parmi les (rares) autres exceptions, on peut signaler des déclarations exaspérées au moment de la mort de Richard, mais ce sera pour les écarter aussitôt. Ce n'est pas tant la figure du Rocket qui était incriminée que la frénésie commémorative qui s'est emparée de la société québécoise en mai 2000. C'est contre « l'enflure médiatique » qu'en a l'hebdomadaire *Ici* du 1er juin 2000, qui s'y prend à deux fois pour la pourfendre. L'une attaque les « viandes froides » consacrées à Richard, ces « rétrospectives préparées en prévision de la mort des personnalités publiques ». Un autre va plus loin :

> Obscène, pitoyable, graveleux, charognard, malsain, lamentable, affligeant, indécent ou scabreux, voilà quelques-uns des qualificatifs qui me viennent en tête lorsqu'il s'agit de décrire le comportement affiché par certains médias à la suite de la mort de Maurice Richard.

Michel Brunelle, à l'automne 2000, sera aussi cynique, mais sur un plan différent. « Rocket knock-out », publié dans la revue *Mœbius*, s'ouvre sur ces mots : « Le Rocket est mort. Au vu du gigantesque déploiement auquel cet événement a donné lieu, il est de circonstance de se pencher sur le phénomène social qu'il a incarné. Maurice Richard fut un héros. *L'idole d'un peuple.*» De ce constat préliminaire, on passe à une critique de la mythologie de Richard, ce «crédule credo», l'«*effet Maurice Richard*». Sur quoi cette critique s'appuie-t-elle? Sur une affirmation politique: la vénération de «notre supposé héros» n'a mené à rien sur le plan de la revendication nationale. Le hockey n'aura offert à la nation que des «victoires par procuration», il n'aura mené à aucune véritable libération; l'émeute de mars 1955 n'aura été qu'un «feu de paille», un «placebo». Le diagnostic (historique) ne fait pas dans la dentelle:

> voir Maurice Richard gagner suffisait à combler les ambitions de ces gens [deux générations de Québécois] qui ne croyaient pas en eux-mêmes, apaisait artificiellement leurs sentiments de brimade, les dispensant ainsi de chercher à se libérer, individuellement ou collectivement.

Pour le dire à la manière de Karl Marx ou des années 1970: le sport est «l'opium du peuple». De même que Richard aurait été un objet passif aux mains de ses mythificateurs, Brunelle en fait à son tour un symbole, mais le symbole d'un échec — d'un échec collectif, pas individuel. À la limite, Maurice Richard, dont il reconnaît qu'il était «un homme [...] exceptionnel», n'a, pour Brunelle, que peu d'importance. Ce qui compte, ce sont les relations des Québécois avec «les Anglais».

Dans sa réflexion sur les modèles masculins au Québec, *Échecs et mâles* (2005), Mathieu-Robert Sauvé énumère «Quatorze types d'hommes», parmi lesquels «Le héros». Il en cherche des spécimens dans plusieurs sphères d'activités, dont le sport. Y a-t-il d'«authentiques» héros sportifs québécois? Oui, et la plupart sont des hockeyeurs. Maurice Richard y est, sans occuper l'avant-scène. Sauvé lui adresse le même reproche qu'aux autres : vous êtes des héros, mais «unidimensionnels». Pour vous, hors de la patinoire, point de salut. Sauvé en a particulièrement contre l'inintérêt des athlètes pour la politique ; il rejoint par là la position de Michel Brunelle.

Après le grand emportement de 2000, dont relèvent les textes d'*Ici* et de *Mœbius*, l'année 2005 donne lieu à une floraison de panégyriques. Pour quel motif ? La sortie en salle du film *Maurice Richard*, réalisé par Charles Binamé sur un scénario de Ken Scott. La presse est unanime à louanger le film, tant pour le jeu des acteurs que pour la qualité de la reproduction historique de la société québécoise de la fin des années 1930 à 1955. Le battage entourant sa sortie aurait été le plus coûteux de l'histoire du cinéma québécois : il est évalué à 2 000 000 $ pour un film qui a coûté 8 000 000 $. Les médias sont mis à contribution : Internet, radio, télévision, presse. On organise même des concours pour recruter des jeunes sportifs dont la détermination serait égale à celle du héros cinématographique.

Dans le concert d'éloges, une seule voix radicalement discordante se fait entendre, celle de Lysiane Gagnon, dans *La Presse* du 13 décembre 2005. S'interrogeant sur le Québec incarné par Maurice Richard dans les années 1950 et sur son rapport au Québec du xxie siècle, la chroniqueuse affirme que «Maurice Richard, en dehors de la patinoire, était un perdant». Ce qui l'intéresse n'est pas tant le film en soi que la réflexion qu'il permet sur l'évolution sociale. Pour Gagnon, cette évolution est telle que les spectateurs québécois ne peuvent reconnaître dans le film la société dans laquelle ils vivent maintenant. Montréal s'est transformée, les francophones ont accédé aux commandes de l'économie et la langue française a acquis un nouveau statut depuis les années 1970 : bref, tout a changé. Les Québécois «ne se reconnaissent plus» dans une image de «perdant» comme celle du Rocket. Là où Michel

Brunelle voyait dans le culte de Maurice Richard la source d'un échec politique, Gagnon croit impossible, en 2005, l'identification politique au héros de cinéma. (On notera la cohérence de la pensée de Gagnon en cette matière : dès le 1er juin 2000, elle réfléchissait à la récupération politicienne de Maurice Richard, en « gagnant » cette fois-là.) Cette interprétation dissonante n'aurait guère de signification si elle restait isolée. Or elle rejoint, encore que de façon implicite et parfaitement inattendue, la lecture du phénomène Richard par le duo Binamé-Scott. Le discours publicitaire du film, relayé par la critique journalistique, a martelé un argument principal, le même que le discours funéraire en 2000 : Maurice Richard était un modèle de détermination. Pourtant, dans le film, cette détermination n'est pas aussi évidente qu'on a voulu le dire.

Que Richard ait été déterminé sur la glace, cela ne fait aucun doute. À cet égard, les concepteurs du film ont repris à leur compte les principales pièces du légendaire richardien : les cinq buts contre Toronto, qui valurent à leur auteur les trois étoiles du match ; les huit points le soir d'un dur déménagement sous la neige ; le but marqué avec Earl Seibert sur le dos ; le but contre « Sugar » Henry quelques minutes après avoir été grièvement blessé ; le match du 13 décembre 1955 à Boston, au cours duquel Richard s'en est pris à un officiel ; l'Émeute. En toutes ces circonstances sportives, Richard s'est surpassé et rien n'aurait pu l'en empêcher.

Dès qu'il quitte la patinoire, en revanche, Richard perd cette détermination. Le film de Binamé-Scott joue subtilement de cette double vie du Rocket. Qui dicte à Richard ses comportements ? Qui lui indique quoi penser, notamment en matière de politique ? Un représentant syndical de l'usine où il est machiniste, sa femme, un de ses coéquipiers (Émile Bouchard), le directeur général de son équipe (Frank Selke), son coiffeur (Tony Bergeron). Quand il lui arrive de se rebeller, c'est pour aussitôt rentrer dans le rang : ayant signé un article très critique envers Clarence Campbell, il est forcé à une rétractation par Frank Selke. Si d'autres se rebellent en son nom, Richard reste timoré. C'est le sens du message qu'il adresse à ses fans le lendemain de l'Émeute, lorsqu'il leur demande de cesser de faire « du trouble ». Maurice Richard n'est pas Muhammad Ali.

Parmi ceux qui montrent le chemin au Maurice Richard du film, l'un joue un rôle capital, son entraîneur, Dick Irvin. Le sens que donnent Charles Binamé et Ken Scott à ce personnage est complexe. Irvin incarne l'« Anglais » et le petit chef, sinon le contremaître. Incapable de parler français à des joueurs qui ne parlent pas (bien) anglais, cet anglophone leur livre ses consignes dans sa langue et il représente par là un pouvoir insensible aux valeurs de ceux sur lesquels il s'exerce. Il en va de même du petit chef : le Dick Irvin du film n'hésite jamais à humilier Richard (en le faisant attaquer par un de ses propres joueurs, en ne lui laissant pas la chance de jouer, en l'enguirlandant). Mais le film atténue cette double facette du personnage. D'une part, à la suite d'une conquête de la coupe Stanley par les Canadiens, Irvin, papier à la main, baragouine des félicitations à ses joueurs en français ; il est ovationné dans le vestiaire. D'autre part, dans une des dernières scènes, il avoue à Richard que s'il l'a poussé à bout, c'était pour faire de lui un meilleur joueur. Le spectateur baigne en plein stéréotype : l'entraîneur en apparence méchant qui n'est méchant que pour tirer le meilleur d'un champion qui s'ignore est une des plus grosses ficelles du film populaire.

Il n'en reste pas moins que le film dessine de Maurice Richard le portrait d'un homme (très souvent) et d'un joueur (parfois) incapable d'autonomie. Dire de lui qu'il a longtemps été soumis à l'empire des autres ne revient probablement pas à dire qu'il était un «perdant». Cela oblige toutefois à se demander s'il était le «gagnant» déterminé que le discours commun voit si aisément en lui.

Découvrir qui accepte de parler *contre* est utile si l'on veut comprendre le mythe.

Le Rocket chez les Anglais

> «*The Rocket is not just a hockey player,*
> *he's a true piece of Canadiana.*»
> JEFFREY MORRIS, *Beckett Hockey Card Monthly*,
> septembre 1998

Le discours courant chez les francophones du Québec est (quasi) unanime : Maurice Richard aurait été le chevalier (sportif) des Canadiens français dans leur lutte contre les (méchants) Anglais, qu'ils soient anglo-montréalais, canadiens-anglais ou américains.

Comparons à cet égard deux textes contemporains l'un de l'autre.

C'est le discours commun que font entendre Philibert, le personnage de *Il est par là, le soleil* de Roch Carrier (1970), et le narrateur de ce roman. Philibert, qui est ivre, se trouve au Forum de Montréal et il exulte à la seule idée d'être là et d'avoir Richard devant lui :

> Voici le 9, le grand Maurice Richard, le grand joueur de hockey, l'homme qui a de la dynamite dans les poignets, l'homme-fusée qui traverse la patinoire comme un oiseau seul dans le grand ciel bleu :
>
> — Baptême, c'est pas vrai ! La réalité est pas vraie ! Hostie ! Je vois Maurice Richard. Ça se peut pas. Je le vois pas !

Du temps où Richard était joueur, la Ligue nationale de hockey ne comptait que six équipes, quatre américaines (Boston,

Chicago, Detroit et New York) et deux canadiennes (Montréal et Toronto), bien que les joueurs, sauf rarissimes exceptions, aient tous été canadiens. Or, ce soir-là, ce sont les deux équipes canadiennes qui s'affrontent, celles des Canadiens français et celle des Canadiens anglais. Le Rocket s'élance sous les yeux de Philibert dans la zone du club adverse, les Maple Leafs.

> Maurice Richard franchit la ligne bleue, puis la ligne rouge, il entre chez les maudits Anglais de Toronto...
>
> — Tue-les!
>
> Philibert se dresse:
>
> —Tue-les, Maurice!

C'est alors qu'un joueur des Maple Leafs fait trébucher Richard: «Ces Anglais ne tolèrent pas que des petits Canadiens français comme Maurice Richard leur soient supérieurs.» Le geste rend Philibert furieux: il saute sur la glace pour venger son idole.

> Le Torontois tourne la tête. Le poing de Philibert s'abat sur ses dents; le joueur de Toronto oscille ridiculement, il ne trouve plus la glace sous ses lames, il bascule et s'allonge sur la patinoire, écrasé sous les rires énormes.

C'est le grand jour de Philibert: «il est entouré de tant d'amitié qu'il n'aura plus besoin d'être aimé du reste de sa vie». La foule l'applaudit, on lui tape dans le dos, on lui caresse les cheveux. Ce n'est pas tout, ce n'est pas assez: «Parce qu'il le voit à travers ses larmes, Maurice Richard, en bas, sur la patinoire, se meut avec une insupportable lourdeur.» Philibert a fait pleurer Maurice Richard! (On peut aussi penser que c'est Philibert qui pleure, la syntaxe de ce passage étant approximative, mais il est plus intéressant de faire pleurer un mythe qu'un personnage de roman oublié.)

Will he charge the net like Maurice Richard?

Charge, fake, turn and shoot — Maurice Richard made the hard shots look easy. He could shoot and score lying flat on the ice, or make the goal while pinned to the boards. In his exciting 18-year career, "Rocket" Richard scored 544 goals, nearly twice the total of any player before him.

Not every youngster can be a Maurice Richard. In fact, very few even participate in organized sporting events, much less become stars. But every young person — if only a spectator — can be as physically fit as the star athlete.

Our national leaders have stated that physical fitness, particularly the fitness of our young people, has never been more important than it is today.

To support the national fitness program, Equitable has prepared a special film: "Youth Physical Fitness—A Report to the Nation." If you would like to borrow a print of this film for showing to community groups, contact your nearest Equitable office or write to Equitable's home office.

The **EQUITABLE** Life Assurance Society of the United States

Home Office: 1285 Avenue of the Americas, New York, N. Y. 10019

© Equitable 1965

Publicité pour The Equitable Life Assurance Society of the United States en 1965

Publicité pour les patins Daoust dans *The Star Weekly*
de Toronto le 24 novembre 1951

On ne saurait reprocher au romancier et essayiste montréalais Mordecai Richler son apologie du nationalisme québécois; il l'a au contraire vilipendé sur toutes les tribunes. Cela ne l'empêche pas d'être un chaud partisan de Maurice Richard. Celui-ci est présent dans ses romans, dont *Barney's Version* (1997). Traçant un portrait de Gordie Howe pour *Inside Sports* (1980), il lui faut nécessairement parler longuement de l'autre numéro 9. En matière de représentation richlérienne de Richard, la scène cruciale se passe peut-être à Eilat, en Israël, au mois de mars 1962 ; Richler la raconte dans un essai intitulé « This Year in Jerusalem. The Anglo-Saxon Jews ». Au bar de l'Hôtel Eilat, Richler est en discussion avec un pêcheur israélien ivre. Or ce pêcheur, Bernard, n'aime pas les Canadiens, et il prend la peine de le répéter. Richler ne peut lui répliquer que ceci : « *Well, I'm a Canadian.* [...] *Like Maurice Richard* » (« Je suis un Canadien. [...] Comme Maurice Richard »). Ce qui pourrait n'être qu'humour absurde — il est peu crédible que Bernard connaisse le joueur de hockey — tourne aussitôt à l'interrogation identitaire. De Richard, Richler passe à la définition de ce que c'est qu'un Juif canadien (« *I'm a Canadian Jew* »), puis à la défense de tous les Juifs canadiens. Richler ne convaincra ni Bernard (qui l'accuse d'être assimilationniste) ni le barman de l'hôtel ; la soirée sera « *altogether unsatisfactory* » (« entièrement insatisfaisante »). Ce qui importe est la quête identitaire de Richler, et sa source. MR a besoin de MR.

Alors ? Maurice Richard champion des seuls Canadiens français contre « les maudits Anglais » ? Figure d'identification des Canadiens anglais ? Mythe pour les premiers, pour les seconds, ou pour tous ? *Le Rocket* est-il *The Rocket* ?

The Rocket

Comment juger du statut de Maurice Richard auprès des anglophones, du Québec comme du Canada ? Quel est le sens de l'indubitable succès qu'il a connu des deux côtés de la barrière linguistique, des invitations qu'il a reçues d'un bout à l'autre du pays? Peut-on dépasser les sempiternelles oppositions Gordie Howe / Maurice Richard, chaque numéro 9 symbolisant un Canada disctinct de celui de son vis-à-vis? Avant comme après l'émeute de 1955, quel a été le Maurice Richard des *autres*? Ce ne sont pas les signes de son importance et de son succès qui manquent.

Certains produits se réclamant du Rocket sont destinés au seul marché francophone. D'autres, en revanche, visent un public anglophone. Dans la Ligue nationale de hockey, quand l'équipe des Nordiques quitte la ville de Québec, elle devient l'Avalanche du Colorado; le Rocket de Montréal, dans la Ligue de hockey junior majeur du Québec, ne change pas de nom quand il déménage à Charlottetown, où il devient simplement le P.E.I. Rocket. À une autre époque, les fabricants de patins Daoust Lalonde, les compagnies d'assurance Equitable Life (aux États-Unis) et Prudential Life (au Canada), la lotion capillaire Vitalis et les concepteurs du Show'N Tell de General Electric, pour ne prendre que ces exemples, avaient quelque chose à vendre et ils avaient choisi de l'annoncer à leur public canadien-anglais ou américain dans sa langue, et de se servir de l'image de Richard. Ils ne le faisaient pas par philanthropie: ils devaient bien y trouver leur profit.

Plusieurs des livres sur Maurice Richard, ou autour de lui, existent dans les deux langues officielles. C'est le cas des ouvrages d'Ed Fitkin (1951?), d'Andy O'Brien (1961), de Maurice Richard et Stan Fischler (1971), de Craig MacInnis (1998), de Chrystian Goyens, Frank Orr et Jean-Luc Duguay (2000), de Roch Carrier (2000), de David Bouchard et Dean Griffiths (2002), de Jack Siemiatycki et Avi Slodovnick (2002), d'I. Sheldon Posen (2004). La plupart ont d'abord paru en anglais, avant d'être traduits. Deux sont destinés à la jeunesse et ils sortent en 2002, ce qui prouve que la volonté de transmission intergénérationnelle du patrimoine richardien est toujours active. De même, le conte «Une abominable feuille d'érable sur la glace» / «Le chandail de hockey» de Roch Carrier (1979), le court métrage d'animation qu'en a tiré Sheldon Cohen pour l'Office national du film (1980) et l'album pour la jeunesse *Un bon exemple de ténacité. Maurice Richard raconté aux enfants* (1983) non seulement existent en français et en anglais, mais ils servent de matériel pédagogique pour l'apprentissage du français par les jeunes anglophones du Canada anglais. Ceux-ci y apprendront autre chose qu'une langue seconde.

S'agissant du Rocket, les chanteurs, compositeurs et musiciens anglophones ne sont pas moins prolixes que les francophones. Jeanne d'Arc Charlebois, Oscar Thiffault, Denise Filiatrault, Pierre Létourneau, Paul Piché, Éric Lapointe, Les mecs comiques, Marie-Chantal Toupin, Réal Béland et Alain-François ont chanté le Rocket? La même année que Thiffault (1955), on l'a vu, Bob Hill and his Canadian Country Boys lancent une «Saga of Maurice Richard». À la fin des années 1950, rapporte Andy O'Brien dans *Rocket Richard*, la chanson «The Rocket, The Pocket and Boom», paroles de Bob Sabloff et musique de Rusty Davis, aurait connu un grand succès à Montréal et à Toronto dans le spectacle *Up Tempo*. Près de cinquante ans plus tard, un habitant de la Colombie-Britannique, Robert G. Anstey, fait plus fort, avec ses *Songs for the Rocket* (2002). Pas une chanson; vingt-sept. Que porte la star du country Shania Twain lors de la remise des prix Juno en 2003? Un costume inspiré de celui du Rocket, paillettes en plus. Il existe un «Reel de Rocket Richard» interprété par Gabriel Labbé (1999) et par Le rêve du diable (2002)? Il date approximativement de 1956 et il a été composé en Ontario par Graham Townsend, avant d'être repris dans les Provinces maritimes par Gerry Robichaud (1973).

Shania Twain (2003) et Céline Dion (1998) rendent hommage
au numéro 9 des Canadiens.

En matière de cinéma et de télévision, les choses ne sont
pas différentes. Tantôt, on produit en anglais, puis on traduit :
Here's Hockey ! / Hockey (1953), *Life after Hockey / La vie après
le hockey* (1989), *Fire and Ice. The Rocket Richard Riot / L'émeute
Maurice Richard* (2000). Tantôt, la version française précède
l'anglaise : *Le sport et les hommes / Of Sport and Men* (1961),
Histoires d'hiver / Winter Stories (1996), *Maurice Richard.
Histoire d'un Canadien / The Maurice Rocket Richard Story*
(1999). En quelques occasions, il est difficile de savoir quelle
langue précède l'autre : *Le chandail / The Sweater* (1980), *Le*

Rocket / The Rocket (1998), *Maurice « Rocket » Richard* (1997).
De la vingtaine de films et d'émissions de télévision visionnés
pour ce livre, huit proviennent de l'Office national du film du
Canada et, de ces huit, quatre existent dans les deux langues.
Maurice Richard de Charles Binamé (2005) devient en anglais
The Rocket (2006). Il a, en plus, cette étrange caractéristique :
tourné en français, ce film contient au moins autant de répliques en français qu'en anglais. Des documents audiovisuels
n'existent qu'en une seule langue (*Hockey Lessons*, 2000), mais
il s'agit souvent de films destinés à la télévision, ceci expli-
quant peut-être cela.

Qu'en est-il des nouvellistes et des poètes ? Né dans le
Dakota du Nord d'un père canadien-anglais et d'une mère
canadienne-française, Clark Blaise aime avoir recours au sport
dans ses nouvelles, surtout le baseball, mais aussi le hockey.
Dans « I'm Dreaming of Rocket Richard » (1974), le narrateur
se souvient de son enfance et de sa fréquentation du Forum au
début des années 1950 avec sur le dos un chandail des Bruins
de Boston, mais pour encourager Richard. Mieux (pire), son
père s'était fait tatouer le Rocket sur le dos : « *The tattoo pictu-
red a front-faced Rocket, staring at an imaginary goalie and slap-
ping a rising shot through a cloud of ice chips* » (« Le tatouage
représentait le Rocket vu de face, dévisageant un gardien imaginaire et tirant sur lui dans un nuage d'éclats de glace »).
Comme sa mère, le jeune garçon a honte de son père et de son
tatouage, car ses cousins floridiens s'en moquent. Ne serait-ce
pas une sorte de marque tribale (« *a kind of tribal marking* ») ?
Le jeune garçon avait-il la même que son père ? Il a beau ado-
rer les Canadiens et le Rocket, il ne les a pas (littéralement)
dans la peau.

Scott Young a une connaissance intime de Maurice Richard.
Son roman *That Old Gang of Mine* (1982) met en scène un
joueur finlandais, Juho Juontainen, taiseux, rapide, puissant,

parfois violent, soupe au lait et vindicatif, doué pour l'attaque. Il ressemble au joueur des Canadiens et il porte le même numéro que lui : « *He looked like old pictures Pete had seen of Rocket Richard.* » Il y a plus subtil. Au début du vingtième chapitre, Young fait revivre, sans le dire, les événements du 13 mars 1955 à Boston, avec Juontainen dans le rôle du Rocket, en réécrivant le jugement de Clarence Campbell qui a mené à l'Émeute. C'est un érudit qui parle.

L'anthologie de Kevin et Sean Brooks, *Thru the Smoky End Boards* (1996), et celle de Michael P. J. Kennedy, *Going Top Shelf* (2005), contiennent cinq poèmes comportant le nom de Richard. Dans « Arena », Don Gutteridge s'adresse à celui qui, par la télévision, a transporté son enfance (« *carrying my boyhood* »), il souligne sa grandeur et il imagine s'être tenu aux côtés du joueur diminué qui laissa un champ de ruines à sa retraite (« *in Roman ruin* »). Jane Siberry, dans sa chanson « Hockey », se remémore brièvement l'Émeute. Roger Bell a pleuré le jour où il s'est rendu compte que Richard était un homme de chair (« In the Hockey Hall of Fame I Sat Down and Wept »). « Hockey Players », d'Al Purdy, fait communier les gradins et la patinoire : l'orgasme des spectateurs se confond avec celui des trois joueurs qu'ils admirent, dont Richard. Le poème le plus complexe, en anglais comme en français, est « Homage to Ree-shard », du même Purdy. On y voit combien le numéro 9 des Canadiens occupe une place capitale dans l'imaginaire canadien, mais surtout combien son évocation stimule la mémoire individuelle et collective. De quoi ce long poème (114 vers) est-il fait ?

Dès ses premiers mots, il joue des lieux communs. « *Frog music in the night* » (« Le chant des grenouilles dans la nuit ») est une allusion à la campagne, car c'est là où le poète écrit ; c'est aussi l'écho d'une des plus traditionnelles insultes au Canada, les *frogs* étant les francophones, et l'on sait que Maurice Richard réagissait violemment à cette insulte. Le poème est aussi le lieu du souvenir, dans la mesure où il cite les conversations entre le poète et son ami Dave Williams à Roblin Lake, des souvenirs d'enfance et des déceptions anciennes. On y rencontre un fabuleux bric-à-brac : des allusions historiques (la fondation de Montréal par Maisonneuve, la bataille des plaines d'Abraham en 1759, Marie-Antoinette, Napoléon) ; des rappels des exploits de Richard (ses buts marqués avec plusieurs joueurs sur le dos, ses bagarres) ; des comparaisons sportives (avec le baseball, avec le hockey) et mythologiques (Achille, Alexandre) ; une mention de l'Émeute ; des réflexions sur la dimension mythique du hockey au Canada, de la Saskatchewan au Québec en passant par l'Ontario ; des images attendues (les yeux, la vitesse) ; d'autres qui le sont moins (la pauvreté autour des usines de Montréal-Est) ; des noms propres surprenants (Jung, Freud) ; une fausse apostrophe (« *Rocket you'll never read this* », « Rocket, tu ne liras jamais ceci »). Comme chez Blaise, on rêve de Richard : « *And then I dreamed I dreamed Ree-shard.* » L'avant-dernière strophe de cet hommage — car c'en est un — se termine sur un vers lourd de sens : Richard « *made Quebec Canadian* » (« Richard a rendu le Québec canadien »). Pouvait-on espérer plus belle preuve que Richard est un bien national « *from shore to shore* » (« d'une rive à l'autre »)?

Une icône pancanadienne

On pourrait se contenter de multiplier les parallèles, type de discours par type de discours. On peut aussi se demander quelles valeurs les Canadiens anglais ont voulu associer à l'image de Maurice Richard.

La familiarité? Elle n'est pas moins grande chez eux que chez les francophones. La revue *Les Canadiens*, en 1999-2000, cite une phrase de Red Fisher, de *The Gazette*, qui le dit sans ambages : « *Maurice Richard was family* » (« Maurice Richard faisait partie de la famille »).

La fierté? Ken Dryden insiste sur elle dans son panégyrique publié par l'hebdomadaire *Time*.

> *No other Canadian could have generated such a gathering. There was sadness and celebration, but deeper than that, there was pride. In that church and outside, the feeling was unmistakable: pride in being Montrealers and Montrealais, Quebeckers and Quebecois, Canadians and Canadiens; pride in being current players and old-time players; pride in being whatever it is that makes you proud. Pride in sharing the same space and time as Maurice Richard. Forty years after his retirement, he had made us proud again.*

> *Good for you, Maurice.* Merci.

Nul autre Canadien n'aurait pu attirer foule semblable à celle réunie le mercredi 31 mai à la basilique Notre-Dame («*No other Canadian could have generated such a gathering*»). On y sentait de la tristesse («*sadness*»), de la joie («*celebration*»), mais surtout de la fierté («*pride*»). Celle-là n'avait pas le même sens pour tous; chacun y projetait ce qu'il voulait («*pride in being whatever it is that makes you proud*»). Quelle que soit sa nature, peu importait: cette fierté unissait, au-delà des divisions («*Montrealers and Montrealais, Quebeckers and Quebecois, Canadians and Canadiens*», «*current players and old-time players*»). Un *nous* («*us*») était rassemblé, pour lequel il fallait remercier Maurice Richard. Ce *nous* n'avait pas une seule langue.

Le nationalisme? L'homme de hockey Pat Quinn tient des propos qui ne sont pas dénués d'intérêt devant un reporter du *Calgary Herald* le lendemain des funérailles de Richard:

> *He was a symbol of struggle to all Canadians, not just Quebecers. [...] For my generation, he symbolized the desire to get out from under the British flag, that we were no longer a colony and we had to stand on our own as a country. He made us proud to be Canadian.*

Richard aurait été un symbole canadien, celui de la résistance de son ancienne colonie à la Couronne britannique («*the British flag*») et celui d'une nouvelle fierté nationale («*He made us proud to be Canadian*»). Cette fierté nationale, pour n'être pas celle des Canadiens français / Québécois et pour n'être pas aussi régulièrement réclamée, n'en est pas moins réelle. (Le principal intéressé, qui avait du mal à se reconnaître dans le portrait politique qu'on dressait de lui au Québec, ne se serait probablement pas retrouvé dans celui-là non plus.)

La familiarité, la fierté et le nationalisme étaient faciles à repérer en 2000, en anglais comme en français. Le concert d'éloges a eu un effet de cristallisation : c'était l'occasion, chacun pour soi et collectivement, de donner un sens à ce qu'avait été Richard, au Canada comme au Québec. Les déclarations sur la *canadianité* du hockeyeur, elles, tranchaient radicalement avec le discours médiatique francophone.

On aurait tort pourtant de penser que la revendication nationale canadienne de Maurice Richard date de cette époque. Les produits, les textes, les pièces musicales et les documents audiovisuels dont il a été question le rappellent : cela a commencé il y a plus de cinquante ans. Avant l'Émeute et les discours contradictoires que l'on a pu tenir sur elle, une interrogation sur la place de Richard dans la société canadienne se faisait jour. C'est ainsi qu'il faut comprendre les deux articles de Hugh MacLennan publiés en 1955, l'un quelques semaines avant l'Émeute, le second quelques jours après. Le romancier-journaliste se demande en quoi Richard est un héros pour les francophones, ce qu'il représente pour les Anglo-Montréalais, comment il en est venu à être presque un «dieu tribal» («*a tribal god*») pour les «*Canadiens*» (entendre : les Canadiens français), où est le «vrai foyer» du Canada («*real focal point*»). Qu'un auteur célèbre comme lui se soit intéressé à Maurice Richard confère de la respectabilité à ce genre de perspective. Ce sera encore le cas d'autres écrivains parmi les plus reconnus du Canada anglais, Mordecai Richler ou Al Purdy.

Les deux solitudes?

Que *The Rocket* ait joué un rôle particulier auprès des Anglo-Canadiens et qu'il ait été une icône pancanadienne ne devrait faire aucun doute. De Wooler (Ontario) à Sardis (Colombie-Britannique) et de Turtleford (Saskatchewan) à Halifax (Nouvelle-Écosse), il a donné cohésion à la société canadienne, au moins sur le plan sportif. Cela étant, il est peu probable que le Maurice Richard des anglophones soit exactement celui des francophones. Essayons de les distinguer.

«D'un océan à l'autre», pour reprendre la devise du pays, Maurice Richard a été une vedette sportive, une étoile, une star, peut-être une des premières superstars. Il a aussi été un symbole. On en conviendra aisément.

On a beaucoup dit qu'il aurait été un héros. Qu'on lise Hugh MacLennan, Andy O'Brien, George Sullivan, Stan Fischler ou Craig MacInnis, qu'on écoute Bob Hill ou les comédiens de *Up Tempo*, qu'on regarde Kenneth Brown dans le film de Tom Radford, qu'on subisse Don Cherry dans les médias: le mot est partout. *Reluctant Hero*, selon le titre du livre de Chrystian Goyens et Frank Orr; *Héros malgré lui*, dans la traduction de Jean-Luc Duguay; mais héros. Cela correspond sans doute à la délicate entreprise canadienne de recherche de héros telle que la décrivent Charlotte Gray, Lawrence Martin et Peter C. Newman en 2000.

Le mot *legend* n'est pas moins fréquent, parfois chez les mêmes commentateurs, parfois chez d'autres. En 1995 apparaît sur le marché une figurine de Richard dans la série Canadian Timeless Legends Starting Lineup (pour enfants de 4 ans et plus). Quatre ans plus tard, ils sont nombreux, dans l'émission d'hommage à Maurice Richard sur la chaîne RDI, à employer ce mot, francophones (Bruny Surin, Robert Guy Scully, Marie-José Turcotte, Roy Dupuis) comme anglophones (Jack Nicklaus, Elvis Stojko, Donald J. Trump). Le Musée canadien des civilisations accueillera en 2004 l'exposition « Une légende, un héritage. "Rocket Richard". The Legend — The Legacy », avec son titre parfaitement symétrique et parfaitement bilingue.

Était-il un mythe pour les Canadiens anglais ? Probablement pas, malgré des envolées lyriques comme celle du cinéaste Brian McKenna, qui confiait à Dave Stubbs au moment de la diffusion télévisée de *Fire and Ice* : « *I look back at how I saw Maurice Richard [...] and I understand how kids growing up in ancien Greece must have felt about the gods.* » Des dieux de la Grèce antique à Maurice Richard, il n'y a qu'un pas, qu'on franchit rarement. Pourquoi ?

Revenons à la définition du mythe proposée plus haut. Le mythe, tel qu'on l'entend ici, est un récit qui doit être abordé sur plusieurs plans. Son objet doit s'inscrire dans la durée. Il doit avoir un caractère merveilleux. Il doit être l'objet d'une transmission culturelle. Il a une dimension collective. Il est malléable. Le hasard joue un rôle dans sa mutation d'icône culturelle en mythe.

Sur la plupart des plans, le Maurice Richard du Canada anglais correspond à cette hypothèse de définition. Il occupe le devant de la scène, et pas seulement sportive, depuis les années 1940. On chante ses exploits dans les deux langues. La culture populaire s'en est emparée aussi bien que la culture lettrée. Il est le véhicule d'aspirations collectives : il aurait été, par excellence, le Canadien, jusque dans sa dualité. Dans *La vie après le hockey* de Tom Radford, le personnage principal, Brown, qui grandit dans un village des Prairies, explique qu'en 1961 les petits Canadiens devaient opter entre les Canadiens et les Maple Leafs. Lui, il a adopté Montréal, car il s'agit de francophones; or les francophones, c'est la «fascination», le «mystère», une «aura de magie». En choisissant Maurice Richard contre Frank Mahovlich, Brown refuse de ressembler aux protestants de Toronto et il constitue son identité canadienne à partir d'une «francophonie» idéalisée. Cet apport des francophones est perçu par lui comme un apport *interne*. Son Canada est aussi, et indissociablement, le Canada français. Le hasard, enfin, n'a pas été moins grand dans la transformation de Maurice Richard où qu'on regarde au pays.

Son personnage est-il suffisamment malléable pour qu'on puisse dire de lui qu'il est un mythe au Canada anglais? Voilà qui est moins sûr, même si ce Canada-là est aussi à la recherche de mythes qui ne soient pas que régionaux, tel que le dit Daniel Francis dans son livre *National Dreams. Myth, Memory and Canadian History* (1997). Au fil des ans, le Maurice Richard des francophones a été réinventé presque sans interruption. Il a été, tour à tour ou ensemble: sportif, chroniqueur, icône culturelle, représentant de commerce, modèle scolaire, fils reconnaissant, bon mari, père attentionné, grand-papa gâteau, etc. On le disait violent, mais il savait s'apaiser. Il avait des yeux de feu, qui se voilaient de larmes à l'occasion. Pour les francophones, il pouvait incarner le nationalisme canadien-français puis québécois *et* le fédéralisme canadien; le Rocket du ROC ne pouvait pas avoir cette chance. Il ne saurait être pour ce *Rest of Canada* la conjonction, en un seul personnage, de toutes les contradictions des siens.

⊙ ⊙ ⊙

Terminons sur deux images.

Le 28 mai 2000, le caricaturiste Aislin, dans *The Gazette*, dessine un drapeau à mi-mât. Rectangulaire, ce drapeau rappelle le chandail des Canadiens de Montréal et il est frappé du numéro 9. Quatre jours plus tard, Garnotte, dans *Le Devoir*, reprend le même thème. Au lieu d'un mât, un bâton de hockey. Au lieu des couleurs des Canadiens, celles du Québec; c'est le fleurdelisé qui est en berne. Tout le monde ne pleurait peut-être pas la même chose ces jours-là.

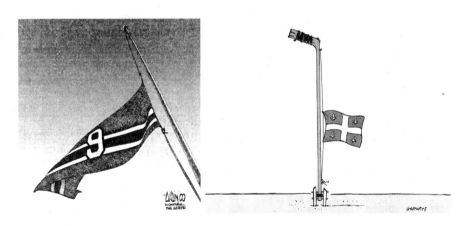

Deux caricaturistes (Aislin, Garnotte), deux visions

Épilogue

Le Québec d'aujourd'hui aime la réussite, et encore plus la réussite internationale. Rien ne lui fait plus plaisir que le succès d'une de ses divas aux États-Unis, d'un de ses cirques au Japon, d'un de ses participants dans un sport tape-à-l'œil (acrobaties à ski, nage synchronisée, volley-ball de plage). Le Québec d'aujourd'hui préfère l'émotion brute à la grandeur. Pour lui, rien n'est plus touchant, plus familier, plus proche, que le succès d'une de ses divas, d'un de ses cirques, d'un de ses participants dans un sport tape-à-l'œil.

Maurice Richard est le mythe idéal pour ce Québec-là.

Il a réussi à une époque où les siens tardaient à s'affirmer, et sa réussite était québécoise, canadienne, nord-américaine, internationale. Durant sa carrière, il a brisé nombre de records. Il était celui qui triomphait: des autres équipes, de l'adversité, de la violence, de l'injustice. Il était un champion national et, de plus, il avait le sens du drame. Ses réussites étaient spectaculaires. C'était un homme d'action.

Pourtant, rien ne lui était plus étranger que la grandeur. Il était l'homme d'une idée simple (d'une simple idée): *scorer*. N'a-t-il pas continuellement répété qu'il n'était «qu'un joueur de hockey»? N'était-il pas un membre de la famille? Jusque dans ses difficultés, il restait un des siens. Quand il marquait, on sentait toujours l'effort. Quand il parlait, ça ne lui venait pas naturellement. Quand il était ovationné, il ne savait pas comment réagir. Quand la souffrance l'accablait, il ne se cachait pas : l'homme au regard de feu n'avait pas peur de ses larmes. Il était comme tout le monde.

Dire cela n'enlève rien à Maurice Richard, ni ses qualités ni ses défauts. L'historien de la culture, s'il fait correctement son travail, doit situer son analyse sur un autre plan. Il n'a pas à critiquer un homme, mais à comprendre ce qu'une société, depuis une soixantaine d'années, a voulu faire de cet homme, ce que le Québec et le Canada ont voulu investir dans la figure de Maurice Richard.

Pareille position peut mener à une forme plus ou moins revendiquée de cynisme. À force de dire qu'il voit réapparaître sans cesse les mêmes histoires, il arrive à l'interprète de donner l'impression qu'il est parfaitement extérieur à son objet et qu'il ne fait que juger, du haut de sa tour d'ivoire. Ça ne doit pas être le cas, mais c'est un risque avec lequel il doit apprendre à vivre.

Il y en a de pires.

Remerciements

Au fil des ans, plusieurs personnes m'ont aidé dans la préparation de ce livre : Guillermina Almazan, Stéphane Amyot, Catherine Bernier, William Bernier, André Biron, Michel Biron, Moishe Black, René Bonenfant, Larry Bongie, Emmanuel Bouchard, Maude Brisson, Gianni Caccia, Craig Campbell, Nathalie Carle, Benoît Chartier, Jean-François Chassay, Sylvain Cormier, Donald Cuccioletta, Paola D'Agnolo, Gilbert David, Antoine Del Busso, Julie Dubuc, Michel Dumais, François Dumont, Gilles Dupuis, Edward Fraser, Gordon Fulton, Céline Gariépy, Michel Gay, Véronique Giguère, Francis Gingras, Guylaine Girard, Yan Hamel, Pierre Jampen, Bill Kinsley, Michel Lacroix, Geneviève Lafrance, Yvan Lamonde, Bruno Lamoureux, Étienne Lavallée, Carl Lavigne, Laurent Legault, Yves Lever, Michel Maillé, Marie Malo, Patricia Malo, Théo Malo Melançon, Denise Marcotte, Gilles Marcotte, Suzanne Martin†, Gaston Massé, Catherine Mavrikakis, Gilles Melançon, Robert Melançon, Samuel Melançon, Jeannine Messier-LaRochelle, Michel Nareau, Carole Ouimet, Pierre Popovic, I. Sheldon Posen, Katherine Roberts, Daniel Roussel, Denis Saint-Jacques, Marguerite Sauriol, Emmanuelle Sauvage, Madeleine Sauvé, Pierre Savard, Sylvain Schryburt, Jim Sentance, Ray Stephanson, Isabelle Thellen, Robert

Thérien, Lyne Vaillancourt, Madeleine Vernier, Marie-Éva de Villers, Jon Weiss, Morwenna White et John Willis. Je les en remercie, ainsi que ceux que j'aurais oubliés, auxquels j'offre mes excuses par avance.

Sources

Tous les textes cités dans cet ouvrage sont répertoriés dans la «Bibliographie» qu'on lira ci-après. Des précisions quant aux sources utilisées sont néanmoins nécessaires. Les voici.

Introduction

Pour une introduction à l'histoire culturelle, on lira les livres de Pascal Ory (2004) et de Philippe Poirrier (2004). Je me suis expliqué sur mes choix méthodologiques dans un article de la revue *Globe* en 2007, «Écrire Maurice Richard. Culture savante, culture populaire, culture sportive». Les renseignements sur les noms de lieux proviennent de la Commission de toponymie du Québec.

Portrait du Rocket en joueur de hockey

Il existe plusieurs biographies de Maurice Richard, la plus fouillée étant celle que Jean-Marie Pellerin publie en 1976 et actualise en 1998. Ces biographies ont toutes été consultées pour ce qui concerne les dates des principaux événements de la vie et de la carrière de Richard. En outre, dans la mesure du possible, la justesse de ces dates a été vérifiée dans des journaux. Les statistiques sont tirées de *La glorieuse histoire des Canadiens* de Pierre Bruneau et Léandre Normand (2003). Sur le bref passage de Maurice Richard derrière le banc des Nordiques de Québec, on visionnera *Just Another Job* (1972), le film de Pierre Letarte, et on lira le livre de Claude Larochelle (1982). David McNeil a fait paraître en 1998 un article sur les matchs en prolongation des séries éliminatoires de la saison 1950-1951 ; il y est question de son père, Gerry McNeil, et de Maurice Richard.

Parler avec ses yeux

Les propos de Robert Guy Scully sur le regard de Roy Dupuis / Maurice Richard peuvent être entendus dans l'émission de télévision *Soirée Maurice Richard* (1999). Ceux de Denise Robert ont été tenus dans le cadre de l'émission de télévision *Flash* du 26 mai 2005. En couverture du magazine *Dernière heure* du 19 décembre 1998, peu après le spectacle de Céline Dion auquel Maurice Richard a assisté ce mois-là, on pouvait lire ceci : «Céline et Maurice ont pleuré.»

What's in a name ?

C'est Jean-Marie Pellerin qui cite Hy Turkin («The Brunet Bullit»), Happy Day («V5») et le *Toronto Telegram* («Sputnik Richard»).

Vendre du mythe

Pour saisir l'importance des produits utilisant Maurice Richard, deux catalogues sont à consulter en priorité : *Encan de la collection Maurice « Rocket » Richard. 7 mai 2002* (2002) et *626 par 9. Une énumération chronologique des buts marqués par Maurice « Rocket » Richard en photos, statistiques et récits* (2004). Jim Sentance (1999) a étudié en économiste le commerce des cartes de hockey. Les *cultural studies* sont sensibles à ce qu'on appelle la «*commodification*» des icônes culturelles ; on en trouve un exemple dans l'ouvrage de Nick Trujillo, *The Meaning of Nolan Ryan* (1994), particulièrement dans les chapitres «A Hero for All Ages» et «Nolan Ryan, Inc.».

Le corps du Rocket

L'anecdote selon laquelle Maurice Richard et Jean-Paul Riopelle auraient joué au hockey l'un contre l'autre se trouve notamment dans le livre d'Alain de Repentigny (2005). On peut visiter l'atelier de sculpture de François Corriveau à <http://www.virtuel.net/users/mecoriv/index.html> et celui de Paule Marquis à <http://www.paulemarquis.com/>. Sur la statuaire politique québécoise et son « réalisme débile », on lira l'article d'Antoine Robitaille paru dans la revue *Argument* en 2004. Lucie Lavigne donne le scénario de la publicité de Grecian Formula 16 dans *La Presse* du 31 mai 2000.

Raisons et déraisons de la comparaison

Robert Hamblin a étudié l'article de William Faulkner en 1996.

Maurice Richard expliqué aux enfants

C'est sur une bande vidéo, diffusée dans le cadre de l'exposition « L'univers Maurice "Rocket" Richard », tenue à la fin des années 1990 à l'aréna Maurice-Richard, qu'on pouvait entendre la phrase « La patinoire est une grande école de la vie ».

L'œuvre écrite de Maurice Richard

Les chroniques du *joueurnaliste* de *La Presse* qui sont citées sont celles du 26 novembre 1995 et du 27 mars 2000. Les textes de *Samedi-Dimanche* sur l'affaire Geoffrion-Murphy et la lettre de Richard du 14 janvier 1954 sont reproduits d'après Jean-Marie Pellerin.

29 décembre 1954-18 mars 1955

Le rapport d'enquête de Clarence Campbell est cité d'après *La Presse* du 17 mars 1955. C'est dans *La Presse* du 17 mars 1995 que Richard affirme avoir suivi l'Émeute à la radio. Il existe plusieurs textes savants sur l'Émeute, les articles de Jean R. Duperreault (1981), d'Anouk Bélanger (1996) et de Suzanne Laberge et Alexandre Dumas (2003), le mémoire de maîtrise

de David Di Felice (1999) et une partie de la thèse de doctorat
de Michel Marois (1993).

Chanter

En matière de chansons sur Maurice Richard, la lecture de
l'article d'I. Sheldon Posen (2005) est indispensable; on y lit
notamment les paroles des chansons d'Oscar Thiffault et de
Bob Hill. Je remercie son auteur d'avoir voulu répondre aux
questions qui me sont venues à la lecture de cet article, de
même que Robert Thérien, pour son aide dans le dépistage de
fichiers sonores difficiles d'accès.

Dire

C'est dans le livre qu'il a cosigné en 1971 avec Stan Fischler
que Maurice Richard dit qu'il a commencé à s'intéresser au
hockey professionnel grâce à la radio, plutôt que grâce aux
journaux. Les témoignages de Claude Béland et de Dominique
Michel sont tirés de *La Presse* du 17 mars 2005.

Raconter

Ainsi que le laisse entendre Jean-Claude Germain dans sa
pièce, Richard a souvent été appelé à visiter des écoles et à
s'adresser aux élèves. Par exemple, dans l'album souvenir de
Jacques Lamarche (2000), on peut voir des photos de Richard
visitant le séminaire d'Amos en 1957 et la classe de menuiserie
d'une école montréalaise en 1961. Robert Guy Scully se souvient d'une de ces visites au cours de la *Soirée Maurice Richard*
(1999). Mary Jane Miller (1980) et James J. Herlan (1983) ont
étudié la pièce de Rick Salutin. La pièce de Jean-Claude
Germain a été traitée par Jean Cléo Godin et Laurent Mailhot
(1980), par Cheryl Bodek (2000) et par Carlo Lavoie (2002).

Faire voir

Une filmographie constitue la troisième partie de la
« Bibliographie » qu'on lira ci-après. Le texte de Roland

Barthes pour le film d'Hubert Aquin a été publié en 2004; texte et film sont commentés par Gilles Dupuis l'année suivante; on verra aussi les articles de Joyce Nelson (1977) et de Scott MacKenzie (1997). Le double traitement de l'Émeute dans le court métrage de Gilles Groulx est décrit dans le *Dictionnaire de la censure au Québec* de Pierre Hébert, Yves Lever et Kenneth Landry (2006). *Le Rocket / The Rocket*, mis sur le marché par l'Office national du film en 1998, n'est qu'un montage d'extraits de films produits par l'Office, sans nouveau matériel. Le court métrage de Mathieu Roy (2005) raconte le tournage du film de Charles Binamé et il en partage la lecture de l'Émeute.

Politiques du Rocket

L'interprétation traditionnelle de la Révolution tranquille comme coupure radicale dans l'histoire québécoise est de plus en plus contestée; voir, par exemple, l'article de Claude Couture sur Maurice Richard en tant que symbole du mouvement ouvrier (2004), le dossier de la revue *Globe* intitulé «Relire la Révolution tranquille» (1999) ou, sur un mode moins savant, celui de la revue *Cap-aux-Diamants*, «Au seuil de la Révolution tranquille. Les années 1950» (2006). Jocelyn Létourneau a cependant montré que cette interprétation reste dominante, en particulier dans «L'imaginaire historique des jeunes Québécois» (1988). On peut voir la lettre du 21 décembre 1954 de Maurice Duplessis à Maurice Richard dans *Encan de la collection Maurice «Rocket» Richard. 7 mai 2002* (2002). Sur l'utilisation du langage par Duplessis, on consultera la section «Un opportuniste sans scrupule» de *La contradiction du poème* de Pierre Popovic (1992). Pour apprécier ce que la fiction permet de savoir d'un homme et de son destin, on lira le récit final de *La mort de Maurice Duplessis et autres récits* de Gilles Marcotte (1999).

Légende, héros, mythe

Les travaux sur le mythe sont trop nombreux pour être recensés ici. Je me contenterai d'indiquer que ma conception est proche de celle élaborée par Pascal Brissette (1998). Pour lui, le mythe est un récit « mercenaire ».

Les temps du mythe

Selon Paul Daoust (2005 et 2006), le mythe de Maurice Richard « fermenterait » dès 1944 et existerait en 1955, mais les Canadiens français n'en auraient pas eu conscience alors ; je ne partage pas cette lecture. Le statut du hockey dans *Le cœur de la baleine bleue* a été étudié par Carlo Lavoie (2003).

Tombeau du Rocket

L'analyse du discours sur la mort de Maurice Richard a été menée à partir du dépouillement non exhaustif de quelques périodiques : *Allô-Vedettes*, *Barracuda Magazine*, *Les Canadiens*, *Dernière heure*, *Le Devoir*, *The Gazette*, *The Hockey News*, *Ici*, *Le Journal de Montréal*, *Libération*, *Le Magazine 7 jours*, *The New York Times*, *Paris Match*, *La Presse*, *Time*, *Voir*, etc. Jacques Lamarche (2000) a rassemblé des articles de presse publiés à la mort de Richard. Ont également été mis à contribution les deux textes scientifiques consacrés à la question, ceux de Howard Ramos et Kevin Gosine (2001) et de Gina Stoiciu (2006). Paul Daoust a eu accès à une centaine d'albums regroupant les témoignages des partisans de Maurice Richard à sa mort et il en commente une dizaine dans son livre de 2006. Il insiste sur leur triple dimension : familiale, religieuse et politique. Neal Karlen raconte sa visite au cimetière où est enterré Roger Maris dans *Slouching Toward Fargo* (1999).

Le Rocket chez les Anglais

Pour des exemples d'utilisation pédagogique du conte de Roch Carrier, on verra les sites <http://www.curriculum.org/occ/

profiles/9/pdf/FIFIDP.pdf> et <http://www.bced.gov.bc.ca/
irp/cfrench512/sample2.htm>. Sur la place de Maurice
Richard au Canada anglais, mes conclusions sont plus proches
de celles d'I. Sheldon Posen (2005) que de celles de Ramos et
Gosine (2001). Posen, en plus de commenter les chansons sur
Maurice Richard, s'intéresse aux poèmes de Don Gutteridge,
de Jane Siberry et d'Al Purdy (« Homage to Ree-shard »). Sur
le Canada anglais et ses héros sportifs, outre le livre de Daniel
Francis (1997), on lira les travaux de Don Morrow (2004).

Bibliographie

Cette bibliographie ne contient pas tout ce qui a été écrit, chanté ou filmé sur Maurice Richard, ni même tout ce que j'ai consulté. On y trouve, en revanche, tous les textes, toutes les chansons et tous les documents audiovisuels que j'ai cités, en plus de quelques références numériques. Il en existe une version augmentée et mise à jour périodiquement sur le site <http://www.lesyeux demauricerichard.com/>.

Avant ce livre, j'avais publié trois articles sur le mythe de Maurice Richard : « Canadien, comme Maurice Richard ou Vie et mort d'une légende » (1995); «Le Rocket au cinéma. Les yeux de Maurice Richard, prise 2 » (1998); «Maurice Richard expliqué aux enfants» (2005). Ces articles ont été complètement revus et corrigés pour cet ouvrage.

Livres, chapitres de livre et articles

Allô-vedettes, hors série, nᵒ 2, 2000, 24 p. Ill. Dossier «Maurice Richard. L'idole d'un peuple».

Anstey, Robert G., *Songs for the Rocket. A Collection of Notes and Comments with the Song Lyrics for Twenty-Seven Original Songs About Maurice «The Rocket» Richard*, Sardis, West Coast Paradise Publishing, 2002, viii/144 p.

Aquin, Hubert et Andrée Yanaco-poulo, « Éléments pour une phénoménologie du sport», dans Pierre Pagé et Renée Legris (édit.), *Problèmes d'analyse symbolique*, Montréal, Presses de l'Université du Québec, coll. «Recherches en symbolique», n° 3, 1972, p. 115-146.

Arsène et Girerd, *Les enquêtes de Berri et Demontigny. On a volé la coupe Stanley*, Montréal, Éditions Mirabel, 1975, 48 p.

«Au revoir, Maurice», *The Calgary Herald*, 1ᵉʳ juin 2000, p. A3.

Bacon, Dick, «Mr. Hockey», *Hockey Blueline*, vol. 4, n° 7, mai 1958, p. 18-24. URL: <http://www.xs4all.nl/~mspelten/MauriceRichard/interview.htm>.

Barbeau, Jean, *Ben-Ur*, Montréal, Leméac, coll. «Répertoire québécois», n° 11-12, 1971, 108 p. Ill. Présentation d'Albert Millaire.

Barthes, Roland, «Of Sport and Men», *Canadian Journal of Film Studies / Revue canadienne d'études cinématographiques*, vol. 6, n° 2, automne 1997, p. 75-83. Traduction de Scott MacKenzie.

Barthes, Roland, *Le sport et les hommes. Texte du film Le sport et les hommes d'Hubert Aquin*, Montréal, Presses de l'Université de Montréal, 2004, 79 p. Ill. Préface de Gilles Dupuis.

Beaulieu, Victor-Lévy, «Un gars ordinaire, qui vise le sommet», *Perspectives*, 14 octobre 1972, p. 22, 24 et 27.

Bégin, Jean-François, «Le Canadien ultime», *La Presse*, 3 avril 2004, p. S1. Illustration de Francis Léveillé.

Bélanger, Anouk, «Chapitre 4: Le hockey et le projet d'identification nationale au Québec», dans «Le hockey au Québec: un milieu homosocial au cœur du projet de subjectivation nationale», Montréal, Université de Montréal, mémoire de maîtrise, août 1995, p. 76-103.

Bélanger, Anouk, «Le hockey au Québec, bien plus qu'un jeu: analyse sociologique de la place centrale du hockey dans le projet identitaire des Québécois», *Loisir et société / Society and Leisure*, vol. 19, n° 2, automne 1996, p. 539-557.

Béliveau, Jean, Chrystian Goyens et Allan Turowetz, *Ma vie bleu-blanc-rouge*, Montréal, Hurtubise HMH, 2005 (1994), 355 p. Ill. Préface de Dickie Moore. Avant-propos d'Allan Turowetz. Traduction et adaptation de Christian Tremblay.

Belleau, André, *Le romancier fictif.*
Essai sur la représentation de l'écri-
vain dans le roman québécois,
Sillery, Presses de l'Université
du Québec, coll. «Genres et
discours», 1980, 155 p. «Note
liminaire» de Marc Angenot.

Berthelet, Pierre, *Yvon Robert. Le*
lion du Canada français, Montréal,
Éditions Trustar, 1999, 384 p.
Ill. Préface de Maurice
Richard.

Bérubé, Renald, «Les Québécois,
le hockey et le Graal», dans *Voix*
et images du pays VII, Montréal,
Presses de l'Université du Québec, 1973, p. 191-202.

Bérubé, Renald, «En attendant les
buts gagnants», *Mœbius*, n° 86,
automne 2000, p. 9-18.

Black, Conrad, *Duplessis*, Toronto,
McClelland and Stewart, 1977,
743 p. Ill.

Blaise, Clark, «I'm Dreaming of
Rocket Richard», dans *Tribal*
Justice, Toronto, General
Publishing Co. Limited, coll.
«New Press Canadian Classics»,
1984 (1974), p. 63-72.

Blanchard, Michel, «La plus grande
victoire du Rocket», *La Presse*,
12 septembre 1998, p. A1 et G5.

Bodek, Cheryl, «The Dual Identity
of Maurice Richard: The Crea-
tion of a Myth in Prose, Thea-
ter and Television», Bowling
Green, Bowling Green State
University, mémoire de maîtrise, 2000, v/83 p.

Bouchard, David, *Ça, c'est du hockey!*,
Montréal, Les 400 coups, 2004
(2002), 31 p. Illustrations de
Dean Griffiths. Traduction de
Michèle Marineau.

Bouchard, David, *That's Hockey*,
Victoria, Orca Book Publishers,
2002, [s.p.]. Illustrations de Dean
Griffiths.

Brissette, Pascal, *Nelligan dans tous*
ses états. Un mythe national,
Montréal, Fides, coll. «Nouvelles études québécoises», 1998,
223 p.

Brodeur, Denis, *Denis Brodeur.*
30 ans de photos de hockey, Montréal, Éditions de l'Homme, 1993,
302 p. Ill. Textes de Daniel Daignault. Préfaces de Jean Béliveau, Guy Lafleur et Maurice
Richard.

Brodeur, Denis et Daniel Daignault,
«Maurice Richard. Un homme
fier, une carrière glorieuse»,
dans *Denis Brodeur présente les*
grands du hockey. Vedettes d'hier.
Grands joueurs d'aujourd'hui.
Étoiles de demain, Montréal,

Éditions de l'Homme, coll. «Sport», 1994, p. 66-67. Ill.

Brooks, Kevin et Sean Brooks (édit.), *Thru the Smoky End Boards. Canadian Poetry about Sports and Games*, Vancouver, Polestar Book Publishers, 1996, 246 p.

Brown, Kenneth, *Life After Hockey*, Toronto, Playwrights Union of Canada, 1985, 36 p. Texte polycopié.

Bruneau, Pierre et Léandre Normand, *La glorieuse histoire des Canadiens*, Montréal, Éditions de l'Homme, 2003, 743 p. Ill. Préface de Jean Béliveau.

Brunelle, Michel, «Rocket knockout», *Mœbius*, n° 86, automne 2000, p. 21-24.

Bujold, Michel-Wilbrod, *Les hockeyeurs assassinés. Essai sur l'histoire du hockey 1870-2002*, Montréal, Guérin, 1997, vi/150 p. Ill.

Les Canadiens, vol. 15, n° 7, saison 1999-2000, 106 p. Ill. Édition spéciale. Dossier «Maurice Richard 1921-2000».

Cap-aux-Diamants, n° 84, hiver 2006, p. 7-43. Ill. Dossier «Au seuil de la Révolution tranquille. Les années 1950».

Carrier, Roch, *Il est par là, le soleil*, Montréal, Éditions du jour, coll. «Romanciers du jour», n° R-65, 1970, 142 p.

Carrier, Roch, «Une abominable feuille d'érable sur la glace», dans *Les enfants du bonhomme dans la lune*, Montréal, Stanké, 1979, p. 75-81. Repris sous le titre *Le chandail de hockey*, Montréal, Livres Toundra, 1984, [s.p.]. Avec des illustrations de Sheldon Cohen.

Carrier, Roch, «The Hockey Sweater», dans *The Hockey Sweater and Other Stories*, traduction de Sheila Fischman, Toronto, Anansi, 1979, p. 75-81. Repris dans *The Hockey Sweater*, Montréal, Tundra Books, 1984, [s.p.]. Avec des illustrations de Sheldon Cohen.

Carrier, Roch, *Our Life with the Rocket. The Maurice Richard Story*, Toronto, Penguin / Viking, 2001 (2000), viii/304 p. Traduction de Sheila Fischman.

Carrier, Roch, *Le Rocket*, Montréal, Stanké, 2000, 271 p.

Chantigny, Louis, «Une fin tragique pour le Rocket», *Le Petit Journal*, 18 octobre au 25 octobre 1959, p. 132.

Chantigny, Louis, *Mes grands joueurs de hockey*, Montréal, Leméac, coll. «Éducation physique et loisirs», nᵒ 8, 1974, 181 p. Préface de Marcel Dubé.

Chassay, Jean-François, *Les taches solaires*, Montréal, Boréal, 2006, 366 p.

Cloutier, Eugène, *Les inutiles*, Montréal, Cercle du livre de France, 1956, 202 p.

Corboz, Gaël, *En territoire adverse*, Saint-Lambert, Soulières éditeur, coll. «Graffiti», nᵒ 37, 2006, 164 p.

Couture, Claude, «Le "Rocket" Richard : reflet d'une société coloniale ou post-coloniale ?», *Canadian Sports Studies / Études des sports au Canada*, mars 2004, p. 38-41. Publication de l'Association d'études canadiennes.

Daignault, Daniel, *Maurice Richard. Un géant du Québec*, Montréal, Loze-Dion éditeur, coll. «Garnotte. Biographie», nᵒ 9, 1996, 24 p.

Daignault, Daniel, *Maurice Richard. Le plus grand héros du Québec*, Montréal, Édimag, 1999, 94 p.

Daigneault, Daniel, *Maurice Richard. La fierté d'une nation*, Montréal, Édimag, 2005, 164 p. Ill.

Daoust, Paul, «17 mars 1955 : 50 ans plus tard. L'émeute au Forum, première révélation du mythe Richard», *Le Devoir*, 17 mars 2005, p. A7.

Daoust, Paul, *Maurice Richard. Le mythe québécois aux 626 rondelles*, Paroisse Notre-Dame-des-Neiges, Éditions Trois-Pistoles, 2006, 301 p. Ill.

De Koninck, Marie-Charlotte, «Quand les médias ont transformé la culture», dans *Jamais plus comme avant! Le Québec de 1945 à 1960*, Montréal et Québec, Fides et Musée de la civilisation, coll. «Voir et savoir», 1995, p. 141-169.

De Repentigny, Alain, *Maurice Richard*, Montréal, Éditions La Presse, coll. «Passions», 2005, 126 p. Ill. Avant-propos d'André Provencher. Préface de Stéphane Laporte.

Dernière heure. Hors série. Maurice Richard, Montréal, Trustar, coll. «Les grandes biographies», 2000, 47 p. Ill.

Desbiens, Jean-Paul, «*Je te cherche dès l'aube*». Journal 2001-2002, Montréal, Stanké, 2002, 358 p.

Desjardins, Maurice, *Les surhommes du sport. Champions et légendes*, Montréal, Éditions de l'Homme, coll. «Sport», 1973, 200 p. Ill.

Desrosiers, Éric, «Une malchance transformée en bénédiction», *Le*

Devoir, 25-26 septembre 1999, p. A1 et A14. Repris dans *Le Devoir*, 30 mai 2000, p. A1 et A8.

Diderot, Denis, *Le neveu de Rameau suivi de Satire première, Entretien d'un père avec ses enfants, et de Entretien d'un philosophe avec la maréchale de ****, Paris, Le livre de Poche, coll. «Classiques de poche», n° 16074, 2002, 317 p. Édition établie, présentée et annotée par Pierre Chartier.

Di Felice, David, «The Richard Riot: A Socio-Historical Examination of Sport, Culture, and the Construction of Symbolic Identities», Kingston, Queen's University, mémoire de maîtrise, 1999, ii/221 p. Ill.

Dion, Jean, «Plus grand que nature», *Le Devoir*, 29 mai 2000, p. A1-A10.

Donegan Johnson, Ann, *Un bon exemple de ténacité. Maurice Richard raconté aux enfants*, [s.l.], Grolier, coll. «L'une des belles histoires vraies», 1983, 62 p. Illustrations de Steve Pileggi.

Donegan Johnson, Ann, *The Value of Tenacity. The Story of Maurice Richard*, La Jolla, Value Communications, coll. «ValueTale», 1984, 62 p. Illustrations de Steve Pileggi.

Dryden, Ken, «Farewell to The Rocket», *Time*, vol. 155, n° 24, 12 juin 2000, p. 40-44. Texte traduit par Gilles Blanchard sous le titre «Il est arrivé à nous rendre fiers», *La Presse*, 7 juin 2000, p. S6.

Dryden, Ken, «Sports. What could Mr. Eaton have been thinking?», *The Globe and Mail*, 13 octobre 2001, p. D8.

Duperreault, Jean R., «L'affaire Richard: A Situational Analysis of the Montreal Hockey Riot of 1955», *Canadian Journal of History of Sport / Revue canadienne de l'histoire des sports*, vol. 12, n° 1, mai 1981, p. 66-83.

Dupuis, Gilles, «Les sports "nationaux": du mythe à l'épiphénomène», dans Yan Hamel, Geneviève Lafrance et Benoît Melançon (édit.), *Des mots et des muscles! Représentations des pratiques sportives*, Québec, Nota bene, 2005, p. 85-101.

Encan de la collection Maurice «Rocket» Richard. 7 mai 2002 / The Maurice «Rocket» Richard Auction. May 7th, 2002, Saint-Constant, Collections Classic Collectibles, 2002, 100 p. Ill.

Enquist, Per Olov, *Écrits sur le sport. I. La cathédrale olympique. II. Mexi-*

que 1986, Arles, Actes sud, coll. «Lettres scandinaves», 1988, 347 p. Traduction de Marc de Gouverain et Lena Grumbach.

Étiemble, *Le mythe de Rimbaud. Tome second. Structure du mythe*, Paris, Gallimard, coll. «Bibliothèque des idées», 1961 (1952), 452 p. Ill.

Faulkner, William, «An Innocent at Rinkside», *Sports Illustrated*, vol. 2, n° 4, 24 janvier 1955, p. 14-15.

Filion, Gérard, «Qui sème le vent…», *Le Devoir*, 19 mars 1955, p. 4.

Fitkin, Ed, *Highlights from the Career of Maurice Richard. Hockey's Rocket*, Toronto, A Castle Publication, [s.d. : 1951 ?], 144 p.

Fitkin, Ed, *Le Rocket du hockey. Maurice Richard*, Toronto, Une publication Castle, [s.d. : 1952], 157 p. Ill. Traduction de Camil DesRoches et Paul-Marcel Raymond.

Foglia, Pierre, «Je veux être une tortue», *La Presse*, 9 septembre 1999, p. A5.

Foglia, Pierre, «Le dernier des héros», *La Presse*, 28 mai 2000, p. A5.

Foisy, Michel, *La carte de hockey magique*, Sainte-Thérèse, Michel Foisy, 2000, 145 p. Ill. Préface de Maurice Richard.

Foisy, Michel, *La carte de 1 000 000 $*, Sainte-Thérèse, Michel Foisy, éditeur, coll. «Les héros du sport», n° 2, 2003, 197 p.

Forest, Michel, *Maurice Richard*, Montréal, Lidec, coll. «Célébrités canadiennes», 1991, 61 p. Ill.

Francis, Daniel, *National Dreams. Myth, Memory and Canadian History*, Vancouver, Arsenal Pulp Press, 1997, 215 p. Ill.

Frayne, Trent, *The Mad Men of Hockey*, Toronto, McClelland and Stewart, 1974, 191 p. Ill.

Gagnon, Lysiane, «L'homme des années 50», *La Presse*, 1er juin 2000, p. B3.

Gagnon, Lysiane, «Le Québec du Rocket», *La Presse*, 13 décembre 2005, p. A25.

Gélinas, Marc F., *Chien vivant*, Montréal, VLB éditeur, coll. «Roman», 2000, 375 p.

Gélinas, Pierre, *Les vivants, les morts et les autres*, Montréal, Cercle du livre de France, 1959, 314 p.

Gerbier, Alain, «Hockey. Maurice Richard, véritable légende, est mort à 78 ans. Le Québec pleure son saint de glace», *Libération*, 29 mai 2000, p. 32.

Germain, Jean-Claude, *Un pays dont la devise est je m'oublie*, Montréal, VLB éditeur, 1976, 138 p.

Germain, Jean-Claude, «L'émeute Maurice Richard. La mesure de la colère de tout un peuple», *L'Aut' Journal*, n⁰ 246, février 2006, p. 8.

Gingras, Yves, «Une association profitable?», *La Presse*, 25 octobre 2004, Affaires, p. 1-2.

Globe, vol. 2, n⁰ 1, 1999, p. 1-138. Dossier «Relire la Révolution tranquille».

Gobeil, Pierre, «"Maurice a été le plus grand!" Henri a pleuré en apprenant la mort de son frère», *La Presse*, 29 mai 2000, p. 2.

Godin, Jean Cléo et Laurent Mailhot, *Théâtre québécois II. Nouveaux auteurs, autres spectacles*, Montréal, Hurtubise HMH, 1980, 247 p.

Gosselin, Gérard «Gerry», *Monsieur Hockey*, Montréal, Éditions de l'Homme, 1960, 125 p. Préface de Frank Selke.

Gould, Stephen Jay, «Good Sports & Bad», *The New York Review of Books*, vol. 42, n⁰ 4, 2 mars 1995, p. 20-23.

Goyens, Chrystian et Frank Orr, avec Jean-Luc Duguay, *Maurice Richard. Héros malgré lui*, Toronto et Montréal, Team Power Publishing Inc., 2000, 160 p. Ill.

Préfaces d'Henri Richard et de Pierre Boivin.

Goyens, Chrys et Frank Orr, avec Jean-Luc Duguay, *Maurice Richard. Reluctant Hero*, Toronto et Montréal, Team Power Publishing Inc., 2000, 160 p. Ill. Préfaces d'Henri Richard et de Pierre Boivin.

Gravel, François, *Le match des étoiles*, Montréal, Québec/Amérique jeunesse, coll. «Gulliver», n⁰ 66, 1996, 93 p. Préface de Maurice Richard.

Gray, Charlotte, «No Idol Industry Here», dans Rudyard Griffiths (édit.), *Great Questions of Canada*, Toronto, Stoddart, 2000, p. 81-85.

Hamblin, Robert, «*Homo Agonistes*, or, William Faulkner as Sportswriter», *Aethlon: The Journal of Sport Literature*, vol. 13, n⁰ 2, printemps 1996, p. 13-22.

Hébert, Pierre, Yves Lever et Kenneth Landry (édit.), *Dictionnaire de la censure au Québec. Littérature et cinéma*, Montréal, Fides, 2006, 715 p. Ill.

Herlan, James J., «The Montréal Canadiens: A Hockey Metaphor», *Québec Studies*, vol. 1, n⁰ 1, printemps 1983, p. 96-108.

Hickey, Pat, «Rocket Dies at Age 78. Hockey World Pays Tribute to Great Star», *The Gazette*, 28 mai 2000, p. A1-A2.

Hockey Montréal. Histoire du hockey à Montréal, vol. 1, n° 2, 27 mars 1992, 40 p. Ill.

The Hockey News, vol. 53, n° 38, 30 juin 2000, 16 p. Ill. Dossier «Maurice Rocket Richard. Fire on Ice. 1921-2000».

Hood, Hugh, *Puissance au centre: Jean Béliveau*, Scarborough, Prentice-Hall of Canada, 1970, 192 p. Ill. Traduction de Louis Rémillard.

Howe, Colleen et Gordie, avec Charles Wilkins, «Maurice and Lucille Richard. In the Mood», dans *After the Applause*, Toronto, McLelland & Stewart, 1989, p. 164-184.

Jacob, Roland et Jacques Laurin, *Ma grammaire*, Boucherville, Éditions françaises, coll. «Réussite», 1994, xiii/434 p. Ill.

Kaminsky, Stuart, *Pour qui sonne le clap*, Paris, Gallimard, coll. «Série noire», n° 1866, 1982 (1981), 251 p. Traduction de S. Hilling.

Karlen, Neal, *Slouching Toward Fargo. A Two-Year Saga of Sinners and St. Paul Saints at the Bottom of the Bush Leagues with Bill Murray, Darryl Strawberry, Dakota Sadie and Me*, New York, Spike. An Avon Book, 2000 (1999), 362 p. Ill.

Katz, Sidney, «The Strange Forces behind the Richard Hockey Riot», *Maclean's*, vol. 68, n° 19, 17 septembre 1955, p. 11-15, 97-100, 102-106 et 108-110.

Kennedy, Michael P. J. (édit.), *Going Top Shelf. An Anthology of Canadian Hockey Poetry*, Surrey, Heritage House Publishing Company, 2005, 110 p. Ill. Préfaces de Kelly Hrudey et Roch Carrier.

King, Ronald, «Le Noël de René, Céline, Rocket et… Magda!», *La Presse*, 28 décembre 2003, p. S1-S2. Illustration de Francis Léveillé.

Laberge, Suzanne et Alexandre Dumas, «L'affaire Richard / Campbell: un catalyseur de l'affirmation des Canadiens français», *Bulletin d'histoire politique*, vol. 11, n° 2, hiver 2003, p. 30-44.

Lalonde-Rémillard, Juliette, «Lionel Groulx intime», *L'Action nationale*, vol. 57, n° 10, juin 1968, p. 857-875.

Lamarche, Jacques, *Maurice Richard. Album souvenir*, Montréal, Guérin, 2000, 133 p. Ill.

Lamonde, Yvan et Pierre-François Hébert, *Le cinéma au Québec. Essai de statistique historique (1896 à nos jours)*, Québec, Institut québécois de recherche sur la culture, 1981, 478 p.

Laporte, Stéphane, « Mes oncles et Maurice Richard », *La Presse*, 15 mars 1998, p. A5.

Larochelle, Claude, « 7. Richard ne dure que dix jours », dans *Les Nordiques*, Montréal, France-Amérique, 1982, p. 175-193.

Laurendeau, André, « Blocs-notes. On a tué mon frère Richard », *Le Devoir*, 21 mars 1955, p. 4.

Lavigne, Lucie, « Vrai... jusque dans la publicité ! », *La Presse*, 31 mai 2000, p. A8.

Lavoie, Carlo, « Maurice Richard : du joueur à la figure », *Recherches sémiotiques / Semiotic Inquiry*, vol. 22, n° 1-2-3, 2002, p. 211-227.

Lavoie, Carlo, « Discours sportif et roman québécois : figures d'un chasseur du territoire », London, University of Western Ontario, thèse de doctorat, 2003, vii/260 p.

Leclerc, Félix, « Maurice Richard », *La Presse*, 20 octobre 1983, p. 25.

Leclerc, Mario, « Le Rocket ne voulait pas que Kirk Muller porte son n° 9 », *Le Journal de Montréal*, 28 mai 2000, p. 87.

Létourneau, Jocelyn, « L'imaginaire historique des jeunes Québécois », *Revue d'histoire de l'Amérique française*, vol. 41, n° 4, printemps 1988, p. 553-574.

Lever, Yves, *Histoire générale du cinéma au Québec*, Montréal, Boréal, 1988, 551 p.

MacInnis, Craig (édit.), *Maurice Richard, l'inoubliable Rocket*, Montréal, Éditions de l'Homme, 1999 (1998), 134 p. Ill. Traduction de Jacques Vaillancourt.

MacInnis, Craig (édit.), *Remembering the Rocket. A Celebration*, Toronto, Stoddart. A Peter Goddard Book, 1998, 128 p. Ill.

MacKenzie, Scott, « The Missing Mythology : Barthes in Québec », *Canadian Journal of Film Studies / Revue canadienne d'études cinématographiques*, vol. 6, n° 2, automne 1997, p. 65-74.

MacLennan, Hugh, « Letter from Montreal. The Rise of the New Challenger », *Saturday Night*, vol. 70, n° 15, 15 janvier 1955, p. 9.

MacLennan, Hugh, « Letter from Montreal. The Explosion and the Only Answer », *Saturday*

Night, vol. 70, n° 27, 9 avril 1955, p. 9-10.

Le Magazine 7 jours, vol. 11, n° 32, 10 juin 2000, p. 3 et 8-25. Ill. Dossier « Édition souvenir. Adieu Maurice. 1921-2000 ».

Major, Henriette, *Comme sur des roulettes!*, Montréal, Éditions Pierre Tisseyre, coll. « Papillon. C'est la vie… », série « Mamie Jo et Papi Chou », n° 68, 1999, 100 p. Illustrations de Sampar.

Marcotte, Gilles, *La mort de Maurice Duplessis et autres récits*, Montréal, Boréal, 1999, 197 p.

Marois, Carmen, *Maurice Richard (1921-2000)*, Boucherville, Graficor, coll. « Tous azimuts : 1er cycle du primaire. Mini-série 2 », n° 21, 2000, 16 p. Illustrations de Jacques Lamontagne.

Marois, Michel, « Troisième partie. Le Rocket, les Habitants et leurs adorateurs ; deux études de cas exemplaires », dans « Sport, politique et violence : une interprétation des dimensions politiques du sport, de la violence des foules aux événements sportifs et de la médiatisation de cette violence », Montréal, Université de Montréal, thèse de doctorat, 1993, p. 223-298.

Martin, Lawrence, *Iron Man. The Defiant Reign of Jean Chrétien. Volume Two*, Toronto, Viking Canada, 2003, xi/468 p.

Martin, Lawrence, « Richard Fills Hero Void », *The Montreal Gazette*, 1er juin 2000, p. B3.

« Maurice Richard. "Le point sur ma maladie." Texte intégral de sa conférence de presse », *Dernière heure*, vol. 5, n° 20, 4 juillet 1998, p. 7-11.

« Maurice "The Rocket" Richard. Hockey's Battling Terror », *Babe Ruth Sports Comics*, vol. 1, n° 6, février 1950, [s.p.].

Mayer, Charles, *Charles Mayer présente L'épopée des « Canadiens ». De Georges Vézina à Maurice Richard. 40 ans d'histoire. 1909-1949*, Montréal, [s.é.], 1949, 122 p. Ill. Préface de Léo Dandurand.

McNeil, David, « The '51 Stanley Cup : A Spectacle of Sudden-Death Overtime », *Textual Studies in Canada. Canada's Journal of Cultural Literacy / Études textuelles au Canada. Revue de l'éducation culturelle au Canada*, n° 12, 1998, p. 5-18.

Melançon, Benoît, « Canadien, comme Maurice Richard ou Vie et mort d'une légende », dans

Benoît Melançon et Pierre Popovic (édit.), *Miscellanées en l'honneur de Gilles Marcotte*, Montréal, Fides, 1995, p. 179-194.

Melançon, Benoît, «Le Rocket au cinéma. Les yeux de Maurice Richard, prise 2», *Littératures*, nº 17, 1998, p. 99-125. Revue du Département de langue et littérature françaises de l'Université McGill.

Melançon, Benoît, «Maurice Richard expliqué aux enfants», dans Yan Hamel, Geneviève Lafrance et Benoît Melançon (édit.), *Des mots et des muscles! Représentations des pratiques sportives*, Québec, Nota bene, 2005, p. 13-30.

Melançon, Benoît, «Écrire Maurice Richard. Culture savante, culture populaire, culture sportive», *Globe. Revue internationale d'études québécoises*, vol. 9, nº 2, 2006 [2007], p. 109-135.

Meloche, Roger, «Le mot de la fin. Maurice Richard…», *La Patrie*, 8 avril 1957, p. 28.

Miller, Mary Jane, «Two Versions of Rick Salutin's *Les Canadiens*», *Theatre History in Canada / Histoire du théâtre au Canada*, vol. 1, nº 1, printemps 1980, p. 57-69. URL: <http://www.lib.unb.ca/Texts/TRIC/bin/getPrint.cgi?directory=vol11_1/&filename=Miller.html>.

Morris, Jeffrey, «The Rocket and Me», *Beckett Hockey Card Monthly*, vol. 9, nº 9, septembre 1998, p. 80.

Morrow, Don, «A Riotous Reflection: The Heroic, Richard, and Canadian Sport History», *Canadian Sports Studies / Études des sports au Canada*, mars 2004, p. 48-52. Publication de l'Association d'études canadiennes.

Nelson, Joyce, «Roland Barthes and the NFB Connection», *Cinema Canada*, nº 42, novembre 1977, p. 14-15.

Newcombe, Jack, «Montreal's Flying Frenchmen», *Sport*, vol. 18, nº 4, avril 1955, p. 48-57.

Newman, Peter C., «We'd Rather Be Clark Kent», dans Rudyard Griffiths (édit.), *Great Questions of Canada*, Toronto, Stoddart, 2000, p. 86-90.

O'Brien, Andy, *Numéro 9*, Saint-Laurent, Éditions Laurentia, 1962 (1961), 140 p. Ill. Traduction de Guy et Pierre Fournier.

O'Brien, Andy, *Rocket Richard*, Toronto, The Ryerson Press, 1961, x/134 p. Ill.

O'Brien, Andy, *Fire-Wagon Hockey. The Story of Montreal Canadiens*, Toronto, The Ryerson Press, 1967, viii/138 p. Ill.

O'Brien, Andy, «Maurice Richard», dans *Superstars. Hockey's Greatest Players*, Toronto, McGraw-Hill Ryerson Limited, 1973, p. 30-44.

O'Donnell, Chuck, «Remembering The Rocket's Glare — Hockey Player Maurice Richard», *Hockey Digest*, novembre 2000. URL : <http://www.findarticles.com/p/articles/mi_moFCM/is_1_29/ai_66240077>.

Ohl, Paul, *Louis Cyr, une épopée légendaire*, Montréal, Libre expression, 2005, 632 p. Ill.

Ory, Pascal, *L'histoire culturelle*, Paris, Presses universitaires de France, coll. «Que sais-je ?», n⁰ 3713, 2004, 127 p.

Pagé, Pierre, avec la collaboration de Renée Legris et Louise Blouin, *Répertoire des œuvres de la littérature radiophonique québécoise. 1930-1970*, Montréal, Fides, coll. «Archives québécoises de la radio et de la télévision», n⁰ 1, 1975, 826 p.

Paris Match, n⁰ 2663, 8 juin 2000, p. 38-47. Dossier «Adieu "Rocket"».

Paris Match, n⁰ 2664, 15 juin 2000, p. 49-59. Dossier «Maurice Richard. L'hommage national au géant du Québec».

Parker, Robert B., *Hush Money*, New York, G. P. Putnam's Sons, 1999, 309 p.

Pellerin, Jean-Marie, *L'idole d'un peuple. Maurice Richard*, Montréal, Éditions de l'Homme, 1976, 517 p. Ill.

Pellerin, Jean-Marie, *Maurice Richard. L'idole d'un peuple*, Montréal, Éditions Trustar, 1998 (1976), 570 p. Ill.

Plante, J. R., «Crime et châtiment au Forum (Un mythe à l'œuvre et à l'épreuve)», *Stratégie*, n⁰ 10, hiver 1975, p. 41-65.

Poirrier, Philippe, *Les enjeux de l'histoire culturelle*, Paris, Seuil, coll. «Points-histoire», série «L'histoire en débats», n⁰ H342, 2004, 435 p.

Popovic, Pierre, *La contradiction du poème : poésie et discours social au Québec de 1948 à 1953*, Candiac, Balzac, coll. «L'univers des discours», 1992, 455 p.

Popovic, Pierre, *Entretiens avec Gilles Marcotte. De la littérature avant toute chose*, Montréal, Liber, coll. «De vive voix», 1996, 192 p.

Posen, I. Sheldon, *626 by 9. A Goal-by-Goal Timeline of Maurice «The Rocket» Richard's Scoring Career in Pictures, Stats and Stories*, Gatineau, Canadian Museum of Civilization, 2004, 34 p. Ill. Avant-propos de Roch Carrier.

Posen, I. Sheldon, *626 par 9. Une énumération chronologique des buts marqués par Maurice «Rocket» Richard en photos, statistiques et récits*, Gatineau, Musée canadien des civilisations, 2004, 34 p. Ill. Traduction de Marie-Anne Délye-Payette. Révision de Jean-Luc Duguay. Avant-propos de Roch Carrier.

Posen, I. Sheldon, «Sung Hero: Maurice "The Rocket" Richard in Song», dans Martin Lovelace, Peter Narváez et Diane Tye (édit.), *Bean Blossom to Bannerman, Odyssey of a Folklorist: A Festschrift for Neil V. Rosenberg*, St. John's, Memorial University of Newfoundland, coll. «Folklore and Language Publications», 2005, p. 377-404.

Poulin, Jacques, *Le cœur de la baleine bleue*, Montréal, Éditions du jour, coll. «Les romanciers du jour», n° 66, 1970, 200 p.

Pozier, Bernard, *Les poètes chanteront ce but*, Trois-Rivières, Écrits des Forges, coll. «Radar», n° 60, 1991, 84 p. Ill.

Purdy, Al, «Homage to Ree-shard», dans *Sundance at Dusk*, Toronto, McClelland and Stewart, 1976, p. 36-39.

Ramos, Howard et Kevin Gosine, «"The Rocket": Newspaper Coverage of the Death of a Québec Cultural Icon, a Canadian Hockey Player», *Journal of Canadian Studies / Revue d'études canadiennes*, vol. 36, n° 4, hiver 2001-2002, p. 9-31.

«Real-Man Revisited: Rocket Richard. Hockey Player or Cultural Revolutionary?», *Barracuda Magazine*, n° 8, [2000], p. 32-39. URL: <http://www.barracuda-magazine.com/rocket.htm>.

«Reportage publicitaire. Entrepreneur. Roynat Capital présente ce profil en hommage au succès des entreprises canadiennes», *La Presse*, 6 mai 2005, Affaires, p. 16.

Richard, Maurice, «Le tour du chapeau», *Samedi-Dimanche*, vol. 1, n° 31, 6 décembre 1952, p. 32.

Richard, Maurice, «Le tour du chapeau», *Samedi-Dimanche*, vol. 1, n° 33, 20 décembre 1952, p. 32.

Richard, Maurice Rocket, *Jouez du meilleur hockey avec les Canadiens*, [s.l.], [s.é.], [s.d. — début des années 1960], 24 p. Ill.

Richard, Maurice Rocket, *Playing Better Hockey with les Canadiens*, [s.l.], [s.é.], [s.d. — début des années 1960], 24 p. Ill.

Richard, Maurice, « The Rocket Speaks Out », *Maurice Richard's Hockey Illustrated*, vol. 2, nᵒ 1, février 1963, p. 8-10.

Richard, Maurice et Stan Fischler, *Les Canadiens sont là! La plus grande dynastie du hockey*, Scarborough, Prentice-Hall of Canada, 1971, vii/296 p. Ill. Traduction de Louis Rémillard.

Richard, Maurice et Stan Fischler, *The Flying Frenchmen. Hockey's Greatest Dynasty*, New York, Hawthorn Books, 1971, ix/340 p. Ill.

Richard, Maurice, « Dans l'album… », *La Presse*, 21 juin 1987, p. S9.

Richard, Maurice, « Un reportage sportif signé René Lévesque », *La Presse*, 8 novembre 1987, p. S9.

Richard, Maurice, « L'émeute du Forum : 40 ans plus tard. Souvenirs. J'ai souvent vu rouge », *La Presse*, 15 mars 1995, p. S9.

Richard, Maurice, « L'émeute du Forum : 40 ans plus tard. Souvenirs. "Ce n'est rien à côté de ce qui va suivre…" », *La Presse*, 17 mars 1995, p. A1-A2.

Richard, Maurice, « Dix ans à *La Presse* », *La Presse*, 26 novembre 1995, p. S7.

Richard, Maurice, « Les Panthers iront-ils jusqu'au bout ? », *La Presse*, 26 mai 1996, p. S7.

Richard, Maurice, « Je me sens très bien ! », *La Presse*, 14 mars 1998, p. A1.

Richard, Maurice, « On a consulté mon entourage », *La Presse*, 21 juin 1998, p. S7.

Richard, Maurice, « Je n'ai jamais brisé trois bâtons sur le dos de Laycoe », *La Presse*, 20 mars 2000, p. S6.

Richard, Maurice, « Condamné à bien jouer », *La Presse*, 27 mars 2000, p. S6.

Richler, Mordecai, « This Year in Jerusalem. The Anglo-Saxon Jews », *Maclean's*, vol. 75, nᵒ 18, 8 septembre 1962, p. 18-19, 34-44.

Richler, Mordecai, « Howe Incredible », *Inside Sports*, vol. 2, nᵒ 8, 30 novembre 1980, p. 108-115.

Richler, Mordecai, *Barney's Version. With Footnotes and an Afterword by Michael Panofsky*, Toronto, Alfred A. Knopf, 1997, 417 p.

Richler, Mordecai, *Le monde de Barney. Accompagné de notes et d'une postface de Michael Panofsky*, Paris, Albin Michel, coll. «Les grandes traductions», 1999 (1997), 556 p. Traduction de Bernard Cohen.

Robitaille, Antoine, «Tribune. L'homme empaillé ou pourquoi notre statuaire politique est-elle platement réaliste?», *Argument*, vol. 6, n° 2, printemps-été 2004, p. 3-8.

Robitaille, Marc, *Des histoires d'hiver, avec des rues, des écoles et du hockey*, Montréal, VLB éditeur, 1987, 142 p. Ill.

«Rocket Riopelle», *Newsweek*, vol. 61, n° 21, 27 mai 1963, p. 97-98.

Rogin, Gilbert, «One Beer for The Rocket», *Sports Illustrated*, vol. 12, n° 12, 21 mars 1960, p. 47-50.

Rompré, Paul et Gaétan Saint-Pierre, collaboration de Marcel Chouinard, «Essai de sémiologie du hockey. À propos de l'idéologie sportive», *Stratégie*, n° 2, printemps-été 1972, p. 19-54.

Roy, Gabrielle, *Alexandre Chenevert*, Montréal, Stanké, coll. «10/10», n° 11, 1979 (1954), 397 p.

Roy, Pierre, *Rocket Junior*, Saint-Laurent, Éditions Pierre Tisseyre, coll. «Sésame», n° 26, 2000, 66 p. Illustré par Alexandre Rouillard.

Rumilly, Robert, *Maurice Duplessis et son temps*, Montréal, Fides, coll. «Bibliothèque canadienne-française. Histoire et documents», 1978, 2 vol.: tome I (1890-1944), 720 p.; tome 2 (1944-1959), 747 p. Ill.

Saintonge, Jacques, «Maurice Richard», dans *Une demi-heure avec... Vingt sujets canadiens, de Monseigneur de Laval à Maurice Richard*, Montréal, Éditions du Service des publications de Radio-Canada, 1965, p. 115-123.

Salutin, Rick, avec la collaboration de Ken Dryden, *Les Canadiens*, Vancouver, Talonbooks, 1977, 186 p. Ill. «Preface» de Ken Dryden.

Sarault, Jean-Paul, *Les grands du hockey au Québec*, Montréal, Quebecor, 1996, 269 p. Ill.

Sauvé, Mathieu-Robert, *Échecs et mâles. Les modèles masculins au Québec, du marquis de Montcalm à Jacques Parizeau*, Montréal, Les Intouchables, 2005, 315 p.

Selke, Frank J., avec H. Gordon Green, *Behind the Cheering*, Toronto, McClelland and Stewart, 1962, 191 p. Ill.

Sentance, Jim, « English-Canadian Attitudes to French-Canadian Hockey Players : Evidence from the Market for Vintage Hockey Cards (Should Gordie Howe really be worth two Rocket Richards ?) », communication inédite, colloque « 1999 Annual Conference of the Canadian Economics Association », University of Toronto, mai 1999, 15 p.

Siemiatycki, Jack et Avi Slodovnick, *La carte de hockey*, Montréal, Éditions Homard, 2002, [s.p.]. Illustrations de Doris Barrette. Traduction de Christiane Duchesne.

Siemiatycki, Jack et Avi Slodovnick, *The Hockey Card*, Montréal, Lobster Press, 2002, [s.p.]. Illustrations de Doris Barrette.

Stern, Bill, « The Man They Call the Rocket… Maurice Richard », dans *World's Greatest True Sports Stories. Bill Stern's Sports Book*, hiver 1952, [s.p.].

Stoiciu, Gina, « Maurice Richard. Les funérailles d'une idole nationale », dans *Comment comprendre l'actualité. Communication et mise en scène*, Sainte-Foy, Presses de l'Université du Québec, coll.

« Communication », 2006, p. 223-238.

Stubbs, Dave, « The Rocket's Red Glare », *The StarPhoenix. TV Times*, 10 au 16 mars 2000, p. 63.

Sullivan, George, « Maurice Richard, the Rocket », dans *Hockey Heroes. The Game's Great Players*, Champaign, Garrard Pub. co., 1969, p. 66-95. Illustrations de Dom Lupo.

Tétreault, Christian, *Quelques reprises*, Montréal, Les 400 coups, 2005, 231 p.

« Texte de la décision du président Campbell », *La Presse*, 17 mars 1955, p. 46.

Todd, Jack, « The Lion in Winter », *The Gazette*, 9 mars 1996, p. C1 et C6.

Tremblay, Réjean et Ronald King, *Les Glorieux. Histoire du Canadien de Montréal en images*, Montréal, Éditions Transcontinental, 1996, 167 p. Ill. Préface de Maurice Richard.

Tremblay, Victor-Laurent, « Masculinité et hockey dans le roman québécois », *The French Review*, vol. 78, n° 6, mai 2005, p. 1104-1116.

Trujillo, Nick, *The Meaning of Nolan Ryan*, College Station, Texas

A & M University Press, 1994, x/163 p. Ill.

Tygiel, Jules (édit.), *The Jackie Robinson Reader. Perspectives on an American Hero, with Contributions by Roger Kahn, Red Barber, Wendell Smith, Malcolm X, Arthur Mann, and more*, New York, Dutton, 1997, viii/278 p.

Ulmer, Mike, « Rocket Ride to Superstardom », dans *The Hockey News' Top 50 NHL Players of All-Time*, Toronto, Hockey News, janvier 1998, p. 38-40.

Walker, Alan, « Rocket Richard on the Brink of 50 — and Oblivion », *The Canadian Magazine*, 1ᵉʳ mai 1971, p. 1-7. Cahier inséré dans plusieurs journaux canadiens: *The Edmonton Journal*, *The Gazette*, etc.

Will, George F., *Men at Work. The Craft of Baseball*, New York, HarperPerennial, 1991 (1990), ix/353 p. Ill.

Wind, Herbert Warren, « Fire on the Ice », *Sports Illustrated*, vol. 1, nº 17, 9 décembre 1954, p. 32-36, 70-75.

Young, Scott, *That Old Gang of Mine*, Toronto, Fitzhenry and Whiteside, 1982, 230 p.

Enregistrements sonores

« C'est pour quand la Coupe Stanley ? », dans *Alain-François*, 2007, 2 minutes 27 secondes. Interprétation : Alain-François. Disque audionumérique. Étiquette : Afl Productions AFLCD9507.

« Essaye donc pas », dans *À qui appartient l'beau temps ?*, 1977, 3 minutes 33 secondes. Interprétation : Paul Piché. Disque 33 tours. Étiquette : Kébec Disc KD-932.

« Hockey », dans *Bound by the Beauty*, 1989, 3 minutes 58 secondes. Interprétation, paroles et musique : Jane Siberry. Disque 33 tours. Étiquette : Duke Street Records DSR 31058.

« Hockey bottine », dans *Réal Béland Live in Pologne*, 2007, 4 minutes. Interprétation : Réal Béland. Disque audionumérique. Étiquette : Christal Musik CMCD9954.

« Le hockey est malade », dans *On chante toujours mieux dans not' char*, 2001, 3 minutes 17 secondes. Interprétation : Les mecs comiques. Disque audionumérique.

« J'irai au sommet pour toi », dans *Maurice Richard*, 2005, 3 minutes 57 secondes. Interprétation : Marie-Chantal Toupin. Paroles :

Claude Sénéchal. Musique: Michel Cusson. Disque audionumérique. Étiquette: Cinémaginaire et PMC ZCD-1060. «Maurice Richard», 1951, 2 minutes 32 secondes. Interprétation: Jeanne d'Arc Charlebois, accompagnée par Jean «Johnny» Laurendeau et son ensemble. Paroles: Yvon Dupuis. Musique: Jean «Johnny» Laurendeau. Disque 78 tours. Étiquette: Maple Leaf 5018A.

«Maurice Richard», dans *Pierre Létourneau*, 1971, 2 minutes 20 secondes. Interprétation: Pierre Létourneau. Paroles: Pierre Létourneau. Direction musicale: Jean Bouchety et Jacques Denjean. Disque 33 tours. Étiquette: London LP.1012.

«Rocket», dans *Les Boys II*, 1998, 3 minutes 55 secondes. Musique: Éric Lapointe et Stéphane Dufour. Disque audionumérique. Étiquette: YFB DY2-4512. Version instrumentale de la chanson suivante.

«Rocket (On est tous des Maurice Richard)», dans *Les Boys II*, 1998, 3 minutes 59 secondes. Interprétation: Éric Lapointe. Paroles: Roger Tabra et Éric Lapointe. Musique: Éric Lapointe et Stéphane Dufour. Disque audionumérique. Étiquette: YFB DY2-4512. «Le rocket Richard», 1955, 2 minutes 40 secondes. Interprétation: Oscar Thiffault, accompagné de son orchestre et d'un chœur d'enfants. Paroles: Oscar Thiffault. Disque 78 tours. Étiquette: Apex 17140-A.

«Rocket Richard Reel», 1956 (?). Composition: Graham Townsend.

Townsend, Graham, *Fiddling Favorites*, 1963 (?). Disque 33 tours. Étiquette: RBS. 1116 Banff.

Robichaud, Gerry, *Down East Fiddling*, 1973. Disque 33 tours. Étiquette: VRLP 310-S Voyager Recordings.

Townsend, Graham, *The Best Damn Fiddling in the World*, 1990 (?). Cassette audio. Étiquette: BDFM 5-7004 Rodeo.

Labbé, Gabriel, Dorothée Hogan et Michel Donato, *L'harmonica, une passion*, 1999. Disque audionumérique. Étiquette: Interdisc TRCD 9514.

Le rêve du diable, Sans tambours ni trompettes, 2002. Disque audionumérique. Étiquette: RCD0207.

« Rocket Rock and Roll », 1957, 2 minutes 37 secondes. Interprétation : Denise Filiatrault. Paroles : Jacques Lorrain. Musique : Roger Joubert. Disque 45 tours. Étiquette : Alouette CF 45-758.

« Saga of Maurice Richard », 1955, 2 minutes 53 secondes. Interprétation : Bob Hill and his Canadian Country Boys. Paroles : Bob Hill. Disque 78 tours. Étiquette : Sparton 136R.

Films et émissions de télévision

100 Québécois qui ont fait le XXe siècle. Les héros mythiques, documentaire de 51 minutes, 2003. Réalisation : Jean Roy. Production : Eurêka ! Productions / Télé-Québec. Le premier des quatre segments porte sur Maurice Richard.

Le chandail / The Sweater, film d'animation de 10 minutes, 1980. Réalisation : Sheldon Cohen. Production : Office national du film du Canada. D'après le conte de Roch Carrier (1979).

Fire and Ice. The Rocket Richard Riot / L'émeute Maurice Richard, documentaire de 60 minutes, 2000. Réalisation : Brian McKenna. Production : Galafilm.

Here's Hockey! / Hockey, documentaire de 10 minutes, 1953. Réalisation : Leslie McFarlane. Production : Office national du film. Reproduit dans l'émission de télévision *Passe-partout* : « Le sport est-il trop commercialisé ? » de Gérard Pelletier (1955).

Histoires d'hiver / Winter Stories, film de fiction de 105 minutes, 1998. Réalisation : François Bouvier. Production : Aska Film. D'après le livre de Marc Robitaille (1987).

Hockey Lessons, émission de télévision de 25 minutes, 2000. Réalisation : John Hudecki. Production : Paul Hunt et Five Corners Communications, en association avec Vision TV. Série « Living Memories ».

Hommage à Maurice Richard, documentaire de 21 minutes, 2005. Réalisation : Mathieu Roy. Production : Cinémaginaire. Film produit dans le sillage du *Maurice Richard* de Charles Binamé (2005).

Life after Hockey / La vie après le hockey, film de fiction de 50 minutes tourné pour la télévision, 1989. Réalisation : Tom Radford. Production : Great North Productions Inc. D'après la pièce de Kenneth Brown (1985).

Maurice Richard / The Rocket, film de fiction de 124 minutes, 2005. Réalisation : Charles Binamé. Production : Cinémaginaire.

Maurice Richard. Histoire d'un Canadien / The Maurice Rocket Richard Story, docudrame de quatre heures en deux parties, 1999 : *1921* ; *1951*. Réalisation : Jean-Claude Lord et Pauline Payette. Production : L'information essentielle.

Maurice « Rocket » Richard, docudrame d'une minute, 1997. Production : Minutes Historica. URL : <http://www.histori.ca/minutes/minute.do?id=10492> (version française) et <http://www.histori.ca/minutes/minute.do?id=10217> (version anglaise).

Maurice Rocket Richard, documentaire de deux heures en deux parties, 1998 : *Racontez-nous Maurice…* ; *Le hockey depuis Maurice Richard*. Réalisation : Karl Parent et Claude Sauvé. Production : Société Radio-Canada.

Mon frère Richard, documentaire de 53 minutes, 1999. Réalisation : Luc Cyr et Carl Leblanc. Production : Ad Hoc Films.

Mon numéro 9 en or, film d'animation de 4 minutes 45 secondes, 1972. Réalisation : Pierre L'Amare. Production : Office national du film du Canada.

Passe-partout : « Le sport est-il trop commercialisé ? », émission de télévision de 30 minutes, 1955. Présentation : Gérard Pelletier. Production : Office national du film. Contient le film *Here's Hockey! / Hockey* de Leslie McFarlane (1953).

Peut-être Maurice Richard, documentaire de 66 minutes 38 secondes, 1971. Réalisation : Gilles Gascon. Production : Office national du film du Canada.

Le Rocket / The Rocket, documentaire de 42 minutes, 1998. Réalisation : Jacques Payette. Production : Office national du film du Canada.

Soirée Maurice Richard, émission de télévision de 102 minutes, 25 octobre 1999. Production : Réseau de l'information.

Le sport et les hommes / Of Sport and Men, documentaire de 58 minutes, 1961. Réalisation : Hubert Aquin. Texte : Roland Barthes. Production : Office national du film du Canada.

Un jeu si simple, documentaire de 29 minutes 45 secondes, 1964. Réalisation : Gilles Groulx. Production : Office national du film du Canada.

Ressources numériques

Archives de la Ville de Montréal, « Hommage à Maurice Richard » : <http://ville.mont real.qc.ca/portal/page?_ pageid=165,230392&_dad= portal&_schema=PORTAL>.

Bibliothèque et Archives Canada, « Regard sur le hockey / Backcheck : A Hockey Retrospective » : <http://www.collections canada.ca/hockey/>.

Le Canadien de Montréal, 1909-1995 / Montreal Canadiens, 1909-1995, Montréal, MMI Multi Media Interactif et Malofilm Production, 1995. Cédérom. Conception et scénarisation : Jean Maurice Duplessis, Jacques Beauchemin et Luc Hétu. Chef de projet : Jean Maurice Duplessis. Narration : Claude Queneville.

Centre d'études et de recherches internationales, Université de Montréal, « Maurice Richard, icône culturelle », conférence de Benoît Melançon : <http://www. cerium.ca/article4057.html>.

Dictionnaire biographique du Canada : <http://www.biographi.ca/EN/ ShowBio.asp?BioId=42127>.

L'encyclopédie canadienne : <http:// www.thecanadianencyclopedia. com/index.cfm?PgNm=TCE& Params=F1ARTF0006811>.

Hockey Hall of Fame, Toronto : <http://www.legendsofhockey. net:8080/LegendsOfHockey/ jsp/LegendsMember. jsp?mem=P196108>.

Musée canadien des civilisations, « Une légende, un héritage. "Rocket Richard". The Legend — The Legacy » : <http://www. civilisations.ca/hist/rocket/ rocket1f.html>.

Société Radio-Canada, « Le Rocket, héros d'un peuple » : <http:// archives.radio-canada.ca/300c. asp?id=0-60-62>.

Dernière vérification systématique des hyperliens : 16 janvier 2008.

Index

Table des illustrations

Page 78: Jean-Raymond Goyer et Sylvie Beauchêne, *Statue de Maurice Richard*, Complexe commercial Les Ailes, Montréal (Photo: Daniel Roussel).

Page 80: Jules Lasalle et Annick Bourgeau, *Statue de Maurice Richard*, 1997, bronze et granit, Aréna Maurice-Richard, Montréal (Photo: Daniel Roussel).

Page 101: Maurice Richard contrôle la rondelle (Photo: © Bettmann/Corbis).

Page 102: Maurice Richard faisant la lecture à deux de ses petits-enfants, 1988; Chrystian Goyens et Frank Orr, avec Jean-Luc Duguay, *Maurice Richard. Héros malgré lui*, Toronto et Montréal, Team Power Publishing Inc., 2000, 160 p., p. 131 (Photo: Bob Fisher/Club de hockey Canadien Inc.).

Page 109: Maurice Richard tournant son propre bâton de hockey, *World's Greatest True Sports Stories. Bill Stern's Sports Book* (États-Unis), hiver 1952, pas de pagination.

Page 117 et page 130: Caricature représentant Maurice Richard et Clarence Campbell, Montréal, journal *The Gazette*, 18 mars 1955, p. 26 (Photo: Société canadienne du microfilm Inc., Montréal).

Page 126: Bert Grassick, Caricature représentant Maurice Richard et Clarence Campbell, *The Toronto Telegram*, début des années 1950.

Page 189: Maurice Richard, Maurice Duplessis et Maurice Bellemare, 1952, Montréal, journal *The Gazette*.

Page 197: Jack Reppen, *Maurice Richard souriant* (détail), «Catalogue de l'Encan de la collection Maurice "Rocket" Richard», 7 mai 2002, Saint-Constant, Collections Classic Collectibles, 2002, 100 p. Ill., lot n° 233, p. 54 (© Succession Jack Reppen).

Page 232: Femme essuyant une larme devant la statue de Maurice Richard à l'aréna qui porte son nom, Montréal (Photo: Shaun Best/Reuters/Corbis).

Page 249: Publicité de Maurice Richard pour *The Equitable Life Assurance Society of the United States* (© Equitable, 1965).

Page 250: Publicité de Maurice Richard pour les patins Daoust, Toronto, *The Star Weekly*, 24 novembre 1951.

Page 254 • 1): Shania Twain portant le chandail numéro 9 de Maurice Richard lors de la remise des prix Juno, le 6 avril 2003 à Ottawa (Photo: Tom Hanson/Presse canadienne).

Page 254 • 2): Céline Dion portant le chandail numéro 9 de Maurice Richard au Centre Bell de Montréal en décembre 1998, Édition spéciale. Dossier «Maurice Richard 1921-2000», magazine *Les Canadiens*, vol. 15, n° 7, saison 1999-2000, 106 p., p. 72 (Photo: Club de hockey Canadien Inc.).

Macfadden Publications Inc., p. 48
(Photo : Ozzie Sweet).

Dessin de Maurice Richard lançant
au but, magazine *Hérauts*, vol. 17,
n° 3, 1ᵉʳ octobre 1959, couverture,
Montréal, Éditions Fides.

Dessins de Girerd et textes de
Arsène, *Les enquêtes de Berri et
Demontigny. On a volé la coupe
Stanley*, Montréal, Éditions
Mirabel, 1975, 48 p., p. 16, pre-
mière case de la bande dessinée (©
Jean-Pierre Girerd et Arsène).

Trois pages de la bande dessinée
Babe Ruth Sports, 1950 ; © Classic
Media (New York) (Photo : Musée
canadien des civilisations).

Franklin Arbuckle, dessin représentant Maurice Richard et Bill
Ezinicki, Toronto, *Maclean's.
Canada's National Magazine*,
vol. 62, n° 3, 1ᵉʳ février 1949, couverture.

Franklin Arbuckle, dessin de
Maurice Richard entouré d'enfants,
Toronto, *Maclean's. Canada's
National Magazine*, vol. 72, n° 7,
28 mars 1959, couverture.

Russell Hoban, portrait de Maurice
Richard, New York, *Sports
Illustrated. America's National Sports
Weekly*, vol. 12, n° 12, 21 mars 1960,
couverture.

Table des matières

Ce livre a été imprimé au Québec en mars 2008
sur du papier entièrement recyclé
sur les presses de l'imprimerie Gauvin.